이 책에 보내 주신 독자 여러분의 찬사

"중학교 역사 교과 과정을 반영한 유일한 책!"
지금껏 읽어 왔던 한국사 책과는 다릅니다. 학습 만화처럼 재미로만 읽는
책이 아닌, 아이들로 하여금 '왜?'라는 생각을 할 수 있게 해 주면서 시험
에도 많은 도움이 됩니다. 암기하는 역사가 아니라 아이 스스로 역사를 바
라보고 생각할 수 있는 능력을 키워 줍니다. 그리고 중학교 역사 교과 과
정을 그대로 반영한 유일한 책입니다. 깊이 있는 내용까지 다루고 있어서
한국사 능력 검정 시험을 준비하는 중이라면, 그리고 역사에 관심이 많은
초등 고학년들도 꼭 읽어 보길 추천합니다.

_ 한국어린이교육문화연구원 서평

"한국사 능력 검정 시험에 좌절한 분이라면 반드시 읽으세요."
중학생에게 어울릴 법한 책이고 추천하는 바이지만 사실 초등학생부터 한
국사 능력 검정 시험을 준비하는 분들에게도 아주 유용한 책이라 말하고
싶다. 한국사 능력 검정 시험에서 말도 안 되는 점수가 나오신 분들이라면,
그냥 천천히 읽어 보시기를 추천한다. 기출 문제만 풀다 보면 용어 정리에,
시대 흐름에, 왕 이름에, 나라 위치까지… 아이고, 헷갈려 하겠지만, 이 책
에서는 초등학생을 가르치듯이 정말 상냥하게 모든 설명이 잘되어 있다.

_ 세미님

"역사의 기초를 다지기에 안성맞춤!"
교과서를 보조해 줄 수 있는 중요한 내용이 다 들어 있어서 자습서로도 활
용도가 높다는 생각이 든다. 물론 역사 지식이 없는 성인들에게도 어렵지
않은 책이므로 역사 공부를 하려는 사람들에게는 기초 역사 지식을 확립
할 수 있도록 돕는다. 이 책으로 역사 지식을 한번 가볍게 알고 한국사 능
력 검정 시험에 도전해 보고 싶은 욕심도 생겼다.

_ 독서의계절님

"우리 가족의 한국사 교과서!"
중학교 다니는 아이들의 역사 공부는 물론 어른들의 한국사 공부나 한국
사 능력 검정 시험 대비에도 손색이 없을 것 같습니다. 가족들의 한국사 교
과서로 삼아도 될 정도로 좋은 책이라고 생각해서 일독을 권합니다.

_ k2aemong님

"저도 읽고 싶은 생각이 들었습니다."

초급 만화 한국사 등의 초등 도서들만 보다가 중학교 책을 보니 책의 분량에 놀라게 되더라고요. 그래도 중학교 선행 학습을 한다고 생각하고 이야기책 읽듯이 슥 훑어보라고 했어요. 내용 중에 그렇게 어려운 단어는 보기 힘든 것 같고, 가끔 어려운 단어가 나와도 책 한편에 설명을 해 주고 있어요. 흥미를 유발하는 역사적 사건들이 이어져서 저도 읽고 싶은 생각이 들 정도랍니다. 마지막 부분에 실제 중학교 언니오빠들이 이 도서를 읽고 활용한 수기들을 보니 더욱 믿음이 가더라고요. 실제로 보고 읽고 공부하는 당사자들의 경험에서 나오는 말들이 가장 와닿는 것 같아요.

_ 눈부신날에님

"공무원 시험 준비의 탁월한 선택!"

몇 년 후에 공무원 시험을 준비할 예정이기 때문에 역사에 관심을 갖고는 있었지만 본격적으로 공부다운 공부는 하고 있지 않는데, 이 책을 먼저 접한 건 무엇보다도 탁월한 선택이었다. 책은 다소 두껍지만, 오랜 세월의 역사를 한 번에 정리해서 전달한다는 의미에서 정말 대단하다는 생각을 가지게 되었다. 이 책을 통해서 한국사를 다시금 새롭게 시작할 수 있었다.

_ 라따뚜이님

"만화책 보듯 단숨에 읽었어요."

공부한다는 마음으로 읽을 생각이었는데(교과서처럼 생김, ㅎㅎ), 술술 재미있게 읽었다. 시대의 배경을 쉽게 풀어서 설명해서 내용을 이해하는 데 좋았다. 역사는 암기라고 생각했는데, 의외로 만화 보듯 읽었다. 초점이 학생들에게 맞추어져 있어서 그런지 전혀 어렵지 않았다. 역사를 어려워하는 학생들에게 정말 좋은 책이다.

_ 조리쫑님

"입체적인 전달 방식이 아주 좋았어요."

단순히 역사적 사실을 기술한 것이 아니라, 적절한 그림과 사진을 통해서 이미지화를 극대화했고, 이를 통해서 청소년들이 역사를 보다 입체적으로 쉽게 배울 수 있다는 점이 가장 주목할 만했습니다. 한국사와 세계사의 연관성, 역사를 알아야 하는 목적성 등을 이 책을 통해 확실하게 알 수 있을 것입니다. 많은 분들이 가볍게 접해 보실 것을 권해 드립니다.

_ myliferandom님

한 번에 끝내는 중학 한국사

② 조선 시대부터 현대까지

한 번에 끝내는 중학 한국사

② 조선 시대부터 현대까지

ⓒ 김상훈, 2021

초판 1쇄 발행 2021년 11월 26일
초판 3쇄 발행 2024년 1월 22일

지은이   김상훈
펴낸이   이성림
펴낸곳   성림북스

책임편집 이양훈
디자인   이인선

출판등록 2014년 9월 3일 제25100-2014-000054호
주소   서울시 은평구 연서로3길 12-8, 502
대표전화 02-356-5762
팩스   02-356-5769
이메일   sunglimonebooks@naver.com

ISBN   979-11-88762-35-4 04910
          979-11-88762-33-0 (set)

한 번에 끝내는

| 김상훈 지음 |

중학 한국사 ②

조선 시대부터 현대까지

성림원북스

역사 교과서를 어려워하는
여러분의 고민을 해결해 드립니다

5년 전이었습니다. 둘째 아들이 중학교 2학년에 올라갈 무렵이었어요. 학교에서 2학년 교과서를 받아 왔습니다. 저는 《통 세계사》와 《통 한국사》를 비롯해 꽤 많은 역사 서적을 출간했습니다. 역사 분야에 관심이 많으니 대뜸 역사 교과서에 손이 갔어요. 아들이 2학년 때 배울 역사 과목은 '역사 1'이었습니다. '역사 2'는 3학년 때 배운다더군요.

당시 역사 교과서는 상당히 많은 정보를 담고 있었습니다. 제가 중학교 시절에 보았던 역사 교과서와는 비교가 되지 않을 정도로 완성도가 높았어요. 중학생 때 교과서만 충실하게 공부해도 고등학교 진학 후 역사 공부가 아주 수월할 거라는 생각이 들었어요. 심지어 오랜 시간 여러 권의 역사책을 쓴 제가 아들의 교과서를 보면서 역사의 맥을 다시 정리할 수 있을 정도였어요. 역시 여러 전문가들이 머리를 맞대니 좋은 책이 나오는구나, 라고 생각했습니다.

그런데 아들은 뜻밖의 이야기를 했어요. "애들이 제일 싫어하는 과목이 역사."
라는 거예요. 아이들 표현으로는 '극혐'이라고 하더군요. 제가 보기에 정말 잘 만든
교과서건만, 아이들은 책을 펼치는 것조차 싫어한다고 했습니다. 이유가 뭘까요?
간단했습니다. 무슨 말인지 도통 알아들을 수가 없다는 거예요.

다시 역사 교과서를 펼쳐 보니 아들의 말을 이해할 수 있었습니다. 중학교 2학
년의 눈높이가 아니었습니다. 저처럼 역사 지식이 어느 정도 있는 사람에게는 좋
은 책이지만, 역사 지식이 부족하고 아직 지적 능력이 충분히 발현되지 않은 열네
살 청소년이 소화하기에는 어려웠던 겁니다.

지나치게 많은 정보가 짧은 분량에 압축되어 있었어요. 역사 분야에서는 백지 상
태나 다름없는 중학교 2학년에게는 압축된 정보를 풀어 낼 능력이 없습니다. 어려
운 용어가 많고 이야기는 너무 적었어요. 그러니 아이들 눈에 들 수가 없겠죠.

그때 일종의 '중학 역사 교과서 해설서'를 만들어 보는 건 어떨까 하는 생각을 했
습니다. 중학생의 눈높이에서 친절하게 역사의 흐름을 짚어 주고, 어려운 용어는
풀어 주며, 스토리를 들려주면서 역사를 보다 친근하게 공부할 수 있도록 말이지
요. 물론 학교 시험에 큰 도움이 되어야 하는 것은 당연합니다. 청소년들에게는 학
교 성적이 중요한 현실이니까요.

중학 역사 교과서 9종을 구입해 비교하고 분석했습니다. 그 결과, 다음과 같은
원칙을 정해 책을 지었습니다.

첫째, 역사의 큰 줄기와 9종 교과서에 공통적으로 수록된 내용은 모두 정리한다.

둘째, 일부 교과서에는 누락돼 있지만 5종 이상에서 다룬 내용은 가급적 정리한다.

셋째, 일부 교과서에만 수록돼 있지만 흥미로운 부분은 가급적 포함시킨다.

넷째, 어려운 용어는 풀어서 설명한다.

다섯째, 고등학교 과정에 대비해 꼭 알아 두면 좋을 내용은 추가한다.

이게 4년 전인 2017년의 일이었습니다.

그로부터 4년이 지난 2021년, 중학교 역사 교과 과정이 개편되었습니다. 다시 중학교 역사 교과서를 구입해 과거와 비교해 보았습니다. 많이 달라졌더군요.

일단 한국사와 세계사를 분리했습니다. 역사 1에서 세계사를, 역사 2에서 한국사를 공부하도록 구성되었죠. 장단점이 있겠지만, 세계사와 한국사를 분리하면 학생들이 쉽게 이해하는 데 도움이 될 것 같습니다. 게다가 새로운 교과서에는 지도가 많아서 학생들이 스스로 공부하기에 좋아진 점은 장점으로 꼽을 만합니다.

여기에 덧붙여 특히 달라진 점이 있습니다. 정보량이 많이 줄었어요. 구체적으로 서술하기보다는 개괄적으로, 그러니까 중요한 내용을 대충 추려서 진술하는 방식을 택했습니다. 역사를 깊이 이해하는 것보다는 폭넓게 이해하는 쪽으로 교육 방향을 바꾸었다는 생각이 들었습니다.

하지만 역사를 공부하다 보면 때로는 깊이 들어가야 할 때도 있습니다. 수박 겉 핥기식의 공부로는 역사를 제대로 이해할 수 없습니다. 배경 지식을 모르고서는 역사적 사건의 의의에 대해서도 알 수 없습니다.

이런 점 때문에 개편된 역사 교과서 역시 역사 공부에 취약한 아이들에게는 지루한 책이 될 확률이 높습니다. 저는 4년 전에 출간했던 《교과서가 쉬워지는 통 한국사 세계사》(전3권)를 다시 쓰면서 예전에 세운 다섯 개의 원칙을 그대로 지키기로 했습니다.

마지막으로 이 책을 효과적으로 공부하는 방법을 알려 드리겠습니다. 《통 한국사 세계사》를 읽는 방법과 동일합니다. 중요한 것은 실천이지, 번드르르한 설명이 아니니까요.

첫째, 평소에 교양서적 읽듯이 혹은 소설책을 본다고 생각하면서 부담 없이 읽는 게 중요합니다. 물론 요즘 아이들은 책보다 게임을 좋아하니 쉽지 않을 수 있습니다. 독서하는 것 지체를 공부로 생각하니까요. 하지만 독서만큼 실력을 키워 주는 것은 없습니다. 독서하는 습관을 꼭 길러야 합니다.

둘째, 책을 읽을 때는 각 장의 도입부에 제시된 학습 목표를 염두에 두는 것이 좋습니다. 그 목표를 생각하면서 독서를 하면 나머지 부분은 다 잊더라도 큰 역사의 흐름과 맥은 제대로 짚을 수 있습니다.

셋째, 여러분의 교과서에 나오는 지도와 그림, 사진을 잘 활용하세요. 이 책을 읽으면서 교과서에 나오는 지도와 그림, 사진을 참고하면 내용이 더 잘 이해될 거예요.

넷째, 시험 기간이 중요합니다. 시험 기간에 반드시 이 책을 다시 읽어야 합니다. 이때는 시험 범위에 해당하는 구간을 집중적으로 읽도록 하세요. 2~3회 반복해서 읽다 보면 많은 내용을 이해할 수 있을 겁니다. 그러면 암기하기에도 훨씬 쉬워져요.

역사는 외우는 것이 중요한 과목이기는 합니다. 다만 역사의 맥과 흐름을 이해하고 암기하느냐, 어려운 용어를 제대로 알고 외우느냐, 아니면 닥치는 대로 암기하느냐에 따라 역사에 대한 관심도나 이해도, 시험 점수가 달라집니다.

이 책이 대한민국 청소년들이 역사에 관심을 갖는 작은 계기가 되기를 바랍니다. 또한 이 책을 통해 청소년들의 역사 시험 점수가 쑥쑥 올라가기를 기대합니다. 역사는 빠져들수록 재미있는 학문입니다. 여러분도 느껴 보세요.

김상훈

교과서보다 더 교과서 같은 중학교 역사 지침서

송림중학교 역사 교사 정희연(전국역사교사모임 소속)

한국사가 수능의 필수 과목이 되었습니다. 절대 평가로 등급을 매기기 때문에 난이도가 높지는 않지만, 고등학교 과정에서 한국사 과목은 1학년 과정에 배치되어 있어 나중에 수능을 앞두고 다시 공부해야 하는 번거로움이 있습니다. 게다가 세계사의 맥락이 잡혀 있지 않은 상태에서 한국사를 정확히 이해하기가 쉽지 않은데, 현재의 역사 교육 과정은 한국사와 세계사가 분리되어 있을 뿐만 아니라 세계사를 선택하지 않으면 아예 공부할 기회조차 없습니다.

과제는 또 있습니다. 최근 역사 교육계는 지식을 습득하기보다는 역사적 사고력을 기르는 토론과 글쓰기 수업을 강조하고 있습니다. 역사적 사고력은 시대적 배경을 고려한 역사의 맥락을 이해하는 것이 바탕이 되어야 합니다. 하지만 여러 가지 이유로 행간의 의미를 압축하거나 생략할 수밖에 없는 교과서 서술만으로는 성과를 기대하기 힘든 것이 현실입니다.

《한 번에 끝내는 중학 한국사》(전2권)는 제목에서 알 수 있듯이, 중학생 수준에서 한국사를 이해하기에 적합하도록 구성되어 있습니다. 우선 읽기 쉬운 구어체로 서술되어 딱딱하지 않게 접근할 수 있고, 누군가 옆에서 이야기를 들려주는 것 같은 착각을 일으킬 정도로 부드럽게 책장을 넘기면서 이해할 수 있도록 돕습니다.

특히 교과서에는 싣기 힘든 설화나 뒷이야기 등을 자세히 서술함으로써 흥미를 잃지 않도록 해 줍니다. 역사의 큰 흐름과 구체적 사실을 때로는 망원경으로 넓게 조망하고, 때로는 현미경으로 세세하게 짚어 내어 역사적 맥락을 이해하도록 도와줍니다. 또한 중학교 교육 과정과 동일하게 차례가 구성되어 교육 과정 순서대로 학습을 해 나갈 수 있습니다. 역사 전개 과정이 시기별로 나뉘어 있지만, 이해를 돕는 데 필요하다면 어느 지점에서든 해당 부분을 설명하고 넘어갑니다. 이러한 구성과 서술은 한국사와 세계사를 연결하면서 이해의 폭을 넓혀 줍니다. 그리고 무수히 많은 역사적 사실들을 씨줄과 날줄로 촘촘하게 엮어 내면서 교과서 서술에서 생략되어 있는 행간의 의미를 찾아 줍니다. 이를 통해 한국사와 세계사의 경계, 시대사와 주제사의 경계 등에서 나타나는 간극을 메우고 독자로 하여금 온전한 역사적 실체에 접근하도록 안내합니다.

각 장의 서두에는 핵심을 짚어 내는 질문을 던집니다. 이 질문이 호기심을 자극해 새로운 페이지에 대한 기대를 갖게 함과 동시에, 자칫 사실의 망망대해에서 길을 잃기 쉬운 독자들에게 답을 찾아 나가도록 하는 지침이 되어 줍니다. 이 책은 역사를 어려워하고 두려워하는 청소년들의 새로운 길이 되어 줄 것입니다.

그래서 《한 번에 끝내는 중학 한국사》는 다릅니다!

1

개정된 새 역사 교과서에 완벽하게 맞추었습니다
이 책은 2020년에 새롭게 펴낸 중학교 역사 교과서의 교과 과정에 맞추어 구성했습니다. 교과서는 물론 문제집, 참고서와 함께 공부할 수 있는 최적의 교재입니다.

2

중학교 역사를 쉽고 깊이 있게 해설한 유일한 책입니다
참고서나 자습서에서 제시하는 요약 형태의 설명이 아니라, 청소년 누구나 쉽게 이해할 수 있도록 재미있는 이야기 형태로 서술하였습니다. 중학교 교과서를 쉽고 깊이 있게 전달하는 대한민국 유일의 해설서임을 자부합니다.

3

고등학교 과정에 대비할 수 있도록 구성했습니다
모든 중학교 교과서의 내용을 총망라할 뿐 아니라, 반드시 알아야 할 역사 상식을 폭 넓게 다루어 고등학교 교과 과정을 위한 선행 학습에도 대비했습니다.

《한 번에 끝내는 중학 한국사》, 이렇게 활용하세요!

1
이야기책을 읽듯이 부담 없이 즐기세요
공부를 한다는 생각보다는 옛날이야기를 듣거나 소설을 읽는다는 마음으로
재미있게 즐기세요. 그러다 보면 머릿속에 저절로 들어올 거예요.

2
각 장의 시작 부분에 제시한 학습 목표를 마음에 새기세요
도입부에 제시한 학습 목표를 생각하면서 읽으세요. 질문의 답을 찾아가는 방
식으로 읽으면 더욱 쉽게 익힐 수 있습니다.

3
교과서의 지도와 사진, 그림을 함께 보세요
중학교 교과서는 시각적으로 아주 훌륭한 책입니다. 이 책을 읽으면서 교과서
에 있는 지도와 그림 등을 참고한다면, 더욱 쉽게 이해할 수 있습니다.

4
시험 기간에는 반드시 2~3번 반복해서 읽으세요
역사는 외우는 것이 중요한 암기 과목이지만, 내용을 이해하면 보다 쉽게 외
울 수 있어요. 시험 범위에 해당하는 부분을 2~3번 반복해서 읽으면 내용을
쉽게 이해할 수 있어서 보다 좋은 성적을 얻을 거예요.

책을 시작하며　　역사 교과서를 어려워하는 여러분의 고민을 해결해 드립니다 · 004

이 책을 추천하며　교과서보다 더 교과서 같은 중학교 역사 지침서 · 009

 IV **조선의 성립과 발전**
: 우리 민족 문화가 활짝 피다

12 통치 체제와 대외 관계
└조선, 국가의 기틀을 다지다

조선은 왜 한양을 수도로 정했을까? – 조선 건국과 한양 천도 · 024 │ 태종이 호패법을 실시한 까닭은? – 조선의 국가 기틀 확립 · 029 │ 왕은 왜 신하들과 토론을 벌였을까? – 통치 체제 정비 : 중앙 및 지방 조직 · 035 │ 농민도 과거 시험을 볼 수 있었을까? – 군사 조직, 조세 제도 및 관리 선발 제도 · 038 │ 여자도 부모의 재산을 물려받았다고? –《경국대전》에 나타난 조선 사회 · 042 │ 세종이 왜인에 삼포를 개항한 까닭은? – 조선의 외교 정책 및 대외 교류 · 044

단원 정리 노트 · 048

1. 조선 왕의 계보(태조~성종) │ 2. 조선 초기의 중앙 정부 조직 │ 3. 조선 전기의 행정 구역 │ 4. 조선의 관리 선발 제도 │ 5.《경국대전》에 나타난 조선의 신분 제도와 현실

13 사림 세력과 정치 변화
└모든 백성은 성리학 질서를 따르라

성종이 사림을 발탁한 이유는? – 사림의 등장 · 054 | 연산군 실록이 없는 까닭은? – 훈구와 사림의 갈등 그리고 4대 사화 · 056 | 성리학에서는 왜 여자와 남자가 동등하지 않을까? – 서원과 향약을 통한 성리학 질서의 확산 · 061 | 사림은 어떻게 동인과 서인으로 분열했을까? – 사림의 집권과 붕당 정치의 시작 · 065

단원 정리 노트 · 069
1. 4대 사화의 배경과 내용 | 2. 조선 성리학자들의 세력 변화

14 문화의 발달과 사회 변화
└가장 독창적인 언어를 만들다

세종은 왜 세자에게 섭정을 맡겼을까? – 훈민정음 창제 · 072 | 실록을 만든 후 사초를 폐기한 까닭은? – 다양한 서적의 편찬 · 076 | 세종은 왜 《칠정산》을 만들라고 했을까? – 조선 전기의 과학 발전 · 081 | 세종 시기를 조선의 르네상스라 부르는 까닭 – 조선 전기 양반 문화의 발전 · 084

단원 정리 노트 · 087
전 세계가 인정한 '대왕' 세종

15 왜란 · 호란의 발발과 영향
└전쟁의 시대, 어떻게 이겨 냈을까?

일본은 왜 정명가도를 요구했을까? – 임진왜란의 발발과 전개 · 089 | 일본이 정유재란을 일으킨 까닭은? – 조선의 반격과 왜란의 종결 · 093 | 광해군은 왜 대동법을 실시했을까? – 임진왜란의 영향과 조선의 변화 · 100 | 광해군이 '중립 외교'를 편 까닭은? – 병자호란의 발발 · 105 | 조선의 조총 부대가 러시아를 이긴 전투가 무엇일까? – 북벌의 추진과 결과 · 109

단원 정리 노트 · 112
1. 임진왜란 발발 원인과 결과 | 2. 병자호란 발발 원인과 결과 | 3. 조선 왕의 계보(연산군~효종)

V 조선 사회의 변동

: 조선에 변화의 바람이 불다

16 조선 후기의 정치 변동

└개혁에 성공해야 나라가 산다

병조가 국방 업무를 총괄하지 못한 까닭은? – 조세 제도와 통치 체제의 정비 · 120 | 상복 입는 기간이 중요한 이유가 뭘까? – 예송과 붕당 정치의 변질 · 123 | 숙종은 왜 집권 붕당을 수시로 바꾸었을까? – 숙종의 환국 정치 · 127 | 영조가 금주령을 내린 이유는? – 영조의 탕평 개혁 · 130 | 수원 화성을 건설한 까닭이 뭘까? – 정조의 정치 개혁 · 134 | 강화도 나무꾼이 왕이 된 이유는? – 세도 정치의 성립과 전개 · 139

단원 정리 노트 · 143

1. 조선 후기의 조세 제도 변화 | 2. 조선 후기의 군사 조직 | 3. 조선 후기의 붕당과 환국 | 4. 조선 왕의 계보(현종~철종)

17 사회 변화와 농민의 봉기

└조선 후기 농민 봉기는 왜 일어났을까?

양반들이 상평통보를 사재기한 까닭은? – 상품 화폐 경제의 발전 · 148 | 정부가 공명첩을 판 까닭은? – 양반의 몰락과 신분제의 동요 · 153 | 최제우는 왜 동학을 창시했을까? – 삼정의 문란과 천주교 · 동학의 확산 · 157 | 모든 농민 반란이 실패한 이유는 무엇일까? – 홍경래의 난과 임술 농민 봉기 · 164

단원 정리 노트 · 168

1. 조선 후기 사회의 모습 | 2. 세도 정치의 폐해와 농민 봉기

18 학문과 예술의 새로운 방향

└조선 후기, 독자적 문화를 추구하다

일본은 왜 조선에 사절단 파견을 요청했을까? – 통신사와 연행사 파견 · 172 | 화성 건설 기간을 크게 단축시킬 수 있었던 비결은? – 서학의 전래와 과학 발전 · 175 | 실학 개혁이 성공하지 못한 까닭은? – 실학의 발전과 한계 · 179 | 조선 전기에 발해를 연구하지 않은 까닭은? – 국학의 발달과 백과사전의 편찬 · 184

┊ 허생이 번 돈을 모두 버린 이유는? – 조선 후기의 문학과 예술 · 189

단원 정리 노트 · 193

1. 지도와 새로운 문물에 따른 인식의 변화 ┊ 2. 실학이란 무엇인가?

19 생활과 문화의 새로운 양상
└서민 문화가 활짝 피어나다

장남이 재산 대부분을 상속받은 이유는? – 가족 제도 및 풍속의 변화 · 196 ┊ 왜 민화에는 호랑이가 많이 등장할까? – 서민 문화의 발달 · 200

단원 정리 노트 · 205

1. 조선 후기의 가족 제도와 사회의 모습 ┊ 2. 조선 후기의 서민 문화

Ⅵ 근 · 현대 사회의 전개
: 미래의 영광을 위해

20 국민 국가의 수립
└대한민국은 민주 공화국이다

강화도 조약은 왜 불평등 조약일까? – 흥선 대원군의 통치와 강화도 조약 · 212 ┊ 구식 병사들은 왜 반란을 일으킨 걸까? – 개화 정책의 추진과 임오군란 · 217 ┊ 갑신정변은 왜 농민의 지지를 받지 못했을까? – 개화파의 분열과 갑신정변 · 221 ┊ 농민의 자치를 실현한 조직의 이름이 뭘까? – 동학 농민 운동과 청일 전쟁 · 225 ┊ 양반과 천민의 신분 차별은 언제 철폐됐을까? – 갑오개혁과 을미개혁의 추진과 의의 · 229 ┊ 영은문 자리에 독립문을 지은 까닭은? – 대한 제국의 탄생과 독립 협회의 활동 · 232 ┊ 한일 합병 조약이 무효인 까닭은? – 대한 제국의 위기와 강제적 한일 병합 · 237 ┊ 항일 의병이 만주로 이동한 까닭은? – 항일 무장 투쟁과 애국 계몽 운동 · 242 ┊ 독도의 날이 10월 25일인 까닭은? – 일본의 독도 영유권 주장과 역사 왜곡 · 245 ┊ 일제는 왜 한국인의 교육 기회를 박탈했을까? – 무단 통치와 3 · 1 운동 · 249 ┊ 왜 임시 정부는 상하이에 있었을까? – 대한민국 임시 정부의 수립 · 253 ┊ 광주 학생들은 어떤 구호를 외쳤을까? – 1920년대 국내 민족 운동 · 257 ┊ 일본이 간도 참변을 자행한 까닭은? – 1920년대 국외 무장 독립 투쟁 · 261 ┊

국민 학교란 단어가 일제 잔재인 까닭은? - 1930~1940년대의 국내외 민족 운동 · 264 │ 한국광복군이 국내 진공 작전을 계획한 까닭은? - 광복과 정부 수립을 위한 노력 · 268 │ 남한에서만 총선거를 실시한 까닭은? - 대한민국 정부 수립 · 273

단원 정리 노트 · 277
1. 조선의 개항 과정 │ 2. 고종 즉위부터 국권 피탈까지의 주요 사건들 │ 3. 3·1 운동의 의의 │ 4. 우리 민족의 항일 저항 운동 │ 5. 제2차 세계 대전과 한국의 광복 │ 6. 광복 이후부터 대한민국 정부 수립까지의 주요 사건들

21 자본주의와 사회 변화
└경제 성장과 문화 발전이 공존하는 나라

1900년대 남자들이 술과 담배를 끊은 까닭은? - 개항 이후 외세의 경제 침탈 및 경제적 구국 운동 · 287 │ 쌀 생산량이 늘어도 한국 농민이 몰락한 까닭은? - 일제 강점기 경제 수탈 · 291 │ 암태도 농민들이 추수를 거부한 까닭은? - 일제 강점기 경제 투쟁과 다양한 사회 운동 · 296 │ '한강의 기적'이란 말은 무슨 뜻일까? - 경제 개발 계획과 대한민국 경제의 성장 · 299 │ 전태일은 왜 법전을 들고 분신했을까? - 경제 성장에 따른 사회 문제 · 304 │ 〈아침이슬〉은 왜 금지곡이 되었을까? - 대중문화의 발달 · 307

단원 정리 노트 · 311
1. 일제 강점기 근대의 풍경 │ 2. 일제와 서양 열강의 경제 수탈에 맞선 우리 민족의 운동 │ 3. 우리나라의 경제 발전 과정

22 민주주의의 발전
└성숙한 민주주의 국가로!

왜 반민 특위는 제대로 활동하지 못했을까? - 이승만 정부의 독재 정치 · 317 │ 4·19 혁명 이후 내각 책임제로 개헌한 까닭은? - 4·19 혁명과 5·16 군사 정변 · 321 │ 베트남 전쟁에 왜 한국군이 파병된 걸까? - 박정희 정부의 독재와 국민의 저항 · 325 │ 1980년을 왜 서울의 봄이라고 할까? - 신군부와 5·18 민주화 운동 · 330 │ 국민은 왜 직선제 개헌을 원했을까? - 전두환 정부의 수립과 6월 민주 항쟁 · 333 │ 금융 실명제는 왜 실시했을까? - 1990년대 이후의 민주주의 발전 · 336

단원 정리 노트 · 341

대한민국의 역대 대통령

23 평화 통일을 위한 노력

└통일은 우리의 사명이다

정전 협정문에 이승만 정부가 서명하지 않은 까닭은? – 남북 분단과 6 · 25 전쟁의 발발 · 345 | 7 · 4 남북

공동 성명의 3대 통일 원칙은? – 남북 교류와 통일 노력 · 349

단원 정리 노트 · 354

통일을 위한 노력

IV

조선의 성립과 발전

우리 민족 문화가 활짝 피다

15세기의 조선은 문화 대국이었고, 과학 강국이었어요. 자주적이며 격조 높은 문화와 진취적이고 실용적인 과학 발명품으로 조선은 활기가 넘쳤지요. 세종 대왕이 창제한 훈민정음은 세계에서 가장 과학적인 문자라는 평가를 받고 있어요.

주변의 강대국에는 사신을 파견하고 선진 문물을 받아들여 실리를 추구하는 외교를 했어요. 북방의 여진족을 정벌해 영토를 넓혔고, 일본 쓰시마섬을 정벌해 왜구들에게 본때를 보여 주기도 했죠.

하지만 16세기 말부터 17세기까지 조선은 전쟁의 아픈 역사를 겪어야 했어요. 임진왜란 때는 왕이 한반도 북단 의주까지 피신해야 했고, 병자호란 때에는 왕이 머리를 땅바닥에 조아리며 항복을 해야 했지요.

이번 파트에서는 14세기부터 17세기까지의 한국사, 그러니까 조선이 건국된 후부터 임진왜란과 병자호란을 겪고 난 후 변화하는 모습까지 살펴볼게요.

역사연표

한국사	세계사
	1368년 명 건국
위화도 회군 1388년	
조선 건국 1392년	
한양 천도 1394년	
	1405년 명, 정화의 항해 시작
훈민정음 창제 1443년	
훈민정음 반포 1446년	
계유정난 1453년	
세조 즉위 1455년	
	1467년 일본, 전국 시대 시작
	1479년 에스파냐 왕국 성립
《경국대전》 완성 1485년	
	1492년 콜럼버스, 서인도 제도 도착
중종반정 1506년	
	1517년 루터의 종교 개혁 시작
기묘사화 1519년	1519년 마젤란, 세계 일주 시작
	1526년 인도, 무굴 제국 성립
비변사 설치 1554년	
	1555년 아우크스부르크 화의
임진왜란 발발 1592년	
정유재란 발발 1597년	

한국사	**세계사**

	1603년 일본, 에도 막부 수립
	1616년 후금 건국
인조반정 1623년	
정묘호란 발발 1627년	
	1628년 영국, 권리 청원 승인
병자호란 발발 1636년	1636년 후금, 청으로 국호 변경
	1644년 명 멸망
	1648년 베스트팔렌 조약 체결

통치 체제와
대외 관계
: 조선, 국가의 기틀을 다지다

- 조선 초기를 이끈 대표적인 왕과 그 왕들의 업적으로는 어떤 것이 있나요?
- 조선 전기에 정비된 통치 체제에 대해 이야기해 보세요.
- 《경국대전》이 갖는 의미와, 이를 통해 나타난 조선 시대의 생활상은 어땠을까요?
- 조선 전기의 대외 교류 정책에 대해 설명해 보세요.

조선은 왜 한양을 수도로 정했을까?
└조선 건국과 한양 천도

고려 말로 돌아가서 조선의 건국 이야기를 다시 해 볼까요?

요동 정벌을 떠났던 이성계가 위화도에서 군대를 돌려 고려의 수도인 개경을 쳤어요. 이 위화도 회군에 성공하면서 이성계 일파가 권력을 장악했지요. 이성계는 신흥 무인의 대표 주자였어요. 신흥 무인과 뜻을 같이한 세력이 신진 사대부였지요. 이 신진 사대부들이 주도해서 개혁을 시작했어요.

가장 먼저 토지 제도부터 손을 댔어요. 고려 토지 제도의 기본 골격은 전시과였어요. 문제는, 고려 후기로 가면서 이 제도가 아무 쓸모가 없어졌다는 거예요. 권문세족이 토지를 독점했으니 관리에게 줄 토지가 부족했거든요. 물론 신진 사대부들도 제대로 토지를 받지 못했어요.

태조 이성계 어진

이성계와 신진 사대부는 권문세족들이 불법으로 점유한 토지를 몰수했어요. 그리고 토지의 수조권을 재분배했어요. 이 제도를 과전법이라고 하는데, 조선 초기까지 이어졌어요. 수조권은 토지 자체가 아니라 그 토지에서 나오는 세금을 거둘 권리를 뜻한다고 이미 이야기했지요? 이 과전법은 경기 지역에서 시행되었답니다. 이후 신진 사대부의 경제적 기반이 강해졌고 권문세족의 경제력은 약해졌죠.

쓰러져 가는 고려를 개혁하는 데는 모든 신진 사대부가 뜻을 같이했어요. 하지만 새 나라를 세우려는 움직임이 일면서 신진 사대부가 갈라섰어요. 고려를 지키려는 온건파와 새 나라를 세우려는 급진파 사이에 갈등이 생겼죠. 이성계와 급진파 신진 사대부는 정몽주를 비롯한 온건파를 제거하고 조선을 건국했어요[1392년].

통일 신라가 불완전한 민족 통일을 이루어 냈고, 고려가 완전한 민족 통일을 통해 우리 민족 문화의 토대를 구축했다고 했지요? 조선 건국에는 어떤 의미가 담겨 있을까요?

숭례문(남대문)

흥인지문(동대문)

무엇보다 조선에 이르러 지배층이 변화했다는 점을 주목해야 해요. 고려 때까지만 해도 지배층은 모두 귀족이었어요. 그러나 조선 시대에는 사대부가 지배층으로 자리를 잡았어요. 조선이 건국됨으로써 우리 역사에서 귀족의 시대가 끝나고 가문이 아닌 실력이 중요시되는 시대가 열린 거예요.

태조 이성계는 이듬해에 나라 이름을 조선으로 확정했어요[1393년]. 조선이라 정한 것은, 과거의 조선인 고조선을 계승하겠다는 생각에서였어요. 그 다음 해에는 한양[오늘날의 서울]으로 수도를 옮겼어요[1394년]. 태조는 왜 수도를 한양으로 정했을까요?

한양은 한반도의 중심부에 있어요. 또한 교통, 군사, 지리 등 모든 면에서 이점이 많았어요. 사방으로 육로와 수로가 연결되어 있고, 산으로 둘러싸여 있어 외적이 침략해도 격퇴하기가 수월하죠. 바로 이런 이유 때문에 한양을 수도로 정한 거랍니다.

조선은 유교 국가를 표방했어요. 이에 맞추어 한양도 유교 이념에 따라 건설했어요. 한양을 둘러싼 4대문의 이름만 봐도 이러한 사실을 잘 알 수 있어요. 한양에는 동서남북으로 각각 문이 있었는

경복궁

데, 대문의 이름에 유교 이념인 인의예지仁義禮智를 사용했어요. 이를테면 동대문은 흥인지문, 서대문은 돈의문, 남대문은 숭례문이라고 했답니다. 북쪽에도 대문이 있었는데, 이 대문은 숙정문이라고 했어요.

유교에서는 효孝를 가장 중요한 가치로 여겨요. 그래서 태조는 자기 조상들의 신주를 모시고 제사를 지내는 종묘를 궁궐 왼편에 지었어요. 궁궐 오른편에는 토지신과 곡식신에게 제사를 지내는 사직단을 두었지요. "종묘사직을 보전한다."라고 할 때의 종묘사직이 바로 이 종묘와 사직단을 말하는 거랍니다.

조선은 또 하늘의 뜻을 받들어 백성을 다스리겠다는 의미의 경복궁을 지었어요. 경복궁을 조금만 들여다볼까요?

정문인 광화문을 지나면 근정전이 나타나요. 왕의 즉위식이나 외

● 인의예지 사람이 갖추어야 할 네 가지 성품. 어질고(인), 의로우며(의), 예의 바르고(예), 지혜로움(지)을 뜻한다.
● 신주 죽은 사람의 이름을 적어 놓은 나무로 만든 위패. 이 위패를 통해 고인을 추모한다.

근정전과 품계석

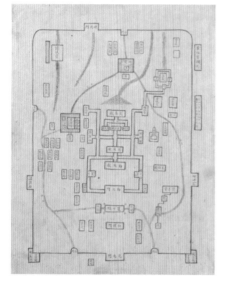
경복궁도 ©국립중앙박물관

국 사신을 맞는 의식, 그 외에 국가적으로 큰 행사가 바로 이 근정전에서 치러졌어요. 근정전 앞 바닥에는 품계석이 세워져 있는데, 신하들은 자신의 품계에 따라 정해진 위치에 서야 했어요.

근정전을 통과하면 왕이 신하들과 함께 나랏일을 보는 사정전이 있어요. 사정전은 편전이라고도 불러요. 사정전의 뒤쪽으로는 왕이 잠을 자거나 책을 읽고 휴식을 취하는 등 개인적인 일을 주로 하는 강녕전이 있어요. 왕비의 사적 공간인 교태전이 나란히 있죠. 강녕전과 교태전은 왕과 왕비가 잠을 자는 공간이기 때문에 침전이라고도 해요.

광화문 – 근정전 – 사정전 – 강녕전은 경복궁의 중심 부분에 일직선으로 배치되어 있어요. 왕이 경복궁의 중심이기 때문이지요. 이 건물들의 좌우로는 외국 사신을 맞이하여 연회를 베푸는 경회루, 세자와 세자빈이 거처하는 동궁을 두었답니다.

태종이 호패법을 실시한 까닭은?
└조선의 국가 기틀 확립

보통 태조 때부터 9대 성종 때까지가 조선의 기틀을 다진 시기로 봐요. 이 9명의 왕이 통치하는 동안 조선은 비로소 나라다운 나라로 정비되었어요. 일단 간략하게나마 각 왕별로 어떤 업적을 이루었는지 살펴볼게요. 조선 통치 체제에 대해서는 조금 있다가 다시 다룰 거니까 여기서는 각 왕의 업적 위주로 이해하면 될 것 같아요.

태조는 국가의 기틀을 마련하는 데 상당히 공을 들였어요. 태조 시절에 특히 기억해야 할 인물이 있는데, 바로 정도전이에요. 정도전은 조선의 으뜸 개국 공신이자 조선의 기틀을 마련한 인물이에요. 한양 천도, 경복궁 건축 등 국가 중대사에 정도전의 손길이 닿지 않은 게 없었지요.

태조는 정도전을 크게 신임했어요. 성리학을 국가 통치 이념으로 삼은 것이나 불교를 규제하는 억불 정책을 실시한 것 모두 정도전의 건의에 따른 것이었지요. 정도전은 성리학 이념에 따라《조선경국전》이라는 법전을 직접 만들어 태조에게 바쳤고, 불교를 배척하고 성리학을 숭상하자는 내용의《불씨잡변》이란 책도 썼어요.

정도전은 재상이 사대부를 거느리고 정치를 하는 재상 중심의 정치가 가장 이상적인 유교 정치라고 주장했고, 실제로 그런 정치를 실시하려고 했어요. 정도전은 자신의 이상을 실현하기 위해 세자 책봉에도 관여했어요. 정도전은 태조의 다섯째 아들 이방원이 왕이 되어서는 안 된다고 생각했어요. 권력 욕심이 강한 이방원이 왕이 되면 재상 중심의 정치가 불가능할 것이라 여겼기 때문이지요. 바로 이 때문에 정도전은 아주 어린 왕자를 세자로 추천했어요. 이방원은 그런 정도전이 싫었어요. 정도전의 권력이 지나치게 크다고 생각했거든요.

결국 이방원은 두 차례 왕자의 난*을 일으켰어요. 정도전과 남은을 비롯해 자신을 반대하는 개국 공신을 모두 제거했죠. 세자로 책봉되었던 막내 동생도 죽였어요. 정종²대은 그런 동생이 무서웠나 봐요. 왕에 오른 지 얼마 되지 않아 이방원에게 왕위를 넘겨주었거든요. 이렇게 해서 이방원이 왕에 올랐는데, 이가 바로 태종³대이에요.

태종은 왕족과 개국 공신의 사병을 해체했어요. 그들의 군사 기반을 약화시키고 왕권을 강화하기 위해서였지요. 태종은 또 의정부*를 약화시키고 6조로부터 직접 보고를 받았어요. 의정부와 6조는 오늘날의 국무회의와 각 정부 부처에 해당해요. 의정부를 약화시켰다는 것은 왕인 태종이 직접 6조를 챙겼다는 뜻이에요. 그러니 정승, 즉 재상들의 권력이 약해질 수밖에 없어요.

태종은 또 16세 이상의 남자들은 모두 호패를 지니고 다니도록 했어요. 호패는 오늘날의 주민등록증과 비슷한데, 나뭇조각에 이

● 왕자의 난 조선 초기에 태조 이성계의 왕자들 사이에 왕위 계승권을 둘러싸고 일어난 두 차례의 난
● 의정부 조선의 최고 행정 기관. 영의정, 좌의정, 우의정이 합의하여 국가 정책을 결정하고, 그 아래의 6조가 국가 행정을 집행했다. 훗날 비변사가 설치되면서 유명무실해졌다.

름과 태어난 해, 특징 등을 새긴 것이에요. 관리라면 언제 과거 시험에 합격했는지, 어떤 과거 시험이었는지도 호패에 적어 넣었어요.

호패 ⓒ국립중앙박물관

이 호패법 또한 왕권 강화에 도움이 되었어요. 호패법을 시행하면 전국 어느 지역에 어떤 사람이 얼마나 살고 있는지 파악할 수가 있어요. 인구 현황을 파악하면 제대로 조세˚와 군역˚을 부과할 수 있지요. 중앙 정부에서 정확하게 현황을 파악하고 있으니 지방 관리들이 세금을 중간에서 가로채는 것이 어려워져요.

태종은 또 억울한 백성이 북을 두들겨 하소연하도록 하는 신문고 제도도 만들었어요. 혹시 누군가 반역을 꾸민다면 신문고를 두들겨 고발하라고도 했어요. 하지만 실제로 신문고가 울린 횟수는 그리 많지 않았다고 해요. 신문고를 울렸다가 나중에 보복을 당할 수 있으니까 그랬던 것 같아요.

태종의 셋째 아들이자 지독한 책벌레인 충녕 대군이 다음 왕에 올랐어요. 원래는 첫째인 양녕 대군이 왕이 되어야 하지만 품행에 문제가 있어 충녕 대군이 선택된 거였어요. 이 충녕 대군이 바로 세종⁴ᵈᵉ이에요.

태종이 국가의 기틀을 다지고 왕권을 강화한 덕분에 세종은 유교 정치에 더욱 전념할 수 있었어요. 세종은 유교의 이상에 맞는 정치, 백성을 위한 민본 정치를 실현하려고 노력했어요. 이를 위해 학문

˚ 조세 국가 운영에 필요한 경비를 마련하기 위해 국민이나 주민으로부터 거두어들이는 금전과 재물
˚ 군역 군대에서 복역하거나 군대 진영에서 노동하는 일. 삼국 시대 이후 대체로 16세부터 60세 이하의 남자가 의무를 졌다.

광화문 광장의 세종 대왕상

연구 기관인 집현전을 설치한 후 경연과 서연을 시작했어요. 경연은 왕과 신하들이 유학을 토론하는 것이고, 서연은 유학자들이 세자를 가르치는 것을 말해요.

세종은 또 황희나 맹사성 같은 학자들을 재상으로 임명해 의정부 회의를 주관하도록 했어요. 세종 자신은 군사나 인사 분야와 같은 중대한 업무만 관여하고 나머지 국정은 의정부에서 처리하게 했던 거예요. 태종과는 달라도 아주 다르지요? 세종은 이처럼 왕권과 신권^{신하들의 권력}의 조화를 꾀했답니다. 덕분에 정치가 크게 안정되었죠.

세종은 백성을 위해 각종 서적을 만들도록 했고, 나아가 세금 제도도 개혁했어요. 땅의 품질에 따라 6등급으로 나누는 전분육등법, 그해 수확량에 따라 9등급으로 나누는 연분구등법이 그것이에요. 이 제도를 만들 때는 전국적으로 여론 조사를 실시해 백성의 뜻을 직접 묻기도 했지요.

한자만을 숭상하는 일부 유학자들의 반대를 물리치고 훈민정음을 창제한 것은 세종의 여러 업적 가운데 으뜸이라 할 수 있어요. 이 훈민정음이 만들어짐으로써 백성들은 자신의 생각을 쉽게 글로 표현할 수 있게 되었어요. 세종 시절 측우기, 해시계 등 첨단 과학 기구도 잇달아 발명했어요. 남쪽으로는 쓰시마섬을 정벌하고, 북쪽으로는 여진을 토벌해 영토를 넓혔어요. 세종의 업적이 정말 많지요?

세종을 이은 문종5대은 몸이 약해 2년 4개월 만에 세상을 떠났어요. 그의 뒤를 이어 12세의 어린 왕자가 왕이 되었는데, 단종6대이에요. 단종이 어리니 김종서와 같은 재상의 세력이 커졌어요. 세종의 둘째 아들이자 문종의 동생인 수양 대군은 이런 상황이 맘에 들지 않았어요. 조선 건국 초기의 정도전과 이방원 사이에 벌어진 갈등을 보는 것 같지요? 그 후로도 역사는 비슷한 모양새로 되풀이됐어요. 수양 대군이 반란을 일으켜 김종서를 제거하고 단종을 몰아냈지요. 이어 수양 대군이 왕에 올랐는데, 그가 바로 세조7대예요.

세조는 성품이나 행동거지가 할아버지 태종이방원과 아주 흡사했어요. 의정부 기능을 약화시켜 6조로부터 직접 보고를 받았고, 자신을 반대하는 신하는 처형하거나 유배를 보냈지요. 왕과 신하가 유교 이념을 토론하는 경연도 폐지했어요. 그래서 세종이 만든 집현전도 폐쇄했어요.

세조는 고려 말에 만든 과전법을 뜯어고쳤어요. 원래 과전법은 관료에게 경기 지역 토지에 대한 수조권을 주는 것이었어요. 퇴직하면 수조권을 반납해야 하지만 아무도 그러지 않았어요. 그러다 보니 토지가 부족해졌고, 국가 재정도 나빠졌어요. 이 문제를 해결하기 위해 세조는 현직 관리에게만 수조권을 주었는데, 이게 직전법이에요.

세조는 북방 개척에도 힘을 썼어요. 아울러 조선의 헌법에 해당하는 법전을 편찬하기 시작했어요. 이 법전이 바로 《경국대전》이

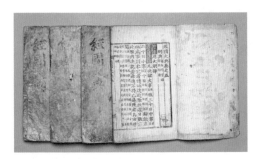
〈경국대전〉 ⓒ국립중앙박물관

에요. 법전을 만드는 데는 상당히 오랜 시간이 필요해요. 세조는 이 작업을 끝내지 못하고 세상을 떠났어요.

이어 왕이 된 예종[8대]은 1년 2개월 만에 세상을 떠났어요. 뒤를 이어 예종의 조카가 왕에 올랐는데, 성종[9대]이에요. 성종은 집현전의 기능을 이어받은 홍문관을 새로 만들었어요. 홍문관은 왕에게 정치 자문을 하는 역할을 했답니다. 성종은 또 세조가 없애 버린 경연을 부활시켰어요. 세조가 태종과 비슷하다면 성종은 세종과 비슷하지요?

성종은 토지 제도를 다시 손보았어요. 경작을 하는 사람들에게서 중앙 정부가 직접 세금을 거두어 현직 관리에게 주는 방식으로 바꾸었지요. 이 방식이 관수관급제인데 "정부가 거두어 정부가 준다."라는 뜻이에요. 이 제도의 시행으로 신라 때부터 있어 왔던 토지 수조권이 사라지게 되었어요.

성종 때《경국대전》이 완성되었어요[1485년].《경국대전》이 시행됨으로써 조선의 통치 방향이 확정되었다고 할 수 있어요. 유교 국가로서의 기틀을 구축한 것이지요.

왕은 왜 신하들과 토론을 벌였을까?
└통치 체제 정비 : 중앙 및 지방 조직

조선은 이상적인 유교 왕국을 지향했어요. 15세기 후반이 되면 이에 맞는 통치 체제를 거의 확립했지요. 지금까지는 각 왕별로 국가의 기틀을 다지기 위한 노력을 살펴보았어요. 이제는 조선의 통치 체제에 대해 정리해 볼게요. 먼저 중앙 정치 조직부터 시작할까요?

조선 전기 최고의 국정 기구는 영의정, 좌의정, 우의정 등 재상^宰^相들이 모여 정책을 논의하는 의정부였어요. 의정부에서 의견을 수렴하여 왕에게 보고하고, 왕이 승인하면 의정부 산하의 이조, 호조, 예조, 병조, 형조, 공조 등 6조가 정책을 집행했어요.

왕의 성향에 따라 의정부의 권한이 달라졌어요. 태종은 세자 책봉 문제에 개입한 처남들을 모두 처형할 만큼 왕권을 중요하게 여긴 인물이에요. 재상 중심의 정치를 시행할 리가 없지요. 태종은 의정부의 권한을 약화시키고 6조로부터 직접 보고를 받았어요. 세조 또한 태종과 같은 방식으로 국정을 운영했어요.

반면 신하들을 존중한 세종과 성종 시절에는 의정부가 활발하게 운영되었어요. 세종은 군사, 인사와 같은 국가 중대사가 아니라면 대부분 의정부에서 처리하도록 했어요. 덕분에 왕의 권력인 왕권과 신하들의 권력인 신권이 조화를 이루었어요.

왕이 지나치게 권력을 남용하거나 관리들이 부정부패를 저지르는 것을 감시하기 위한 기구로 3사가 있었어요. 3사는 사헌부, 사간원, 홍문관을 가리키는데, 오늘날로 치면 언론사나 감사원과 비슷해요. 사헌부는 관리들을 감시하고, 비리가 의심되면 즉각 왕에게 보고해 조사하거나 처벌토록 했어요. 왕의 결정이 잘못되었을 때 왕에게 쓴소리를 하는 것을 간쟁이라고 하는데, 사간원이 이 업무를 맡았어요. 홍문관은 왕의 자문 기관으로 경연을 담당했지요. 경연은 원래 집현전에서 담당했는데, 성종 이후로 홍문관에서 맡게 되었어요.

이 경연 제도야말로 조선이 이상적인 유교 정치를 실현하려 했다는 증거로 볼 수 있어요. 경연은 신하들이 왕에게 유교 경전을 강의하고, 이어 토론하는 제도였어요. 경연이 시작되면 왕은 학생 신분으로 이전 시간에 배운 내용을 복습하고 경연관이 글을 읽으면 똑같이 따라 읽어야 했어요. 경연에 특히 적극적이었던 왕이 세종이에요. 세종은 백성을 위한 민본 정치를 하려면 왕부터 끊임없이 수련해야 한다고 생각했어요. 이 경연을 응용해 세자 교육을 한 것이 서연이에요. 서연에 참석한 세자도 학생의 신분이 되어 유교 경전을 공부해야 했지요.

나머지 조직에 대해서도 간략히 살펴볼게요. 승정원은 왕의 비서실 역할을 했어요. 의금부는 범죄를 수사하고 죄인을 처벌하는 역할을 맡았지요. 이 승정원과 의금부는 철저히 왕명에 의해 움직였어요. 그러니 강력한 왕권을 확립하는 데 큰 도움을 주었지요. 이 밖에도 춘추관은 역사 편찬을 담당했고, 한성부는 수도 한양의 치안과 일반 행정 업무를 맡았어요.

두 번째로 지방 행정 조직을 볼까요?

전국은 총 8도로 나누었고, 그 밑으로 부-목-군-현을 두었어요. 고려 시대까지 특수 행정 구역으로 있었던 향, 부곡, 소는 없애고 모두 군과 현으로 승격시켰어요.

도에는 오늘날의 도지사에 해당하는 관찰사를 파견했어요. 부에는 부사, 목에는 목사, 군에는 군수, 현에는 현령을 중앙 정부에서 파견했지요. 지방에 파견된 관리를 통틀어 수령이라고 해요. 고려 시대에는 이 수령을 파견하지 못한 군현이 꽤 있었어요. 하지만 조선 시대에는 모든 군현에 수령을 파견했답니다. 조선 전기에 완벽한 중앙 집권 체제가 이루어졌다는 사실을 알 수 있겠지요?

지방으로 파견된 수령은 일반 행정뿐 아니라 군사와 사법 업무도 맡았어요. 이 모든 업무를 혼자서 감당할 수 없겠죠? 그래서 관청에서 일할 하급 관리인 아전을 수령이 따로 뽑았는데, 이들을 향리라고 불렀어요. 향리의 신분은 그다지 높지 않았고, 직업을 세습했어요. 고려 향리는 지방에서 떵떵거리는 세력가였어요. 조선 시대에 중앙 집권 체제가 더욱 발달하면서 향리의 세력이 확 쪼그라든 거예요.

조선 시대에는 유교 이념을 구현하려는 자발적 지방 기구가 있

해미 읍성 ⓒ서산시청

었는데, 바로 유향소^{향청}예요. 유향소에 모인 양반들은 수령의 지방 통치에 필요한 자문을 하고 향리들의 비리를 감시했어요. 백성들에게 유교 이념을 가르치는 일도 담당했지요.

지방 행정 조직과는 다소 무관한 것이지만 특이한 마을이 고을마다 있었어요. 바로 읍성이란 것인데, 외적이 쳐들어올 경우를 대비해 만든 성벽 도시예요. 외적이 쳐들어오면 백성들은 일제히 이 읍성으로 들어가 방어 태세를 갖추었어요. 낙안 읍성, 해미 읍성 등이 현재까지 남아 있지요.

농민도 과거 시험을 볼 수 있었을까?
└군사 조직, 조세 제도 및 관리 선발 제도

세 번째로 군사 조직에 대해 알아볼까요?

군대는 크게 중앙군^{5위}과 지방군으로 나누었어요. 중앙군인 5위는 궁궐과 한양을 방어했어요. 지방군으로는 육지 지역에는 병영, 해안 지역에는 수영이 설치되었어요. 병영에는 병마절도사, 수영에는 수군절도사가 파견되어 군사 업무를 지휘했어요. 이 지방군과 별도로 평상시에는 생업에 종사하다가 유사시에 소집되는 잡색

군이란 예비군도 있었지요.

오늘날에도 성인 남자는 군대에 가야 해요. 조선 시대에는 국방의 의무를 군역이라고 했는데, 양반, 관료, 학생, 향리를 제외한 16~60세의 양인 남자는 반드시 군역을 치러야 했어요. 군역을 치르는 방법은 크게 두 가지였어요. 첫째는 직접 군대에 가는 것이고, 둘째는 군포를 냄으로써 국방에 필요한 비용을 지불하는 것이에요.

외적이 침략하면 이 소식을 어떻게 한양에 알릴까요? 산 정상에 설치된 봉수대가 그 역할을 했어요. 보통 연기나 불로 적의 침략을 알렸어요. 적이 국경을 침범하면 네 개, 적과 전투 중이면 다섯 개의 봉수를 올렸지요. 날씨가 궂은 날에는 대포나 뿔피리 같은 것으로 큰 소리를 만들어 알렸어요. 이마저도 여의치 않으면 봉수군이 직접 달려가 보고했어요. 이 밖에도 물자를 신속하게 수송하고 왕명을 빨리 전달하기 위해 역참을 운영했어요. 역참에는 날쌔고 건강한 말이 늘 준비되어 있었어요.

네 번째로 조선 전기의 조세^{세금} 제도에 대해 살펴볼게요.

세금의 종류는 크게 세 가지였어요. 첫째가 토지에 매기는 전세인데, 가장 비중이 커요. 둘째는 관청에서 필요한 특산물을 바치는 공물이에요. 공물은 마을 단위로 일정량이 책정되었어요. 셋째는 토목 공사^{요역}나 국방의 의무^{군역}를 이행하는 역이었어요.

조선 중기 이후로는 이 세 가지 조세 외에 환곡이라는 것이 등장해요. 정부가 농민에게 봄에 곡식을 빌려주고 가을에 이자를 얹어 받는 제도인데, 엄밀하게 말하면 세금은 아니었어요. 하지만 사실상 세금처럼 여겨지면서 나중에 큰 사회적 문제로 불거지기도 했죠.

세금을 거두면 주로 강과 바닷길을 이용해 서울의 창고인 경창으로 옮겼어요. 이를 조운 제도라 불렀지요. 하지만 중국과 국경을 접한 평안도와 함경도는 예외였어요. 사신 접대와 국방에 쓰이는 돈이 많이 필요했기 때문에 이 지역에서 거둔 세금은 모두 현지에서 쓰도록 했어요.

다섯 번째로 관리를 선발하는 과거 시험에 대해 알아볼까요?

과거 시험은 문관을 뽑는 문과, 무관을 뽑는 무과, 기술관을 뽑는 잡과역과, 율과, 의과, 음양과로 나뉘었어요. 과거 시험은 대체로 3년마다 시행되었어요.

문과 시험을 치르는 모습

문관이 되려면 두 차례 과거 시험에 합격해야 해요. 1차로 소과를 치러요. 소과는 생원을 뽑는 생원과, 진사를 뽑는 진사과로 나뉘어 있었어요. 이 소과에 합격하면 생원 혹은 진사가 됨으로써 대과를 치를 자격을 얻었어요. 또한 성균관에 입학할 수도 있었어요. 성균관에 들어가면 대부분 기숙사에서 생활했어요. 식당에 식사하러 갈 때마다 출석 명부에 표시를 하는데, 이 점수가 300점이 넘으면 대과에 응시할 자격을 얻었지요.

과거 시험을 준비하는 중등 교육 기관으로는 정부가 운영하는 한성의 4부 학당이 있었어요. 동부, 서부, 남부, 중부 등 4개 지역에서 운영되었지요. 양인이라면 8세부터 입학이 가능했어요. 이곳에서는 《소학》과 사서^{(논어), (맹자), (중용), (대학)}를 공부하며 생원과와 진사과를 준비했지요. 지방의 과거 준비생들은 유학을 가르치는 향교에서 공부를 했어요. 향교는 대체로 고을마다 1개씩 있었어요.

양인이라면 누구나 과거에 응시할 수 있었어요. 그러나 현실적으로 농민이 응시하는 경우는 드물었어요. 주로 양반들이 문과에 응시했지요. 중인이나 상민, 향리 자제는 주로 무과를 치렀어요. 잡과에는 향리 자제들이 주로 응시했지요. 특이한 점은 무과에서도 유교 경전을 내용으로 한 필기시험을 치렀다는 거예요. 무예가 뛰어나도 유교적 학식이 없으면 무관이 될 수 없었던 거지요.

과거 시험을 치르지 않고 벼슬을 얻는 방법도 있었어요. 고려 시대에 5품 이상의 고위 관료 자제들에게 벼슬을 주었던 음서 제도가 조선 시대에도 이어졌거든요. 다만 조선 시대에는 2품 이상의 관료 자제에게만 주었고, 설령 벼슬을 준다 해도 높은 벼슬을 주지는 않았어요. 신분이 높다고 해서 고위 관료가 될 수 있는 시대가 끝났다는 사실을 여기서도 알 수 있지요?

이 밖에 품행이 올바르고 능력이 뛰어난 사람을 정3품 이상의 고위 관료로 추천하는 천거 제도가 있었는데, 중종 시절 반짝 운영되었던 현량과가 대표적이에요. 나이가 많거나 그 밖의 여러 이유로 관리가 되지 못한 사람을 대상으로 취재라는 특별 시험을 치르게 해 관리로 채용하기도 했어요.

여자도 부모의 재산을 물려받았다고?
└《경국대전》에 나타난 조선 사회

지금까지 조선의 통치 체제에 대해 개괄적으로 살펴보았어요. 이 내용은 모두《경국대전》에 수록되어 있답니다. 조선 시대의 사람들이 어떻게 살았는지도 이《경국대전》을 통해 알 수 있어요.《경국대전》을 조금 더 들여다볼까요?

《경국대전》은 조선의 헌법과 같아요. 그러니 조선의 통치 조직에 대한 모든 규정이 담겨 있어요. 조선은 의정부 밑에 있는 6조가 정책을 집행했다고 했죠? 따라서《경국대전》도 각 조에 맞추어 6전으로 구성되었어요. 법 조항은 총 319개랍니다.

《이전》은 관직이나 관청과 같은 국가 통치 조직과 관련한 법전이에요.《호전》은 조세, 토지와 같은 경제 규정을 담았고,《예전》은 외교와 관련한 내용 외에 의례에 관한 것을 다루었어요.《병전》은 군사,《형전》은 형벌 및 재판,《공전》은 토목, 건축, 도량형과 관련한 것이에요.

《경국대전》은 19세기 후반의 갑오개혁 때 폐지돼요. 조선 시대의 처음부터 끝까지 시행된 법전인 셈이에요. 백성들은 이 법전에 정해진 대로 삶을 살아야 했어요. 여기에는 신분을 어떻게 구분하는지도 잘 나와 있어요.

고려 시대에는 귀족-중인-양민-천민의 4단계로 신분이 구분되었어요. 《경국대전》의 기록을 보면 조선 시대에는 이를 줄여서 양인-천민의 2단계로 구분했어요. 이를 양천제라고 해요. 단계가 확 줄었지요? 그것보다 고려와 비교해서 더 큰 차이가 있어요. 조선 시대에는 귀족이 존재하지 않았다는 거예요.

양인은 양반이라 부르는 사대부와 농민을 가리켰어요. 이 신분은 누구나 과거에 응시해 벼슬을 할 수 있었지요. 물론 현실적으로 농민이 과거에 응시하기는 거의 불가능했지만 농민이 과거 시험을 치르겠다고 하면 말리지는 않았어요. 신분상으로는 사대부와 농민이 양인으로서 다르지 않으니까요. 다만 법과 현실이 일치하지는 않았어요. 법적으로는 양천제였지만 실제로는 양반-중인-상민-천민의 4단계로 나뉘었거든요.

《경국대전》은 남자 15세, 여자 14세가 되면 결혼할 수 있다고 정해 놓았어요. 벼슬을 지낸 관료에게 30세가 넘은 딸이 있는데 결혼하지 못하고 있다면 정부가 혼인 비용을 부담한다는 식의 세세한 규정이 《경국대전》에 들어 있어요. 출산 휴가에 대한 규정도 보이

조선 시대의 풍속화

는데, 관청의 여자 노비는 출산 전후로 100일의 휴가를 쓸 수 있었고, 남편도 출산 휴가를 쓸 수 있었어요.

조선이 유교 국가를 지향했기에 아무래도 《경국대전》에는 유교적 질서를 강조하는 내용이 많았어요. 유학자들은 남편이자 아버지를 한 집안의 가장이라 여겼어요. 가장은 그 집안의 하늘이었지요. 자식이나 아내는 사소한 잘못을 이유로 가장을 관청에 고발할 수 없었어요.

여성의 지위가 약해진 것 같지요? 하지만 조선 전기까지는 일반 백성들에까지 성리학적인 유교 질서가 널리 퍼지지는 않았어요. 남녀가 일곱 살이 되면 한 자리에 있어서는 안 된다는 '남녀칠세부동석'이니, 남자는 귀하고 여자는 천하다는 '남존여비男尊女卑' 같은 말은 16세기 이후에 나온 거랍니다. 조선 전기에는 이처럼 여성을 비하하지 않았어요. 고려 시대와 마찬가지로 딸이라고 해도 부모의 재산을 상속할 수 있었고, 부모의 제사를 아들 대신 지낼 수도 있었지요.

세종이 왜인에 삼포를 개항한 까닭은?
└조선의 외교 정책 및 대외 교류

이번에는 조선의 외교 정책에 대해 살펴볼게요.

조선은 명을 강자로 인정하고 섬기는 사대 정책을 시행했어요. 하지만 사대라고 해서 무작정 섬기기만 하는 것은 아니었어요. 사신과 조공을 보내는 대신 명의 선진 문물을 받아들였거든요. 그러니까 사대는 조선과 명의 국력 차이를 인정하면서 실리를 챙기는 외교 정책이라고 할 수 있어요.

쓰시마섬 위치

조선 주변에는 명만 있는 것이 아니었어요. 남쪽으로는 일본이 있었고, 북쪽으로는 여진이 있었지요. 이 두 나라에 대해서는 교린 정책을 실시했어요. 교린은 이웃과 우호적으로 지낸다는 뜻이에요. 조선은 일본과 여진에 대해서는 대체로 잘 지내되 그들이 도발하면 바로 응징하는 '회유와 토벌'을 함께 썼어요. 회유는 당근이고, 토벌은 채찍인 셈이지요.

특히 세종 시절에 이런 사례가 많아요. 세종은 왜구들이 조선 바다와 해안 지방에서 노략질을 하자 왜구의 근거지인 쓰시마섬^{대마도}을 토벌했어요[1419년]. 사실 고려 말에도 왜구를 격퇴하기 위해 쓰시마섬을 토벌한 적이 있었어요. 규모가 크진 않았지만 태조 때도 쓰시마섬을 토벌했지요. 쓰시마섬은 일본 해적, 그러니까 왜구의 본거지였어요. 원래 쓰시마섬은 조선에 조공을 바쳤어요. 하지만 흉년이 들고 먹을 게 없어지면서 일부 주민들이 해적으로 돌변한 것이에요.

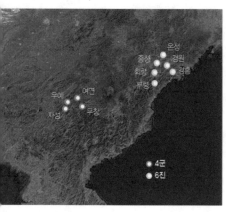
4군과 6진 위치

세종의 쓰시마섬 정벌은 성공적이었어요. 세종의 왕명을 받은 이종무는 227척의 병선을 이끌고 가서 큰 타격을 입혔고, 잡혀 있던 조선 사람들을 데리고 돌아왔어요. 하지만 토벌만 한 것은 아니었어요. 쓰시마섬 사람들이 조선에 간곡하게 교역을 요청하자 받아들이기도 했어요. 세종은 제포^{진해}, 부산포^{부산 동래}, 염포^{울산} 등 삼포를 열었고, 삼포에서 왜인들이 무역할 수 있도록 허락했어요. 당근과 채찍을 적절히 구사한 것이지요.

세종은 북쪽의 여진에 대해서도 토벌과 회유를 동시에 진행했어요. 우선 여진이 국경을 자주 침범하자 압록강 지역에 최윤덕을 파견해 격퇴하도록 했어요. 최윤덕은 여진을 몰아낸 뒤 4군을 설치했어요. 세종은 이어 두만강 지역에도 김종서를 보내 여진을 제압하도록 했어요. 김종서는 6진을 설치했죠. 이 4군 6진이 만들어지면서 조선의 영토는 압록강~두만강 일대로 넓어졌어요. 오늘날 우리나라의 영토가 바로 이때 확정된 거죠.

여진에 대해서도 따로 무역할 수 있는 장소를 지정해 조선에 와서 필요한 생필품을 교역할 수 있도록 했어요. 이와 별도로 여진이나 일본 모두 조선에 협력하거나 귀순한 사람에게는 관직과 토지를 주었어요.

이 사대교린 정책은 이후 조선의 기본적인 외교 정책으로 자리 잡았어요. 조선은 사대교린 정책을 크게 어기지 않으면서 주변 국가들과 교역을 넓혀 나갔어요. 이처럼 외국과의 교류가 많아지니 조선 시대에는 외국어를 전문적으로 가르치는 정부 교육 기관이 있었어요. 사역원이란 곳인데, 여기서는 중국어 외에도 일본어와 몽골어, 여진족의 말을 가르쳤답니다.

명은 문화 선진국으로 여겨졌어요. 그러니 조선은 명에서 주로 도자기나 서적, 비단, 약재와 같은 문화 상품을 수입했어요. 그 대신 금과 은, 인삼을 수출했지요. 일본과 여진은 조선보다 문화 수준이 낮았어요. 따라서 일본에 대해서는 조선이 서적을 비롯해 식량과 의복을 수출했어요. 그 대신 구리, 황, 향로 같은 것을 수입했지요. 여진에는 식량과 농기구를 수출했고, 말, 모피, 은 같은 것을 수입했어요.

일본의 남서쪽, 그러니까 오늘날의 동중국해에 오키나와란 지역이 있어요. 일본 본토와는 상당히 떨어져 있지요. 조선 시대에 이곳에는 류큐라는 왕국이 있었는데, 조선은 이 류큐와도 교류를 했어요.

류큐에서 조금 더 항해하면 동남아시아가 나와요. 조선은 동남아시아의 나라들과도 교역을 했어요. 그 근거가 《조선왕조실록》에 나와 있어요. 《태조실록》에 섬라곡국과 조와국이란 데서 사신을 보내와 토산품을 바쳤다는 기록이 있어요. 이 기록에 나오는 섬라곡국은 오늘날의 태국, 조와국은 인도네시아랍니다.

★ 단원 정리 노트 ★

1. 조선 왕의 계보(태조~성종)

| 1대 | 1392~1398, 태조 |

· 주요 업적 – 조선 건국(1392년)

· 기타 사항 – 나라 이름을 '조선'으로 정함(1393년)

　　　　　 – 정도전의 건의를 받아들여 한양으로 천도(1394년)

| 2대 | 1398~1400, 정종 |

· 기타 사항 – 1차 왕자의 난으로 왕에 올랐으나, 2차 왕자의 난 이후 이방원(태종)에

　　　　　 게 왕위를 넘김

| 3대 | 1400~1418, 태종 |

· 주요 업적 – 호패법 실시

　　　　　 – 신문고 제도 운영

· 기타 사항 – 왕족과 개국 공신의 사병을 혁파하고 관직 제도를 정비하는 등 왕권 강

　　　　　 화에 치중

| 4대 | 1418~1450, 세종 |

· 주요 업적 – 집현전 설치

　　　　　 – 전분육등법과 연분구등법 실시

　　　　　 – 훈민정음 창제

　　　　　 – 해시계와 자격루 등 발명(장영실)

　　　　　 – 쓰시마섬 정벌, 여진 토벌

· 기타 사항 – 왕권과 신권이 조화를 이루는 정치를 실현해 정치가 안정됨

– 백성을 위하는 민본 정치를 펼침

– 과학, 문화를 발전시켰으며, 군사력을 강화

5대 1450~1452, 문종

· 기타 사항 – 세종의 맏아들로, 재위 2년 4개월 만에 사망

6대 1452~1455, 단종

· 기타 사항 – 문종의 아들로, 12세에 왕위에 오름

– 세종의 둘째 아들인 수양 대군에 의해 폐위

7대 1455~1468, 세조

· 주요 업적 – 직전법 실시

– 《경국대전》 편찬 사업 시작

· 기타 사항 – 세종의 둘째 아들로, 단종을 몰아내고 왕위에 오름

– 왕권 강화에 치중

8대 1468~1469, 예종

· 기타 사항 – 세조의 둘째 아들로, 재위 13개월 만에 사망

9대 1469~1494, 성종

· 주요 업적 – 홍문관 설치

– 관수관급제 실시

– 《경국대전》 완성

· 기타 사항 – 왕권과 신권이 조화를 이루는 정치적 안정을 꾀함

2. 조선 초기의 중앙 정부 조직

왕	··· 직속 기관 ···	승정원	왕의 비서실 역할
		의금부	범죄 수사

의정부
영의정, 좌의정, 우의정, 세 명의 정승이 나랏일을 논의하던 기구. 정승은 오늘날의 국무총리에 해당함.

6조	이조	관료의 인사 담당
	호조	조세 등 국가 재정 담당
	예조	국가 행사와 제례, 사신 접대 등을 담당
	병조	군사 업무를 담당
	형조	법률, 소송, 재판 등을 담당
	공조	국가의 토목, 건축 사업 담당

3사	사헌부	관리들의 부정부패 감시
	사간원	왕에게 간쟁
	홍문관(집현전)	왕의 자문 기관

춘추관	역사 편찬
한성부	수도 한양의 치안과 일반 행정 담당

3. 조선 전기의 행정 구역

조선은 전국을 여덟 개의 도로 나누었다. 각 도에는 오늘날의 도지사에 해당하는 관찰사를 파견했다. 각 도 아래에는 부·목·군·현이 있었는데, 각각 부사·목사·군수·현령을 파견했다. 이처럼 지방으로 파견된 관리를 통틀어 '수령'이라 불렀다. 그리고 각 수령의 업무를 향리라는 하급 관리가 보조했다. 고려의 향리는 지방의 세력가였지만, 조선의 향리는 지위가 낮았다.

조선 팔도

※ 조선 전기의 행정 구역은 조선 500여 년 동안 거의 변하지 않고 유지되었을 뿐만 아니라, 오늘날 대한민국의 행정 구역에도 영향을 미쳤다.

4. 조선의 관리 선발 제도

① 문관

- 소과인 생원과와 진사과를 치르면 대과에 응시할 자격이 주어짐

- 대과인 문과에 합격하면 문관으로 선발됨

② 무관

- 무과를 치르고 합격하면 무관으로 선발됨

- 무과에서도 유교 경전을 다루는 필기시험을 치름

③ 기술관

- 잡과인 역과, 율과, 의과, 음양과에 합격하면 기술관으로 선발됨

- 역과 : 통역과 번역을 담당하는 관리 선발

- 율과 : 범죄와 형법에 관한 법률 체계를 담당하는 관리 선발

- 의과 : 의술에 정통한 관리를 선발

- 음양과 : 천문과 지리, 길흉을 점치는 점술에 관한 관리 선발

④ 이외의 등용 제도

- 음서 : 2품 이상 관료의 자제가 시험을 치르지 않고 관리에 선발되는 제도. 단, 음서로 등용한 관리는 고위직에 오를 수 없었다.

- 천거 : 품행이 바르고 능력이 뛰어난 사람을 고위 관료의 추천을 받아 관리에 등용하는 제도(중종 시절의 현량과)

- 취재 : 여러 가지 사정으로 과거에 응하지 못해 관리가 되지 못한 이를 특별 시험을 통해 관리로 채용하는 제도

5. 《경국대전》에 나타난 조선의 신분 제도와 현실

① 법적으로는 양천제

- 양인과 천민으로 구분하였다. 누군가의 소유물인 노비와 천한 일을 하는 백정 등이 천민에 속했고, 그 외에는 모두 양인이었다.

- 양인은 누구나 과거에 응시할 수 있었고, 관리가 될 수 있었다.

② 실제로는 양반-중인-상민-천민

- 양반은 일정한 품계 이상의 관리와 그의 피붙이를 이른다.

- 중인은 양반과 상민의 중간 계층으로, 세습직인 향리와 기술직 관리, 양반의 자식이지만 몸종에게서 태어난 서얼 등을 이른다.

- 상민은 관직이 없는 농민, 상인, 어민 등을 이른다.

- 천민은 노비와 백정 등이다.

- 양반-중인-상민을 양인으로 구분했으나, 실제로 과거에 응하는 층은 양반과 중인이었으며, 중인은 주로 무과와 잡과를 치렀다.

13 사림 세력과 정치 변화

: 모든 백성은 성리학 질서를 따르라

- 훈구 세력과 사림이 갈등을 벌인 이유와 4대 사화를 순서대로 이야기해 보세요.
- 사림은 전국적으로 성리학적 질서를 확산시키기 위해 어떤 일들을 했나요?
- 동서 붕당이 일어난 이유와, 동인과 서인의 특징을 설명해 보세요.
- 붕당 정치의 장점과 단점에 대해 설명해 보세요.

성종이 사림을 발탁한 이유는?

└사림의 등장

세조는 반란을 일으켜 어린 단종을 끌어내리고 왕위에 올랐어요. 이 사건을 계유정난이라고 해요. 이때 세조를 도운 사람들은 그에 대한 보상으로 공신의 지위에 올랐어요. 고위 관직을 얻었고 넓은 땅과 노비도 받았지요. 이들의 세력은 하늘을 찔렀어요. 이들을 훈구* 세력이라고 해요.

반면 세조의 반란에 정면으로 맞선 사람들도 있었어요. 성삼문을 비롯한 6명의 신하들은 단종 복위*를 꾀하다 처형되었기 때문

- 훈구 나라와 군주를 위하여 공을 세운 가문이나 신하
- 복위 자리에서 쫓겨난 왕이나 왕후가 다시 그 자리에 오르는 것

에 사육신이라고 해요. 목숨을 잃지는 않았지만 정치를 멀리하고 운둔 생활을 하며 단종을 추모한 김시습을 포함한 6명의 신하들은 생육신이라 불렀어요.

사실 생육신 이전에도 중앙 정치와는 담을 쌓고 지방에서 유학을 공부하면서 후학을 양성하는 사람들이 적지 않았어요. 이들은 고려 말기, 조선 건국에 반대해 지방으로 내려간 사대부들의 제자였어요. 이들은 신분만 놓고 보면 중소 지주에 불과했지만 점차 향촌에서 영향력을 키워 나갔어요. 그 결과 사실상 지방을 지배하는 지위에까지 이르렀어요. 이들을 사림*이라 불러요.

사림은 도덕과 명분을 중요하게 여겼어요. 왕도 유교 윤리를 지켜야 하며 신하들과 소통하면서 백성을 위한 정치, 즉 왕도 정치를 해야 한다고 주장했지요.

성종이 왕위에 오를 때까지만 해도 사림 가운데 중앙 정계에 진출한 사람은 거의 없었어요. 중앙 정부를 장악한 세력은 대부분이 훈구 세력이었지요. 훈구 세력의 우두머리였던 한명회는 자신의 딸을 성종의 왕후로 만들기도 했어요.

훈구 세력이 권력을 독점하다 보니 부정부패를 비롯해 많은 문제가 발생했어요. 성종의 고민이 커졌어요. 그대로 두었다가는 그들이 왕권까지 넘볼 것 같았기 때문이에요. 하지만 성종은 어린 나이에 왕에 올랐어요. 아직 훈구 세력을 상대하기에는 힘이 약했죠. 게다가 대비*가 어린 성종을 대신해 정치를 하고 있었어요. 이런 정

• 사림 유학을 신봉하는 무리
• 대비 앞선 왕의 아내를 일컫는다. 성종 시절 섭정을 했던 정희 대비는 성종의 할머니였다.

치를 섭정이라고 하죠.

마침내 성종이 스무 살이 돼 직접 정치를 할 수 있게 되었어요. 성종은 훈구 세력을 견제하기 시작했어요. 지방에 있던 사림을 중앙으로 불러들여 훈구 세력과 맞서게 했어요. 이때 성종이 총애한 사림이 김종직이었어요. 김종직은 경상도 일대에서 가장 존경받는 유학자였어요. 김종직은 자신의 휘하에 있던 제자들을 중앙으로 불러들였고, 이후 사림도 정치 세력을 형성하기 시작했어요. 이들 사림 세력은 주로 언론 역할을 하는 삼사에서 근무했어요. 언론은 잘못된 정치를 비판하는 역할을 하지요? 사림은 훈구 세력의 잘못을 하나하나 꼬집기 시작했어요.

훈구 세력은 사림이 세력을 더 키우기 전에 꺾기로 하고, 음모를 꾸미기 시작했어요. 훈구 세력의 이 음모로 인해 16세기에는 사림 세력이 큰 피해를 입었어요. 총 4차례에 걸쳐 사림 세력이 큰 피해를 입었는데, 이 사건을 사화라고 해요.

연산군 실록이 없는 까닭은?
└훈구와 사림의 갈등 그리고 4대 사화

성종이 세상을 떠나고 세자인 연산군이 왕위에 올랐어요. 그로부터 4년이 지난 무오년에 첫 번째 사화가 일어났어요. 바로 무오사화예요[1498년]. 이 무오사화는 사초가 발단이 되어 일어났어요. 사초는 실록에 쓸 역사 초고인데, 뒤에서 다시 설명할게요.

훈구 세력은 이 사초를 이용해 사림을 제거하려 했어요. 《성종실록》을 만들기 위한 사초에 사림 세력에 불리할 수 있는 내용이 있었거든요. 바로 김종직이 쓴 〈조의제문〉이라는 글이었어요. 이 글은 '의제를 추모하는 글'이라는 뜻으로, 옛날 중국의 항우가 조카이자 초의 황제인 의제를 죽인 일을 비판하는 내용이었어요. 이 글이 왜 사림 세력에게 불리하냐고요? 항우와 마찬가지로 세조가 조카인 단종을 폐위하고 왕에 올랐기 때문이에요. 세조의 관점에서라면 감히 신하들이 왕실 일에 왈가왈부하는 것처럼 여겨질 수 있지요. 훈구 세력은 "이 글은 김종직이 세조가 조카인 단종을 죽이고 왕이 된 사실을 비판하기 위해 쓴 것이다."라고 주장했어요.

사실 폭군이었던 연산군은 사림을 별로 좋아하지 않았어요. 사림은 항상 유교 이념을 강조하면서 왕의 품위를 지킬 것을 요구했거든요. 훈구 세력이 이를 악용했어요. 훈구 세력은 사림이 왕을 능멸하려 한다며 이간질을 했어요. 이 전략은 적중했어요.

연산군이 본격적으로 사림 세력을 공격하기 시작했어요. 이미 사망한 김종직은 부관참시 했고, 다른 사림도 처형하거나 귀양을 보냈어요. 부관참시는 죽은 사람의 무덤을 파서 시신을 관에서 꺼내 목을 베는 형벌이에요. 설령 죽었다 하더라도 역적이니 다시 처벌받으라는 뜻이지요.

첫 번째 무오사화는 이렇게 마무리되었어요. 하지만 얼마 후에 다시 궁궐에 피바람이 불었어요. 이번에는 연산군의 친어머니 윤씨의 폐비* 문제가 발단이 되었어요.

연산군의 친어머니 윤씨는 연산군이 아주 어렸을 적에 폐비되었다가 사약을 받았어요. 왕이 된 후에야 그 사실을 알게 된 연산군은 크게 분노했어요. 우선 폐비 윤씨를 다시 왕후의 지위로 돌려놓는 복권 운동을 추진했지요. 하지만 사림 세력이 이를 강력하게 반대했어요. 연산군은 그런 사림 세력과, 윤씨 폐비에 관여했던 훈구 세력을 한꺼번에 탄압했어요. 심지어 아버지 성종의 후궁까지 죽여 버렸지요. 할머니인 인수 대비에게도 행패를 부려 죽게 만들었어요. 이 사건으로 조정은 쑥대밭이 되어 버렸는데, 이것이 바로 갑자사화예요1504년.

연산군은 조선의 최고 폭군이었어요. 백성의 땅을 빼앗아 사냥터로 만들었고, 잔인하게 신하를 고문했어요. 성균관, 홍문관, 예문관과 같은 학문 기관에 기생들을 불러 놓고 술을 마시며 놀기도 했어요. 기생은 흥을 돋우는 여성이라며 흥청이라 불렀어요. 흥청이 나라를 망친다는 흥청망청이란 말이 여기에서 유래했지요. 연산군은 자신을 비판하는 한글 서적이 발견되자 한글 서적을 모두 태워 버리기까지 했어요.

결국 보다 못한 훈구 세력이 반란을 일으켰어요. 반란 세력이 연산군을 내쫓고 새로 추대한 왕이 중종11대이에요. 그래서 이 사건을

* 폐비 왕비의 자리에서 쫓겨나는 것 또는 쫓겨난 왕비

중종반정이라 부르죠. 반정은 어긋난 정치를 본래대로 돌려놓는다는 뜻이에요.

연산군은 붙잡혀 강화도로 유배를 갔다가 그곳에서 죽었어요. 왕은 죽으면 '~종'이나 '~조'처럼 묘에 새기는 이름, 즉 묘호를 가져요. 왕의 지위가 박탈되었으니 연산군은 이런 묘호도 없이 그냥 '~군'으로 남게 되었어요. 또한 연산군은 실록에도 오르지 못했어요. 《연산군일기》로 등급이 낮아졌죠. 연산군과 마찬가지로 반란으로 왕에서 쫓겨난 광해군15대도 이와 같아요.

조광조의 편지
조광조가 운암주인이라는 이에게 쓴 편지로, 현실의 곤궁함을 해학으로 넘기는 도학자의 면모가 드러난다.
ⓒ용인문화유적전시관

중종을 왕에 추대한 훈구 세력은 다시 권력을 장악했어요. 훈구 세력이 자신을 왕으로 추대했으니 중종은 훈구 세력에게 고마워했을까요? 아니에요. 훈구 세력이 권력을 잡은 세상에서 왕은 허수아비에 불과했어요. 훈구 세력과 맞서 싸울 힘이 부족했던 중종은 성종이 했던 방식을 따라 다시 사림 세력을 등용했어요. 이때 등장한 사림 세력의 우두머리가 조광조였어요.

조광조는 중종의 전폭적인 지지를 받고 개혁에 착수했어요. 조광조는 중종반정 때 공을 세운 사람들을 기록한 공신 명부를 다시 작성했어요. 공이 별로 없는데도 이름을 올려놓은 훈구 대신은 명부에서 삭제했어요. 조광조는 이어 지방의 우수한 인재를 과거 시험 없이 추천만으로 관리에 임명하는 현량과를 시행했어요. 이 제도 덕분에 사림이 대거 중앙 정계로 진출했지요. 또한 도교 행사를 주관하던 소격서는 유교 이념에 어긋난다며 폐지했어요.

조광조와 사림 세력이 커지자 불안해진 훈구 세력은 또다시 음모를 꾸몄어요. 조광조가 반역을 꾀하고 있다는 거예요. 이와 관련해 훈구 세력이 나뭇잎에 '주초위왕走肖爲王'이라고 새긴 뒤 꿀을 발라서 벌레가 갉아먹도록 했다는 이야기가 《선조실록》에 나와요. 走주와 肖초를 합치면 趙조가 돼요. 따라서 '주초위왕'은 "조 씨가 왕이 된다."라는 뜻으로 해석할 수 있죠. 조광조가 반역을 꿈꾸고 있다고 모함한 거예요.

사실 시간이 흐르면서 중종의 마음도 조광조로부터 멀어졌어요. 조광조가 지나치게 이상적인 도학* 정치를 주장했기 때문이었어요. 조광조는 성리학을 중심으로 하며 현실 정치는 재상이 맡아야 한다고 했어요. 왕의 입장에서 보면 왕권에 대한 위협으로 받아들일 수도 있는 발상이에요.

결국 조광조는 왕에게 버림을 받았어요. 조광조를 비롯한 많은 사림 세력이 처형되었지요. 이 사건이 세 번째 사화인 기묘사화예요.1519년

네 번째 사화는 명종13대 통치기에 일어났어요. 이때 세자 책봉과 왕위 계승을 둘러싸고 외척 세력이 권력 다툼을 벌였어요. 그 과정에서 또다시 사림 세력이 희생되었어요. 훈구 세력과 사림 세력이 대결을 벌인 것은 아니었지만 어쨌든 많은 사람이 희생되었기에 이 사건도 사화로 규정해요. 이 마지막 사화가 을사사화랍니다.1545년

• **도학** 유교에 입각한 도덕을 강조하는 학문

성리학에서는 왜 여자와 남자가 동등하지 않을까?

└ 서원과 향약을 통한 성리학 질서의 확산

네 번의 사화로 사림 세력은 큰 타격을 입었어요. 하지만 사림은 포기하지 않고 꾸준히 중앙 정계로의 진출을 시도했어요. 지방에 있는 사림도 묵묵히 실력을 키웠어요. 이 사림들이 재기의 발판으로 삼은 것이 서원과 향약이었어요.

사림이 세력을 키우는 것과 달리 훈구 세력은 점점 약해졌어요. 도덕과 명분이 부족했기 때문이에요. 그 결과 선조14대가 통치하던 16세기 후반에 가서는 중앙과 지방을 모두 사림 세력이 장악하게 되었어요.

사림 세력이 정치권력을 장악하니 조선 사회도 크게 변했어요. 한양은 물론 지방의 작은 고을 구석구석까지 성리학 질서가 자리 잡기 시작했지요. 양반은 물론이고 농부에서 시골 아낙까지 성리학 이념에 따라야 했고, 그렇지 않을 경우 처벌을 받았어요. 사림이 지방을 장악하는 과정을 살펴볼까요?

군과 현 같은 작은 지방을 향촌이라고 해요. 사림은 이 향촌에 서원을 세웠어요. 서원은 명망을 얻었던 옛 유학자의 제사를 지내는 사당과 지방 양반 자제들을 교육하는 학교 역할을 동시에 했어요. 학생들은 서원에서 기숙사 생활을 하면서 성리학을 공부했지요. 서원은 또한 지방의 사림에게 사랑방이자 소통하는 공간이기도 했어

소수 서원
원래 백운동 서원이었으나, 명종으로부터 편액을 받으면서 소수 서원으로 이름을 바꾸었다. 소수 서원은 우리나라 최초의 서원이자, 최초의 사액 서원이다.

명종이 쓴 편액(현판) 글씨

요. 사림은 이곳에 모여 정치와 철학을 논하고 향촌에 성리학 질서를 정착시킬 방법을 찾았어요.

최초의 서원은 중종 때 세워졌어요. 풍기_{오늘날의} _{경북 영주} 군수인 주세붕이 만든 백운동 서원이 바로 최초의 서원이에요^{1542년.} 백운동 서원은 고려 말 국내에 성리학을 보급한 안향을 기리며 제사를 지냈어요.

중앙 정계를 장악하면서 사림 세력은 지방에 서원을 세우는 것을 적극 장려했어요. 마침 그 무렵에 이황이 풍기 군수로 있었어요. 이황은 "백운동 서원을 경제적으로 지원해 달라."라며 중앙 정부에 도움을 요청했어요. 당시 왕인 명종은 이를 받아들여 현판^{편액}을 하사했어요. 이처럼 왕의 편액을 받은 서원을 사액 서원이라고 해요. 정부가 공식 인정한 서원인 셈이지요.

백운동 서원은 최초의 사액 서원이 되면서 이름을 소수 서원으로 바꾸었어요. 이 소수 서원을 시작으로 전국적으로 서원의 수가 크게 늘었어요. 정부도 주요 서원에 토지와 노비를 하사하고 서적을 지원했으며 세금도 면제했어요. 파격적인 혜택이죠?

서원이 지방의 양반들에게 성리학 이념을 보급하는
역할을 했다면 일반 평민들에게는 어떻게 성리학을 보
급했을까요?

《여씨향약》ⓒ국립민속박물관

각 지방에는 중앙 정부가 임명한 수령이 있었어요. 수
령들은 그 지방 출신 향리들의 보좌를 받으면서 지방을
다스렸어요. 또한 지방 양반들의 모임인 유향소로부터
자문을 받았지요. 이 유향소를 사림이 장악한 후 향촌에
적용할 자치 규약을 만들어 보급했어요. 그것이 바로 향약이에요.

향약을 왜 만들었을까요? 그야 당연히 유교 이념을 향촌 구석구
석까지 전파하기 위해서였어요. 조광조는 11세기 초 중국 북송에
서 만든《여씨향약》을 도입해 가장 먼저 전국에 배포했어요. 그 이
후로 이황, 이이 등 유학자들이 우리 실정에 맞는 향약을 만들어 전
국에 배포했죠.

향약의 영향력은 상당히 컸어요. 보통 향약은 고을 단위로 시행
되었는데, 백성들이 잘 지키고 있는지를 사림이 감시했어요. 그러
다 보니 어떤 지역에서는 수령보다 사림의 세력이 더 강했어요. 수
령이 향촌 사림들의 눈치를 보기도 했지요.

향약에는 반드시 지켜야 할 4대 덕목이 있어요. 좋은 일을 서로
권하는 덕업상권, 과실을 서로 꾸짖는 과실상규, 예를 갖춘 풍속
으로 교제하는 예속상교, 어려운 일은 서로 돕는 환난상휼이 그것
이에요.

향약은 철저하게 성리학적 질서를 따랐어요. 향약을 위반한 사람은 성리학적 질서를 흩뜨렸다는 이유로 처벌을 받아야 했어요. 부모 앞에서 양반다리를 하고 앉은 자식도 처벌했고, 부모의 장례를 치르고 한 달이 지나지 않았는데 술을 마신 자식도 처벌했지요. 천한 신분인 하인이 양반에게 절하지 않으면 이 또한 처벌 대상이었어요.

사림은 이와 함께 중국 남송의 유학자 주자가 쓴 예법서인 《주자가례》를 향촌에 보급했어요. 《주자가례》는 왕족부터 평민까지 모두가 따라야 할 유교적 관·혼·상·제, 그러니까 관례^{성인식}, 혼례^{결혼식}, 상례^{장례식}, 제례^{제사}에 대해 정리한 책이에요.

유교적인 도덕을 논할 때는 삼강오륜을 따졌어요. 삼강은 3개의 강령^{군위신강, 부위자강, 부위부강}을 뜻하고 오륜은 5개의 인륜^{군신유의, 부자유친, 부부유별, 장유유서, 붕우유신}을 가리켜요. 사림은 모든 조선 백성이 이 삼강오륜을 따라야 한다고 주장했어요. 나아가 이를 실천하기 위해서는 최소한의 유학을 공부해야 한다고 했지요. 이렇게 해서 전국에 보급된 기본 유학 서적이 《소학》이었어요. 백성들에게 모범적 사례를 제시하기 위해서 충신, 효자, 열녀에게는 상을 주기도 했지요.

15세기와 많이 달라진 것 같지요? 15세기는 전반적으로 패기가 넘치고 창의적이었어요. 반면 16세기 이후에는 성리학 질서가 자리 잡으면서 사회가 많이 달라졌어요. 이 변화에 대해서는 뒤에서 다시 자세히 다룰 거예요.

사림은 어떻게 동인과 서인으로 분열했을까?
└사림의 집권과 붕당 정치의 시작

16세기 중반에 14대 왕 선조가 즉위했어요. 이 무렵엔 사림이 중앙 정계를 장악하고 있었어요. 사림은 한때 똘똘 뭉쳐 훈구 세력과 싸웠죠? 하지만 그랬던 사림도 둘로 나뉘었어요. 어쩌다 이렇게 된 걸까요?

사림에는 두 종류가 있었어요. 사림이 중앙 정계를 장악하기 전인 명종13대 때 이미 정계로 진출한 사림과, 사림의 세상이 된 후 정계에 진출한 사림이죠. 먼저 중앙 정계로 진출한 노장파*를 기성 사림, 새로 진출한 소장파*를 신진 사림이라 불렀는데 사이가 좋지 않았어요. 갈등은 점점 커졌고, 결국 이조 전랑을 뽑는 과정에서 결별하고 말았어요.

이조 전랑은 이조의 관직인 정랑과 좌랑을 가리키는 것으로, 관리의 인사를 담당하는 직책이었어요. 특히 언론 역할을 하는 삼사의 관리를 추천할 수 있었어요. 이 전랑 자리를 차지하면 자신이 속한 파벌의 사람을 요직에 기용할 수 있지요. 그러니 기성 사림이나 신진 사림 모두 이 전랑 자리를 탐낼 수밖에 없었겠죠?

전랑은 임기를 마치고 물러날 때 후임자를 직접 추천할 수 있었어요. 전랑이었던 오건은 후임자로 신진 사림의 존경을 받는 김효원을 추천했어요. 그러자 기성 사림인 심의겸이 "김효원은 과거에

* **노장파** 경험이 많고 신중한 사람이 모여 있는 무리. 노년과 장년층으로 이루어져 있고, 보수적이고 온건한 경향이 강하다.
* **소장파** 젊고 패기가 넘치는 사람들로 이루어진 무리. 청년과 장년층으로 무리를 이루어 진보적이고 급진적이다.

을사사화의 주범인 외척의 집에 머문 적이 있으니 전랑 자격이 없다.”라며 반대했어요. 논란 끝에 김효원은 이조 전랑에 오르지 못했어요. 그래도 나중에는 우여곡절 끝에 이조 전랑이 될 수 있었지요.

다시 몇 년이 흘러 김효원이 임기를 끝낼 무렵이 되었어요. 심의겸이 자신의 동생인 심충겸을 김효원의 후임자로 추천했어요. 이번엔 김효원이 “심의겸 집안이 외척 가문이라 공정한 인사가 이루어지지 않을 것이다.”라며 반대했어요.

이처럼 이조 전랑 자리를 놓고 수년간 기성 사림과 신진 사림이 갈등을 거듭했어요. 이 사건을 계기로 사림은 두 파벌로 나뉘었어요. 김효원은 서울 동쪽, 심의겸은 서쪽에 살고 있었어요. 그래서 김효원을 따르는 신진 사림은 동인, 심의겸을 지지하는 기성 사림은 서인이라 부르기 시작했지요. 사림이 분열한 이 사건을 두고 동서 붕당, 혹은 동서 분당이라고 해요.^{1575년}

오늘날 정치인들은 정치적 신념이나 입장이 비슷한 사람들끼리 모여 정당을 만들어요. 붕당은 정치적 신념과 입장 외에 학문적 성향, 지역 연고까지 고려해 형성된 집단으로 볼 수 있어요. 실제로 동서 붕당 이후 야당* 역할을 한 동인은 영남 지방^{경상도}의 대학자 이황과 조식의 학풍을 계승했어요. 그래서 동인의 학풍을 영남학파로 분류해요. 반면 여당* 역할을 한 서인은 경기와 충청 일대^{기호 지방}의 대학자 이이와 성혼의 학풍을 계승했어요. 그래서 서인을 기호

- 야당 정치권력을 잡지 않은 정당
- 여당 정치권력을 잡은 정당. 현대 정당 정치에서는 국가를 대표하는 대통령이나 총리를 배출한 정당으로, 집권당이라고도 부른다.

학파라고 하지요.

붕당 정치는 조선 후기까지 계속 이어졌어요. 장점도 있었고, 단점도 있었어요. 우선 장점부터 보자면, 붕당 정치를 통해 성리학에 입각한 왕도 정치를 추구했다는 점을 들 수 있어요. 동인과 서인은 정치적 이상을 실현하기 위한 방법이 달랐지만, 그렇다고 해서 무턱대고 상대방을 헐뜯지는 않았어요. 상대방의 입장을 어느 정도는 인정했고, 자신의 입장을 관철시키기 위해 활발하게 논쟁을 벌였어요. 이런 과정을 거치면서 서로 다른 정치 파벌이 상호 비판하고 견제하며 유교 정치를 발전시켰지요.

기호 지방과 영남 지방

하지만 후기로 가면서 붕당 간의 투쟁이 격화한 것은 단점이에요. 상대방을 죽이고 나만 살겠다는 식의 권력 다툼이 커졌어요. 물론 그 과정에서 많은 관리들이 죽었고, 정치는 어수선해졌지요.

동서 붕당이 있고 15년 정도가 흘렀을 때 동인에 속한 정여립이 반란을 일으키려다 적발된 사건이 터졌어요. 이 사건을 서인의 영수^{우두머리} 중 한 명인 정철이 조사했어요. 정철은 1,000여 명의 동인을 처형하거나 유배를 보냈어요. 기축년에 터진 이 사건을 기축옥사라고 해요.

동인은 이 사건에 대한 복수를 벌였고, 그 결과 정철을 쫓아낼 수 있었어요. 동인이 마침내 집권 붕당이 된 거예요. 그런데 이 과정에서 동인이 또 강경파와 온건파로 나뉘었어요. 강경파는 한양의 북쪽에 주로 살아서 북인, 온건파는 남쪽에 살아 남인이라고 했지요. 남인은 이황의 학풍을, 북인은 조식의 학풍을 계승했답니다.

　사림이 동인과 서인으로 분열한 데 이어 이번에는 동인이 남인과 북인으로 분열했어요. 앞으로 이런 분열은 반복적으로 일어나요. 훗날 서인 또한 노론과 소론으로 분열하지요. 좀 더 세밀하게 들여다보면 사실 이보다 더 많은 파벌로 분열했는데, 굳이 그 모든 것을 외우지는 않아도 된답니다.

1. 4대 사화의 배경과 내용

① 뜻

사화(士禍)는 '선비가 화를 당한다.'는 의미로, 정치적 소용돌이에 휘말린 관리와 유학자들이 처벌과 처형을 당한 것을 말한다. 훈구 세력과 사림 세력이 대립하던 때에 주로 사림 세력의 피해가 커서 '사림(士林)이 화를 당한다.'는 뜻으로도 풀이된다.

② 배경

조카인 단종을 폐위하고 왕위에 오른 세조(7대)는 자신의 편에 섰던 관리들에게 공신의 지위를 주었다. 공신들 중 일부는 권력을 더욱 강화하기 위해 왕실과 혼인 관계를 맺기도 했다. 공신과 외척 세력은 점점 더 권력을 키웠는데, 이들을 '훈구'라고 한다.

고려 말에 조선 건국을 반대하며 지방에서 은둔하며 학문 연구와 교육에 힘쓴 사대부의 제자들이 있었는데, 이들을 '사림'이라고 했다. 어린 나이에 왕위에 오른 성종(9대)은 훈구 세력이 왕의 권력을 넘어서는 것을 걱정하여 김종직을 비롯한 사림을 대거 불러들여 중앙 관직에 앉힌다. 이에 훈구 세력은 사림 세력이 커지는 것을 견제하기 위해 정치적 음모를 꾸민다.

③ 무오사화(1498년)

연산군(10대)이 왕위에 오른 뒤 앞선 임금이었던 성종의 《성종실록》을 편찬하던 중

훈구 세력은 김종직이 쓴 <조의제문>이 세조를 비방하는 글이라고 비판한다. 이에 사림을 탐탁치 않게 여기던 연산군은 사림 세력을 탄압하고 숙청한다.

④ 갑자사화(1504년)

왕위에 오른 뒤 자신의 생모인 폐비 윤씨가 사약을 받고 죽었다는 사실을 알게 된 연산군은 윤씨를 복위시키고자 한다. 하지만 사림이 이를 반대하자, 연산군은 자신의 뜻에 반대하는 사림뿐만 아니라 윤씨의 폐위에 관여했던 훈구까지 탄압한다.

⑤ 기묘사화(1519년)

반정으로 왕위에 오른 중종은 다시금 훈구 세력이 커지는 것을 염려하여 조광조를 비롯한 사림에게 기댄다. 이에 훈구 세력은 조광조가 왕이 되려 한다며 사림에게 역모의 누명을 씌운다. 마침 사사건건 국정에 관여하는 사림이 곱게 보이지 않았던 중종은 사림을 탄압한다.

⑥ 을사사화

인종(12대)이 죽은 뒤 명종(13대)이 왕위에 오르는 과정에서 명종의 외척 세력인 소윤이 인종의 외척 세력인 대윤을 제거하려는 과정에서 대윤에 가담했던 사림 세력이 탄압을 당했다.

2. 조선 성리학자들의 세력 변화

훈구파	사림파
세조가 단종을 폐위하고 왕위에 오를 때 세조를 도와 공신의 지위를 얻은 정치 세력	지방에서 성리학을 공부하던 유생들로, 훈구 세력이 커지는 것을 우려한 성종에 의해 중앙 정계로 진출함

서인(기성 사림)	동인(신진 사림)
사림이 중앙 정계를 완전히 장악하기 전부터 중앙 정계에 진출해 있던 사림파. 이들의 거처가 주로 서울의 서쪽에 있어서 서인이라고 한다. 기호 지방의 학자인 이이와 성혼의 학풍을 이어서 기호학파라고도 한다.	사림파가 중앙 정계를 장악한 뒤에 뒤늦게 정계에 진출한 사림파. 이들의 거처가 주로 서울의 동쪽에 있어서 동인이라 한다. 영남 지방의 학자인 이황과 조식의 학풍을 이어서 영남학파라고도 한다.

북인(강경파)	남인(온건파)
정치적으로 진보적인 입장을 취했고, 조식의 학풍을 계승했다.	정치적으로 보수적인 입장을 취했고, 이황의 학풍을 계승했다.

노론	소론
송시열을 중심으로 한 노장파	한태동을 중심으로 한 소장파

문화의 발달과 사회 변화

: 가장 독창적인 언어를 만들다

- 세종이 훈민정음을 창제한 까닭은 무엇인가요?
- 훈민정음으로 만들어진 대표적인 작품을 이야기해 보세요.
- 조선 전기에 편찬된 서적으로는 어떤 것이 있을까요?
- 조선 전기에 만들어진 과학 발명품에 대해 이야기해 보세요.

세종은 왜 세자에게 섭정을 맡겼을까?

└훈민정음 창제

통치 체제가 정비되면서 조선은 많이 안정되었어요. 왕들은 유교 이념에 입각해 백성을 위한 정치를 하려 애썼어요. 영토도 새로이 개척했고, 나라는 점점 부강해졌죠. 조선 전기에는 이처럼 활력이 넘쳤어요. 그 결과 우리의 민족 문화도 크게 발달했지요.

특히 세종 시절에 이런 모습이 두드러졌어요. 세종을 세종 대왕이라 높여 부르는 게 다 이런 이유 때문이에요. 세종의 업적은 일일이 셀 수 없을 만큼 많아요. 그중에서도 하나만 꼽으라면 단연 훈민정음 창제를 들 수 있어요.[1443년].

한글은 오늘날 전 세계 언어학자들로부터 가장 과학적인 문자로 평가받고 있어요. 또한 문자를 만든 인물이 밝혀져 있는, 아주 드문 사례이기도 하지요. 외국의 문자들은 대부분 누가 만들었는지 알 수 없어요. 영어만 하더라도 메소포타미아 쐐기 문자의 영향을 받은 페니키아 문자가 여러 차례 '진화'해서 이루어진 문자이지요.

그런데 왜 세종은 훈민정음을 만들었을까요? 무엇보다 당시 백성들이 자신의 생각을 표현할 적절한 문자가 없었기 때문이에요. 물론 한자와 이두가 있기는 했어요. 하지만 한자는 배우기가 어려워 양반 사대부들만 썼어요. 일반 백성은 이두를 사용했지만, 이 또한 배우기 쉽지 않았어요. 이두는 한자를 빌려 우리말을 표기하는 문자예요.

이러니 전국 고을에 방*을 붙인다 한들 백성이 그것을 읽지 못하니 소용이 없었어요. 엉뚱한 누명을 썼다고 해도 자신의 결백을 입증할 방법도 없었지요. 글을 모르는 백성들이 입는 피해가 상당히 컸어요. 세종은 바로 이 점을 안타까워했어요. 누구나 쉽게 배우고 쓸 수 있는 글자가 필요하다고 생각했지요. 또한 조선의 통치 이념을 백성에게 가르치기 위해서라도 쉬운 글자가 필요했어요.

흥미로운 점이 있어요. 얼마 전까지만 해도 훈민정음은 세종의 명을 받은 집현전 학자들이 만든 것으로 더 많이 알려졌어요. 하지만 《세종실록》에 훈민정음이 어떻게 창제되었는지에 대한 내용이

• **방** 어떤 일을 널리 알리기 위해 사람들이 많이 다니는 길거리나 광장 등에 붙이는 글

전혀 기록되어 있지 않아요. 훈민정음을 만들었다는 기록만 나와 있어요. 그렇다면 훈민정음을 비밀리에 만들었거나 세종이 혼자서 창제했다고 추측할 수 있어요. 최근에는 세종이 단독으로 훈민정음을 창제했거나, 집현전 학자들과 공동으로 작업했다 하더라도 세종이 작업을 주도했을 것이라는 의견이 더 설득력을 얻고 있답니다.

실제로 세종은 십여 년간 훈민정음을 만드는 일에 몰두했어요. 국정을 수행하면서 이 작업을 하는 것이 쉽지는 않았을 거예요. 게다가 세종은 30대 초반부터 당뇨병을 비롯해 여러 질병에 시달렸어요. 그러니 국정 수행과 훈민정음 창제, 두 가지 일을 병행하는 것은 상당한 부담이었을 거예요.

세종은 먼저 의정부에게 많은 권한을 넘겼어요. 의정부가 중심이 되어서 국정을 수행하도록 한 것이지요. 그다음에는 비교적 덜 중요한 국정을 세자에게 넘겼어요. 이렇게 해서 확보한 시간에는 중국, 일본 등에서 수입한 언어학 서적을 연구했어요. 나중에는 시간이 모자랐는지 세자에게 아예 모든 정치를 맡겼어요.

마침내 훈민정음이 완성되었어요. 훈민정음은 세상의 모든 소리를 표현할 수 있는 문자였어요. 무지렁이 백성도 쉽게 배울 수 있었지요. 세종은 훈민정음을 창제한 사실을 대신들에게 공개하고, 추가 보완 작업을 지시했어요. 중국 서적을 훈민정음으로 번역하라는 지시도 내렸어요.

하지만 유학자들의 반발이 적지 않았어요. 일부 유학자들은 훈민

정음 시행을 반대하는 상소를 올렸어요. 그들은 "중국 한
자가 있는데 새로운 글자를 쓴다면 오랑캐나 다름없다."
라고 주장했어요. 세종은 강력하게 대응했어요. 상소를
올린 대신들을 의금부에 가두었고, 그중 일부는 관직을
박탈했지요. 이처럼 보수적인 유학자들도 세종의 의지를
꺾지 못했어요. 세종은 3년의 보완 작업을 거쳐 훈민정
음을 반포했죠[1446년]. 세계의 어떤 문자보다 독창적이고 과
학적인 훈민정음이 마침내 전격 시행된 거예요.

훈민정음 해례본 ⓒ국립한글박물관

　　훈민정음은 《예의본》, 《해례본》, 《언해본》으로 나눠요. 《예의
본》은 "나랏말씀이 중국과 달라⋯⋯."로 시작하는 것으로, 세종이
훈민정음을 만든 이유를 밝힌 것이에요. 《해례본》은 글자의 원리
와 사용법 같은 것을 설명한 책이고, 《언해본》은 《해례본》을 한글
로 풀어 쓴 것이랍니다.

　　세종은 훈민정음이 실생활에 널리 쓰도록 독려했어요. 조선의 건
국이 이루어지는 과정과 역대 왕들의 공적을 노래한 서사시 〈용비
어천가〉는 훈민정음으로 쓴 최초의 작품이었어요. 〈용비어천가〉는
훈민정음을 반포하기 전에 이 문자가 얼마나 실용성이 있는지를 시
험하고, 왕실의 업적을 백성에게 널리 알리기 위해 만든 것이죠.

　　훈민정음을 반포한 후에는 부처의 공적을 노래한 〈월인천강지
곡〉을 비롯해 여러 서적을 훈민정음으로 편찬했어요. 뿐만 아니라
왕이 내리는 교서나 죄수에 대한 판결문에도 훈민정음을 쓰도록 했

어요. 관리부터 훈민정음을 알아야 한다는 점을 강조하며 하급 관리를 뽑을 때 훈민정음 문제를 출제하기도 했지요.

실록을 만든 후 사초를 폐기한 까닭은?
└다양한 서적의 편찬

조선 시대에는 왕이 사망하면 그 다음 왕이 실록청을 설치해 선대 국왕의 실록을 만들었어요. 이런 식으로 태조부터 철종까지 25대 왕, 472년의 역사를 담은 실록이 완성되었지요. 이 실록들이 모여서 《조선왕조실록》이 된 거예요.

실록은 파손되거나 분실되는 것을 막기 위해 전국의 여러 사고^史^庫에 분산해 보관했어요. 사고는 역사물을 보관하는 창고를 가리켜요. 이런 노력이 있었기에 《조선왕조실록》은 오늘날까지 전해지며 훌륭한 역사 자료가 되고 있지요. 분량만 1,000여 권이 넘어요. 유네스코 세계 기록 유산으로 지정될 정도로 귀중한 문화유산이랍니다.

실록을 만드는 데 기초 자료이자 가장 중요한 자료가 사초였어요. 사초는 역사를 기록하는 관리인 사관이 작성한 기록이에요. 사관은 왕이 참석하는 모든 행사에 동행해 사실을 있는 그대로 기록했어요.

실록이 공정하게 만들어지려면 실록의 재료인 사초부터 공정하게 기록되어야 해요. 바로 이 점 때문에 왕은 사초를 볼 수 없었어요. 왕의 입김이 작용하면 사초가 공정성을 잃을 테니까요. 물론 사초의 내용을 왕이 고칠 수도 없었어요. 실제로 태종이 언젠가 사냥을 갔다가 말에서 떨어진 적이 있었어요.

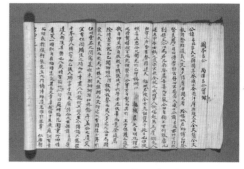

실록 ⓒ국립중앙박물관

태종은 창피했는지 사관에게 이 사실을 기록하지 말라고 했어요. 하지만 사관은 태종이 말에서 떨어진 사실뿐 아니라 태종이 사관에게 기록하지 말라고 한 발언까지 사초에 모두 기록했답니다.

이처럼 사관은 사실을 있는 그대로 기록해야 한다는 역사적 사명감으로 사초를 작성했어요. 이 사초는 실록이 완성된 후에는 폐기했어요. 그래야 그 사초를 작성한 사관이 혹시 모를 피해를 당하지 않을 테니까요.

그런데 《조선왕조실록》을 편찬한 이유가 무엇일까요? 바로 조선의 통치 기록을 집대성하기 위해서였어요. 이런 통치 기록은 후대에 큰 귀감이 될 수 있어요. 후대의 통치자가 유교 이념에 입각한 통치를 잘하도록 돕기 위해 실록을 만들었다고 이해하면 크게 틀리지 않아요.

《조선왕조실록》 외에도 정부가 주도해서 여러 역사서를 만들었어요. 대표적인 것이 고려 역사를 정리한 《고려사》와 《고려사절요》

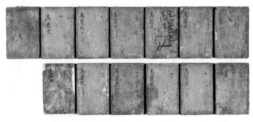
고려사 ⓒ국립중앙박물관

예요. 《고려사》는 고려 시대의 정치와 경제, 사회, 문화를 정리한 것으로 김종서와 정인지 등이 편찬했어요. 《고려사절요》는 김종서가 《고려사》의 내용을 요약해 편찬한 것이에요. 모두 세종 시절에 편찬 작업을 진행했답니다.

이것 말고도 성종 시절에는 《동국통감》이 편찬되었어요. 《동국통감》은 서거정 등이 왕명에 따라 편찬한 것인데, 고조선부터 고려 말까지의 역사를 다루고 있어요. 이 책의 편찬 작업은 세조 때 시작됐는데, 도중에 몇 차례 중단됐다가 마침내 성종 때 완성된 거예요.

삼강행실도 ⓒ양산시시립박물관

조선의 통치 이념이 뭐였죠? 유교였어요. 그러니 백성들에게 유교 예법을 가르치기 위해 제작된 책들도 많았어요. 대표적인 것이 세종 때 편찬된 《삼강행실도》예요. 충신과 효자, 열녀의 이야기를 담았는데, 백성들이 유교 윤리를 쉽게 이해할 수 있도록 그림책 형태로 만들면서도 한자와 훈민정음으로 풀어 놓았어요.

세종은 또 집현전 학자들에게 국가 행사 때 필요한 유교 의례를 정리하도록 했어요. 이것이 《오례의주상정》이에요. 성종 때는 이 책을 발전시켜 《국조오례의》를 만들었어요. 《국조오례의》는 종묘와 사직에 대한 제사, 세자 책봉, 외국 사신 접대 등 국가의 주요한 행사를 크게 다섯 분야로 나누어 정리했어요.

조선 전기에는 우리 영토에 대한 관심도 매우 높았어요. 왕의 관점에서 보면 전국 구석구석, 산과 들, 강과 바다에 대해 자세히 알아 두어야 할 필요가 있어요. 그래야 나라를 제대로 통치할 수 있으니까요. 이처럼 중앙 집권 체제와 국방력을 강화하기 위해 만든 책을 지리서라고 해요. 세종 때는 전국 각 고을의 풍습과 지리 등을 기록한 《팔도지리지》를 편찬했어요. 성종 때는 이 책을 바탕으로 《동국여지승람》을 편찬했지요.

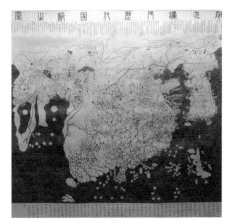

혼일강리역대국도지도

지도도 만들었어요. 원본이 남아 있지는 않지만 15세기 초에 전국 지도인 〈팔도도〉가 만들어졌지요. 한반도 너머의 세계에 대한 관심도 커지고 있었어요. 이런 관심을 반영하듯 태종 때는 세계 지도인 〈혼일강리역대국도지도〉를 제작했어요. 〈혼일강리역대국도지도〉는 동양에 있는 세계 지도 중에 가장 오래된 것이랍니다. 아프리카와 유럽 대륙까지 모두 표현되어 있어요.

조선 전기의 왕들, 특히 세종은 우리 민족 고유의 것을 중요하게 여겼고, 백성의 편에서 정책을 폈어요. 그런 점을 알 수 있는 또 하나의 분야가 농업이에요. 조선은 농업을 가장 중요한 산업으로 여긴 국가예요. 그러니 농업 생산량을 늘리기 위해 정부가 적극 나서는 것은 당연한 일이죠. 세종이 측우기를 비롯해 여러 과학 발명품을 만든 것도 사실은 농업에 도움을 주기 위해서였어요. 세종은

농사직설 ⓒ경상북도 산림과학박물관

나아가 획기적인 농업 서적도 편찬토록 했어요. 바로 《농사직설》이에요.

《농사직설》이 나오기 전까지는 우리 현실에 맞는 농법을 기록한 책이 없었어요. 세종은 중국과 조선의 기후와 토양, 작물이 다르기 때문에 우리 실정에 맞는 농서가 필요하다고 생각했어요. 세종은 지방의 관리들에게 농사 현장을 찾아 나이든 농부의 경험을 직접 듣도록 했어요. 이렇게 해서 완성된 《농사직설》을 전국에 보급함으로써 농사에 큰 도움을 주었지요.

이 책을 통해 조선 전기의 농업 기술을 파악할 수 있어요. 논에서 벼농사를 할 때 볍씨를 직접 뿌리는 직파법이 많이 시행되었지만 비옥한 남부 지방에서는 모내기 방법으로 벼농사를 짓고 있다는 사실도 알 수 있어요.

지금까지 살펴본 것만으로도 조선 전기에 상당히 많은 서적이 편찬되었다는 사실을 알 수 있지요? 인쇄술이 발전하지 않았다면 불가능한 일이었을 거예요. 이미 태종 때 활자를 담당하는 관청인 주자소를 설치해 계미자라는 금속 활자를 만들었어요. 세종 때는 다시 이 활자를 발전시켜 갑인자라는 활자를 만들었지요.

세종은 왜 《칠정산》을 만들라고 했을까?
└조선 전기의 과학 발전

조선 전기에는 과학도 눈부신 속도로 발전했어요. 특히 천문학을 바탕으로 한 여러 과학 기술이 발달해 왕실의 권위가 높아졌고 백성의 삶도 많이 개선되었어요.

근대 이전의 사회에서 천문학은 '하늘의 뜻'을 소중히 여기는 통치자에게는 매우 중요한 학문 중 하나였어요. 천문학을 알아야 일식, 월식, 장마, 가뭄 등 자연 현상에 대처할 수 있으니까요. 이는 농사를 짓는 데 절대적으로 필요한 정보였거든요. 또한 천문학은 왕의 권위와도 직결된 중요한 사안이었어요. 자연재해가 발생하면 왕이 부덕한 탓이라고 생각할 수도 있으니까, 미리미리 예측하고 대처해야 했지요. 이런 점 때문에 정부가 전폭적으로 천문학을 지원했던 거예요.

천상열차분야지도
돌에 새겨져 있는 것을 탁본한 것이다.
ⓒ국립민속박물관

천문학의 기본은 별자리의 위치와 모양, 이동 방향 등을 관찰하는 거예요. 다시 말해 천체를 관측하는 것이지요. 태조 통치기에 이미 이를 위한 기본 작업을 시작했어요. 고구려 고분에 있는 별자리를 연구해 〈천상열차분야지도〉라는 것을 만든 거예요. 이것은 돌에 새겨진 천문 지도인데, 한양을 기준으로 별자리를 관측해 하늘을 총 12개의 구역으로 나누었답니다. 세종 때는 더욱 세밀하게 천

혼천의 ⓒ국립중앙박물관

자격루

문학 연구가 이루어졌어요. 천체를 관측하기 위한 간의와 혼천의를 만들었고, 천체 관측 시설인 간의대도 쌓았지요.

이런 장치들은 일종의 하드웨어예요. 그 다음은 소프트웨어가 필요하지요. 바로 천체의 주기적 운행을 시간에 맞추어 정리하는 작업이 필요해요. 이런 것을 연구하는 학문을 역법이라고 해요. 역법을 적용해 만든 것이 주변에서 쉽게 볼 수 있는 달력이죠. 역법이 우리 현실에 잘 맞는다면 달력도 실생활에 큰 도움이 될 거예요. 만약 역법이 우리 현실과 맞지 않는다면 그 달력은 무용지물이 될 수 있지요.

세종 이전에는 중국 역법을 주로 썼어요. 그러다 보니 우리 현실과 동떨어질 때가 한두 번이 아니었어요. 그래서 세종은 한양을 기준으로 한 역법서를 만들도록 지시했어요. 그 결과 중국과 아라비아 역법을 모두 참고한 최고의 역법서가 나왔어요. 그게 바로 《칠정산》이에요. 《칠정산》에서 측정한 별은 해, 달, 화성, 수성, 목성, 금성, 토성이에요. 오늘날의 일 · 월 · 화 · 수 · 목 · 금 · 토요일과 같아요.

세종 통치기에 시간과 기상을 관측하기 위한 발명품도 잇달아 나왔어요. 해가 뜨면 그 그림자를 이용해 시각을 측정하는 해시계 앙부일구, 정해진 시각이 되면 물이 흘러 스스로 소리를 내는 물시계 자격루, 비가 내리면 원통형의 그릇에 담겨 강우량이 얼마인지 측정할 수 있는 측우기, 하천의 물이 많아지면 수위가 얼마나 높아졌는지를 계산하는 수표······. 이 모든 발명품이 세종 통치기에 농민을 비롯한 백성의 삶을 윤택하게 만들려는 의도에서 만든 거예요.

세종이 아끼던 노비 출신 과학자 장영실이 이 모든 발명을 주도했어요. 세조 때는 이 밖에 토지 측량 기구인 인지의를 제작해 땅의 높낮이를 측정하기도 했어요.

신기전 모형

의학 분야에서도 큰 성과가 있었어요. 세종은 중국에서 들여온 치료법으로는 한계가 있다고 생각했어요. 중국의 약재와 우리 땅에서 나는 약재가 다르기 때문이지요. 세종은 우리 땅에서 난 약재^{향약}로 병을 고칠 수 있도록 《향약집성방》을 편찬토록 했어요. 이 책을 만들기 위해 학자들은 전국의 향약을 일일이 조사하고, 중국의 의학 서적을 참고했답니다. 이와 별도로 중국 의학 서적인 《의방유취》를 펴내기도 했어요.

세종은 여진과 왜구를 격퇴해 영토도 크게 넓혔어요. 조선군은 여진, 왜구와 전투를 벌일 때 첨단 화약 무기를 사용했어요. 대표적인 것이 신기전이었어요. 신기전은 화약을 장착한 화살을 100~200발 연속 발사할 수 있는 일종의 로켓포였어요. 고려 말에 정부는 화통도감이란 임시 기관을 설치해 화포와 화차 등 화약 무기를 개발했어요. 조선 전기에는 이를 더욱 발전시켜 또 한 번의 도약을 이룬 거죠.

세종 시기를 조선의 르네상스라 부르는 까닭
└조선 전기 양반 문화의 발전

통치 체제는 정비되고 영토는 넓어졌어요. 게다가 우리 민족 문화가 융성했고, 과학은 눈부신 속도로 발전했지요. 어때요? 조선 전기의 사회가 상당히 안정적인 것 같지요? 실제로 15세기의 조선은 활력이 넘쳐 났어요. 채 100년도 안 되는 사이에 수백 년 동안 이룰 법한 문화적·과학적 성과들을 이룩했을 정도로요. 특히 세종 시절에 모든 영역에서 조선은 최고의 전성기를 누렸어요. 그래서 일부 학자들은 이 무렵의 태평성대를 서양의 르네상스에 빗대어 '조선 전기의 르네상스'라고 부르기도 한답니다.

서양의 르네상스는 예술로부터 시작되었어요. 꼭 그래서는 아니겠지만 조선 전기에도 예술이 상당히 발전했답니다. 조선 전기에는 주로 사대부 양반들이 중심이 돼서 예술을 발전시켰어요. 사실 양반들은 법률이나 의학 같은 것은 잡학이라 부르며 하찮게 여겼어요. 하지만 예술에 대해서는 가치를 높게 매겼어요. 그래서 양반들이 직접 창작 활동을 벌인 거예요.

문학 분야에서는 생육신 중 한 명인 김시습의 《금오신화》가 특히 기억할 만해요. 이 작품은 국내 최초의 한문 소설이랍니다. 서거정은 삼국 시대부터 조선 초기까지의 시, 산문을 수집해 《동문선》을 펴냈어요. 정철은 《관동별곡》으로 유명한데, 이 작품은 한글로 지어졌어요.

미술 분야를 살펴볼까요?

조선 전기에는 도화서의 화가들도 그림을 남겼지만 사대부 양반들도 많은 작품을 그렸어요. 도화서는 궁중 행사에 필요한 그림이나 왕의 초상화를 담당하는 관청이랍니다. 조선 전기의 대표적 그림으로는 안견의 〈몽유도원도〉가 꼽혀요. 이 그림은 세종의 셋째 아들인 안평 대군이 무릉도원에 다녀온 꿈을 화폭에 옮긴 것이에요. 자유분방하면서도 현실 세계와 이상 세계를 조화롭게 표현했다는 평을 받고 있지요. 소박한 것을 추구하는 선비들의 내면세계를 표현한 작품으로는 강희안의 〈고사관수도〉가 꼽혀요. 물을 바라보는 선비를 그린 그림인데, 조선 전기 사대부들의 유유자적한 모습을 잘 담아냈지요. 이 그림을 보면 고려 시대의 화려했던 귀족 문화가 거의 사라졌다는 사실을 알 수 있어요.

고사관수도 ⓒ국립중앙박물관

16세기로 접어든 이후로는 성리학이 더 확고하게 조선 사회에 뿌리를 내리게 돼요. 그림에서도 이런 경향이 나타나 강직함을 강조하는 사군자 그림이 유행했어요. 사군자는 매화, 난초, 국화, 대나무를 말한답니다.

도자기 공예 분야에서도 선비 정신을 드러낸 작품이 주로 만들어졌어요. 고려 시대를 대표하던 자기는 화려한 청자였지요? 조선 전기에는 자기에 흰색의 흙을 분처럼 칠해 소박한 맛을 느끼게 하

분청사기 ⓒ국립한글박물관

백자 ⓒ국립한글박물관

는 분청사기를 많이 사용했어요. 이와 함께 16세기 이후로는 깨끗한 흰색의 백자가 널리 유행했어요.

양반 문화는 건축 분야에서도 확인할 수 있어요. 조선 전기에는 정부가 주도해 성문이나 학교, 궁궐 같은 대형 건축물을 많이 지었어요. 하지만 사림이 중앙 정계에 진출한 16세기 무렵부터는 사림의 분위기를 반영한 건축물이 많이 지어졌어요. 이때부터 사대부 양반들은 정원이나 정자를 짓고 풍류를 즐겼지요. 물론 이 밖에 전국적으로 서원이 많이 만들어지기도 했어요.

마지막으로 음악 분야를 볼까요?

우리 민족 문화를 발전시키려는 세종의 노력이 음악 분야에서도 잘 나타났어요. 당시 궁중 음악으로는 중국의 것인 아악이 사용되고 있었어요. 세종은 박연에게 아악을 우리 음악인 향악으로 바꾸고, 우리 악기도 개발하도록 했어요. 그 결과, 향악을 활용한 종묘 제례악이 완성되었어요. 나아가 성종 때는 이 음악적 성과를 집대성해 《악학궤범》을 편찬했답니다.

★ 단원 정리 노트 ★

전 세계가 인정한 '대왕' 세종

인류 역사에서 큰 업적을 이룬 군주를 일컬을 때 '대제' 또는 '대왕'이라고 부르고는 한다. 영어로 이들을 가리킬 때는 'The Great'라는 칭호를 붙인다. 오늘날 전 세계적으로 The Great로 인정받는 군주는 100여 명 정도다. 우리나라에서는 광개토 대왕과 세종 대왕이 '대왕'의 칭호를 누리고 있지만, 사실상 전 세계가 인정하는 우리나라의 The Great는 세종 대왕이 유일하다. 세종 대왕은 어떤 업적을 남겼기에 '대왕'으로 추앙받고 있을까? 대표적인 몇 가지 일만 살펴보자.

① 훈민정음 창제

훈민정음은 세상의 모든 소리를 표현할 수 있는 뛰어난 과학성으로 인해 전 세계 언어학자들로부터 찬사를 받고 있다. 하지만 그들이 더욱 놀라는 사실은 지배자의 위치에 있는 군주가 백성을 위해 문자를 만들었다는 점이다. 그러니까 훈민정음은 과학적 우수성뿐만 아니라 백성을 사랑하는 군주의 참된 애민 정신이 담겨 있기에 더욱 높은 점수를 받고 있는 것이다.

② 생활의 편의를 위한 발명품들과 저작들

세종은 장영실로 하여금 측우기, 자격루(물시계), 앙부일구(해시계) 등을 만들도록 했고, 국토방위를 위해 각종 무기를 근대화하는 일에도 앞장섰다. 그리고 백성의 삶에 도움을 주기 위해 각종 농법을 집대성한 《농사직설》을 펴냈고, 우리 실정에 맞는 의학 서적인 《향약집성방》을 펴냈다. 뿐만 아니라 세종은 음악에도 조예가 깊어서 중국의 색깔을 배제하고 우리의 향악을 도입하여 궁중 음악을 짓도록 했다. 세종 시대에 조선은 과학 강국이자 문화 강국으로 전성기를 누렸다.

③ 한양 대화재 사건

세종 집권 초기에 한양에서 큰 화재가 났다. 당시 세종은 지방을 돌아보던 중이었다. 한양에 불이 났다는 소식을 접한 세종은 모든 일정을 중지하고 곧장 한양으로 향했다. 백성들의 마음을 달래기 위해 한양에 입성할 때 모든 의례를 취소시켰다. 이후 세종은 화재의 주범을 색출하는 동시에 화재가 재발되는 것을 방지하기 위한 대책을 마련하는 한편, 공을 세운 자와 과오를 범한 자를 가려 상벌을 내리는 데에도 발 빠르게 움직였다. 국가가 재난 상황에 처했을 때 국가 통치자가 어떻게 해야 하는지를 세종 대왕은 몸소 보여 주었다.

15 왜란·호란의 발발과 영향

: 전쟁의 시대, 어떻게 이겨 냈을까?

- 임진왜란이 일어난 원인과 조선의 반격에 대해 이야기해 보세요.
- 임진왜란 이후 나타난 조선의 변화와 대동법에 대해 이야기해 보세요.
- 인조반정은 병자호란이 일어나는 데 어떤 영향을 미쳤을까요?
- 임진왜란과 병자호란 과정에서 바뀐 조선 군대 체제에 대해 설명해 보세요.

일본은 왜 정명가도를 요구했을까?

└임진왜란의 발발과 전개

16세기 말 임진왜란이 터졌어요. 임진왜란[1592년]과 병자호란[1636년] 이전까지를 조선 전기, 이후를 조선 후기로 나누기도 해요. 이 전쟁과, 이어서 터진 병자호란이 조선의 모습을 많이 바꿔 놓았거든요. 먼저 임진왜란부터 살펴볼게요.

조선이 건국한 이후로 한동안 큰 전쟁은 발생하지 않았어요. 그 때문이었을까요? 조선의 정치인과 관리들은 국방 문제에 신경을 덜 썼어요. 그러다 보니 16세기 이후로 조세 제도와 군역 제도가 약간씩 어긋나기 시작했어요. 당연히 국방력이 약해질 수밖에 없었지요.

당시 조선 정부는 동아시아, 특히 가까운 일본의 정세가 어떻게 변하고 있는지를 제대로 읽어 내지 못했어요. 사실 임진왜란이 일어난 이유는 일본에서부터 찾아야 해요. 그러니 이 무렵의 일본 역사부터 대략적이나마 알고 있어야 할 것 같아요.

일본의 정치 체계는 좀 독특해요. 왕이 있기는 하지만 실제 권력은 장군^{쇼군}이 쥐고 있었어요. 이 쇼군이 따로 차린 정부를 막부^{바쿠후}라고 하는데, 이 막부가 실제 정부의 역할을 했지요. 이를 막부 정치라고 해요. 일본의 막부 시대는 고려에 무신 정권^{1170년 ~ 1270년}이 성립할 무렵인 12세기 말에 시작되었어요. 그때 일본 가마쿠라에 첫 막부가 세워졌거든요. 그 막부가 가마쿠라 막부예요.^{1192년}

이 가마쿠라 막부는 14세기 초반에 무너지고 새로이 무로마치 막부가 들어섰어요. 무로마치 막부는 16세기 후반까지 200년 이상 일본을 통치했어요. 하지만 실제로는 15세기 중반부터 무로마치 막부가 약해지면서 정부 역할을 제대로 하지 못했어요. 무사들이 여러 패로 나뉘어 전쟁을 벌인 전국 시대가 시작되었거든요.

일본의 전국 시대는 100년 넘게 지속되었어요.^{1467년 ~ 1573년} 이 혼란을 끝낸 인물이 도요토미 히데요시예요. 도요토미 히데요시는 모든 무사들을 제압하고 전쟁을 중단하라는 명령을 내렸어요. 농민이 갖고 있는 무기도 모두 회수했지요. 이렇게 함으로써 도요토미 히데요시는 전국 시대를 끝내고 일본을 통일했어요^{1590년}.

도요토미 히데요시

하지만 아직도 도요토미 히데요시를 반대하는 세력이 많았어요. 그들은 앞에서는 항복했지만 뒤로는 불만을 터뜨리고 있었어요. 도요토미 히데요시는 이 불만을 잠재우기 위한 방법을 찾다가 묘안을 생각해 냈어요. 다른 나라와 전쟁을 하면 모든 무사들이 달려들 거라고 생각한 거예요. 도요토미 히데요시는 무사들에게 "조선과 명을 정복하고, 멀리 천축국^{오늘날의 인도}까지 정벌하겠다."라고 선언했어요.

얼마 후 일본은 '정명가도^{征明假道}'를 요구하며 조선을 침략했어요. 이 전쟁이 바로 임진왜란이에요. '정명가도'는 명을 정벌하려고 하니 조선 땅을 빌려 달라는 뜻이에요. 물론 이는 구실일 뿐이에요. 이미 말한 대로 도요토미 히데요시는 일본 내의 불만을 잠재우고 자신의 정복 욕구를 채우기 위해 이 전쟁을 일으켰어요.

임진왜란 당시 동래성 전투를 묘사한 그림

한반도에 상륙한 왜군은 곧바로 부산을 함락시키고 동래까지 점령했어요. 이어 빠른 속도로 한양을 향해 북상했어요. 왜군의 목표는 조선의 왕을 붙잡는 것이었어요. 그렇게 하면 이 전쟁을 승리로 끝낼 수 있다고 생각한 것이지요.

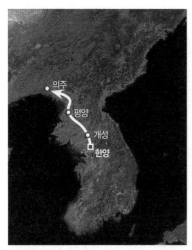

선조의 피난 경로

이일이 상주에서 왜군을 막아섰지만 역부족이었어요. 상주를 돌파한 왜군은 충주로 진격했고, 신립이 맞섰지만 이번에도 패했어요. 전쟁이 터지고 20일도 되지 않았는데 한양이 위태로워졌어요. 선조는 개성으로 피난을 떠났지요.

얼마 후에 한양이 함락되었어요. 왜군은 다시 북상했고, 개성에 있던 선조도 그에 따라 평양으로 달아났어요. 얼마 후에는 왜군이 평안도와 함경도까지 북상했어요. 그러자 선조는 또다시 한반도의 북단인 의주로 피난을 떠났어요.

조선이 바람 앞의 등불 신세가 되어 버렸어요. 이 지경이 되도록 조선의 대신들은 도대체 무엇을 한 것일까요? 사실 이 전쟁을 대비할 시간은 충분히 있었어요. 당시 정치인들이 지나치게 안일했거나 붕당 간의 갈등 때문에 대비를 하지 못한 거였지요.

예를 들면, 이이는 혹시 모를 전쟁에 대비해 군대를 양성하자고 주장했지만 받아들여지지 않았어요. 일본을 다녀온 통신사 중 서인은 "일본이 수상하다."라고 보고한 반면 동인은 "침략의 조짐은 별로 보이지 않는다."라고 보고했어요. 붕당에 따라 보고 내용이 정반대였던 거예요. 이러니 어느 보고를 믿어야 할까요? 아 참, 통신사는 조선이 일본에 보낸 문화 사절단이랍니다.

어쩌면 조선 관리들은 일본을 문화와 과학 수준이 낮은 오랑캐쯤으로 여겼는지도 몰라요. 그러니 일본의 발전을 안일하게 보았고, 변화를 냉정하게 살피지 않았겠지요. 실상은 어땠나요? 일본 무사들은 전국 시대를 거치면서 수많은 전투를 치렀어요. 반면 조선은 평화로운 나날을 보냈지요. 일본은 포르투갈 상인에게서 조총을 수입해 개량한 뒤 대량 생산을 했어요. 전투력과 무기가 모두 조선을 앞서고 있었어요. 반면 조선은 별다른 준비를 하지 않았지요.

사실 조선 정부는 이미 조총의 존재를 알고 있었어요. 하지만 조총의 위력을 과소평가했어요. 만약 조총의 위력을 제대로 파악했더라면, 그래서 조선도 조총 부대를 양성했더라면 임진왜란에 제대로 대처했을지도 몰라요. 이처럼 무책임과 분열은 치명적인 결과로 이어지기 마련이에요. 임진왜란이 오늘날의 우리에게 주는 교훈이죠.

일본이 정유재란을 일으킨 까닭은?
└조선의 반격과 왜란의 종결

의주만 건너면 중국 땅이에요. 그런 외진 곳까지 선조가 달아난 사실만 봐도 조선이 얼마나 큰 위기에 처했는지 알 수 있어요. 당시 조선 정부도 위기를 심각하게 받아들였어요. 오죽하면 평양으로 피난을 떠났을 때 조정을 둘로 쪼갰겠어요?

광화문의 충무공 이순신 동상

거북선

조정을 둘로 나누는 것을 분조라고 해요. 혹시 피난 도중에 왕이 죽게 되면 조정이 붕괴할 수 있으니 '제2의 조정'을 만들어 놓는 것이지요. 이때 '제2의 왕'으로 지명된 사람이 세자인 광해군이었어요. 만약 선조가 피난 도중에 죽게 되면 그 즉시 광해군이 자동적으로 왕에 즉위하게 되지요.

너무 절망적인가요? 실제로 조선 관군은 육지에서의 모든 싸움에서 패했어요. 하지만 희망이 없는 것은 아니었어요. 다행스럽게도 바다에서는 조선 수군이 왜군을 잇달아 격파하고 있었어요.

명장 이순신의 지휘 하에 조선 수군은 옥포^{거제} 해전에서 첫 승리를 거두었어요. 이어 당포^{통영}, 당항포^{고성}, 한산도 해전에서도 잇달아 왜군을 물리쳤지요. 한산도 해전에서 이순신은 학이 날개를 펼친 모양새인 학익진 전법을 구사해 대승을 거두었는데, 상당히 의미가 있는 승리였어요. 이 해전 이후에 왜군의 기세가 꺾였거든요. 한산도 대첩과 진주 대첩, 행주 대첩을 임진왜란의 3대 대첩이라고 해요. 대첩은 큰 승리를 거둔 전투를 뜻한답니다.

조선 수군의 승리는 정말로 값진 것이었어요. 왜군이 한반도의 남서 해안에 상륙하지 못하게 함으로써 첫째로는 전라도와 충청도의 곡창 지대*를 지켰고, 둘째로는 왜군의 군수 물자와 식량 보급을 차단했거든요. 아무리 육지에서 승승장구하는 왜군이라 해도 후방

• 곡창 지대 쌀 등의 곡식이 많이 나는 지역. 전라도는 평야가 발달하여 우리나라의 대표적인 곡창 지대다.

094

에서 물자 보급을 해 주어야 계속 싸울 수 있지 않겠어요? 그 보급로를 이순신이 완전히 차단한 거예요.

수군에 이어 또 다른 군대가 왜군과 싸우기 시작했어요. 이 군대는 정부가 조직한 것이 아니었어요. 지방의 사림, 전직 관리, 승려, 농민 등 민간에서 자발적으로 만든 군대였지요. 바로 의병이에요. 전국 각지에서 의병이 결성되어 왜군과의 전투를 개시했어요. 의병은 자신이 살고 있는 지역을 누구보다 잘 알아요. 그러니 전략과 전술을 짜기도 수월하겠지요.

의병 부대의 활약은 실로 대단했어요. 대표적인 의병장을 지역별로 살펴볼까요? 경상도 지역에서는 의령의 곽재우와 합천의 정인홍, 고령의 김면을 꼽을 수 있어요. 전라도 지역은 나주의 김천일, 담양의 고경명이 대표적이지요. 충청도 지역에서 활약한 의병장으로는 옥천의 조헌과 영규가 있어요. 북쪽으로 올라가서 함경도 지역에서는 길주의 정문부가 유명하지요. 승려 의병 부대로는 금강산에서 봉기한 유정^{사명당}과, 묘향산에서 봉기한 휴정^{서산대사}을 꼽을 수 있어요.

명에서도 지원군을 파견했어요. 조선 수군에 격퇴되고, 의병의 공격에 놀란 왜군이 이번에는 조·명 연합군의 공격을 받았어요. 왜군이 우왕좌왕하기 시작했죠. 조·명 연합군은 더욱 강하게 왜군을 밀어냈고, 그 결과 평양을 되찾았어요. 이후 왜군이 후퇴하기 시작했어요.

평양성 탈환도
평양성을 점령한 왜군으로부터 성을 탈환하기 위해 싸우는 조선과 명의 연합군을 그린 작자 미상의 그림이다. ⓒ국립중앙박물관

　드디어 전세가 역전되었어요. 조선의 육군도 힘을 냈어요. 육지에서 패배를 거듭했던 초반의 부진을 떨치고 왜군을 격파하기 시작했지요. 김시민은 전주에서 왜군을 격파했고, 권율은 행주산성에서 백성들과 힘을 합쳐 왜군을 대파했어요.

　갈수록 전세가 불리해지자 일본이 먼저 휴전을 제의했어요. 이 제안이 받아들여졌고, 곧이어 전쟁을 끝내기 위한 강화 회의가 도요토미 히데요시의 오사카성에서 열렸어요. 그런데 일본의 요구 사항이 터무니없었어요. 조선 8도 중 4개의 도를 일본에 넘겨주고 조선 왕자와 신하를 볼모로 내놓으라는 거예요. 명 황실 여성을 일본 왕실의 후궁으로 달라고도 요구했어요. 이러니 협상이 진전되겠어요? 결국 협상은 결렬되고, 일본은 다시 조선을 침략했어요. 이 전

쟁이 정유재란이에요[1597년]. 넓은 범위에서 정유재란은 임진왜란에
포함시키기도 해요.

처음에는 왜군이 남해안을 누비는 듯했어요. 하지만 더 이상 북
상하지는 못했어요. 조선이 임진왜란을 겪으면서 국방을 강화했거
든요. 이 무렵 조선은 수도를 방어하는 훈련도감을 설치하는 등 점
차 5군영 체제를 갖추어 가고 있었어요. 또한 성곽도 정비하고 조
총도 제작했지요. 그러니 왜군의 공격이 전혀 먹혀들지 않았던 거
예요.

조선 수군은 여전히 강했어요. 이순신이 보유한 조선 수군의 배
는 12척에 불과했어요. 왜군 병선은 133척이었지요. 이순신은 물
길이 좁고 물살이 빠른 지리적 특징을 잘 이용해 왜선 31척을 침몰

시키는 대승을 거두었어요. 이 전투가 명량 대첩이지요.

일본이 승리할 가능성은 없어 보였어요. 일본도 그 사실을 너무나 잘 알고 있었지요. 마침 본국에서 도요토미 히데요시가 사망했어요. 더 이상 전쟁을 계속해야 할 필요가 없어진 왜군은 철수하기 시작했어요. 하지만 그들은 편하게 돌아갈 수 없었어요. 노량에서 이순신이 기다리고 있었거든요. 이 노량 해전에서 조선 수군은 왜선 200여 척을 격퇴했답니다. 이 전투를 끝으로 임진왜란이 7년 만에 끝이 났어요.^{1598년}

이쯤에서 조선의 수군에 대해 조금만 더 알아볼까요? 이순신이 이끈 조선 수군은 거의 모든 전투에서 왜군을 격파했어요. 도대체 그 비결이 뭘까요?

조선과 일본의 수군은 전투하는 방식이 달랐어요. 조선은 멀찍이 떨어져 화포를 쏘았어요. 근접 전투를 벌일 때는 돌격선이 맨 앞에서 치고 나갔는데, 우리가 알고 있는 거북선이 바로 그 돌격선의 역할을 했지요. 반면 일본은 조총을 주로 쏘았고, 배를 가까이 댄 뒤 상대방의 배에 뛰어올라 싸우는 전술을 폈지요. 그런데 조선 수군의 주력 함선인 판옥선은 갑판이 2층 구조로 되어 있었어요. 배의 크기가 일본 함선보다 컸지요. 그러니 왜군이 조선의 함선 위로 껑충 뛰어오르기가 쉽지 않았어요.

판옥선은 바닥이 평평하게 돼 있어요. 덕분에 얕은 물에서도 재빨리 회전할 수 있고, 여러 전술을 구사할 수 있는 장점이 있어요.

조선의 화포

거북선도 이 판옥선에 철 지붕을 얹은 거였어요. 반면 일본의 군선은 작고 가벼워 기동성은 좋지만 충격에 약했고, 물살이 빠르면 제대로 균형을 잡지 못했어요. 또한 선체가 얇아서 화포를 쏘면 쉽게 부서졌지요.

조선이 일본보다 선박 건조 기술만 우수했던 건 아니에요. 사실 조선 수군이 발포한 화포도 성능이 좋았어요. 당시에 쓰던 포탄은 비격진천뢰라는 것이었어요. 포탄 안에 철편들이 들어 있고, 포탄이 터지면 사방으로 그 철편들이 날아가 박혔어요. 파괴력이 상당히 컸지요. 당시 조선 수군은 천자총통이라는 화포를 사용했어요. 이 화포의 성능 또한 좋아서 멀리 떨어진 상태에서도 포를 발사할 수 있었답니다.

마지막으로 조선 수군은 남해안의 지형을 잘 이용했어요. 섬들이 많아 해안선이 복잡하고 물살도 빠른 점을 살린 전술을 많이 썼죠. 이처럼 여러 요인들이 겹치면서 조선 수군은 천하무적이 될 수 있었던 거예요. 실제로 훗날 청이 조선을 침략할 때도 조선 수군을 상당히 두려워했다고 해요.

광해군은 왜 대동법을 실시했을까?
└임진왜란의 영향과 조선의 변화

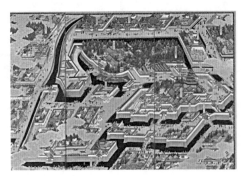
에도 막부의 성을 그린 17세기의 그림

임진왜란은 무려 7년 동안 계속되었어요. 이후 조선은 물론 일본, 중국 등 동아시아 전체가 큰 변화를 맞았어요. 우선 일본과 중국의 변화부터 살펴보고, 이어 조선이 어떻게 달라졌는지 알아볼게요.

일본에서는 새로운 막부가 들어섰어요. 도요토미 히데요시가 죽자 도쿠가와 이에야스가 권력을 장악한 후 에도^{오늘날의 도쿄}에 막부를 세웠어요.^{1603년} 이것이 일본 최후의 막부인 에도 막부예요.

에도 막부는 그전까지의 그 어떤 막부 시절보다 번영했어요. 여기에는 임진왜란 때 일본으로 끌려간 조선의 인쇄 기술자, 도자기 제조 기술자의 공이 컸어요. 특히 도자기를 만드는 기술자인 도공은 일본의 자기 제조 기술을 비약적으로 발전시켰어요. 조선인 도공들의 마을도 따로 만들어졌지요. 지금도 당시 건너간 도공의 후손들이 일본에서 작품 활동을 하고 있답니다.

당시 끌려간 도공 중에 이삼평이란 인물이 있었어요. 그는 일본 사가현 아리타에 정착했는데, 그곳에서 도자기를 만들기 시작했어요. 이후 아리타는 일본에서 가장 유명한 도자기 산지가 되었어요.

이삼평은 이후 일본에서 도자기의 시조로 추앙받았어요. 오늘날에도 그를 기리는 기념제가 열리고 있죠. 이후에 조선인 도공을 기리기 위한 사당까지 세워졌을 정도예요.

예로부터 일본은 한반도를 통해 선진 문화를 받아들였어요. 하지만 임진왜란 이후 조선과 일본의 관계가 아주 냉랭해졌어요. 일본은 임진왜란 도중에 조선인의 귀와 코를 잔뜩 베어 가지고 갔어요. 교토에는 이때 만들어진 코와 귀 무덤이 현재까지도 남아 있어요. 이런 나라와 어떻게 교류할 수 있겠어요? 당연히 모든 교류가 중단되었답니다. 우수한 문화를 수입할 기회가 줄어든 일본으로서는 당황스러울 수밖에 없었어요.

에도 막부가 먼저 조선에 교류를 재개하자고 정식으로 요청했어요. 이에 조선은 승려 유정을 보내 협상하도록 했어요. 일본에 끌려간 조선인 포로부터 돌려받아야 교류를 하든지 말든지 할 것 아니겠어요? 이 협상에서 일본은 조선의 요구를 수용했어요. 조선인 포로를 송환하는 데 동의한 것이지요.

이후 두 나라의 국교가 회복됐어요1607년. 물론 조선 정부 내에는 이를 반대하는 사람이 많았어요. 일본을 믿을 수 없다는 거죠. 그래도 이웃나라이니 영영 안 보고 살 수는 없어 국교를 회복하는 쪽으로 결론을 낸 거예요.

2년 후에는 기유조약을 체결해 교류를 재개했어요. 이 조약에 따라 조선은 동래에 왜관*을 다시 설치했어요. 전면적이지는 않더라

* **왜관** 조선에 입국한 왜인(일본인)들이 머물며 외교와 무역을 하던 관사

여진족을 통일하고 후금(청)을 세운
누르하치

도 부분적으로 일본과의 무역도 허용했지요. 다만 일본 사절단은 한성에 진입하지 못하게 했어요. 겉으로는 사절단 행세를 하지만 실제로는 스파이처럼 조선 정부를 염탐할 수도 있으니까요. 일본의 사절단 방문에 대한 답례로 조선은 일본에 통신사를 보냈어요. 통신사에 대해서는 조금 있다가 다시 살펴볼게요.

중국은 어땠을까요? 일본보다 훨씬 급박하게 돌아갔어요.

임진왜란 때 명은 대규모 군대를 조선에 파견했어요. 이게 문제가 되었어요. 국방비로 돈을 너무 많이 지출하다 보니 나라가 휘청거리게 된 거예요. 한때 중국 대륙을 호령했던 금을 기억하나요? 그 금을 세운 민족이 여진족이었어요. 이 무렵 만주 지역에서 그 여진족이 다시 빠른 속도로 세력을 키웠어요. 얼마 후에는 누르하치란 인물이 여진 전체를 통일한 뒤에 금의 영광을 되찾겠다며 후금을 세웠지요[1616년].

후금은 나중에 나라 이름을 청으로 바꾸어요. 17세기 중반에는 명을 멸망시키고 중국 대륙의 주인이 되었지요. 이는 동아시아 전체에 큰 영향을 미친 사건이었어요. 이로 인해 조선은 또 한 번의 큰 전쟁을 치르게 되죠. 그 전쟁이 바로 병자호란인데, 이에 대해서는 조금 있다가 살펴볼 거예요. 이제 국내 상황을 들여다볼까요?

임진왜란으로 한반도는 그 어느 때보다 황폐하게 변했어요. 농사를 짓는 땅의 70% 정도가 황무지가 되었어요. 인명 피해도 컸지요. 일본으로 끌려간 사람, 전쟁 중에 죽은 사람 등으로 인해 인구의 절반 정도가 줄었어요. 문화재의 손실도 상당히 컸어요. 불국사나 실록을 보관하는 사고가 불에 탔으며 수많은 도자기나 서적, 그림 등이 일본으로 유출되었지요.

이러니 조선 백성의 삶이 무척 힘들어졌어요. 세금 내기도 힘들었겠죠? 세금이 덜 걷히니 국가 재정도 바닥을 드러냈어요. 선조는 이 피해를 제대로 복구하지 못한 채 세상을 떠났어요. 이어 광해군^{15대}이 왕에 올랐어요. 광해군은 전쟁 피해를 복구하고 질서를 되찾기 위해 본격적으로 개혁을 시작했어요.

우선 특산물로 세금을 내는 공납 제도부터 개혁했어요. 당시 농민들은 토지에 부과되는 세금을 내면서도 따로 특산물까지 세금으로 내야 했어요. 이중삼중의 부담인데, 부패한 관리들까지 돈을 요구하니 더 힘들었죠. 광해군은 농민의 고통을 줄이고 관리의 부정부패를 막기 위해 특산물을 쌀^{대동미}이나 옷감 혹은 동전으로 통일해서 내도록 했어요. 토지가 없는 가난한 농민은 공납을 면제해 주었지요. 이 제도를 대동법이라고 해요.

대동법을 실시하다 보니 중앙 정부에서 필요로 하는 물건을 대줄 사람이 필요했어요. 이들이 공인이에요. 공인은 전국에서 특산물 같은 것을 사서 정부에 납품했어요. 공인이 활발하게 활동하면서 조선에서 상업이 발달하기 시작했어요. 대동법의 의의가 꽤 크죠?

동의보감

　광해군은 대동법 외에도 많은 업적을 남겼어요. 전쟁으로 토지가 황폐해지자 전국의 토지를 측량하는 양전* 사업을 벌였고, 이를 바탕으로 토지 대장*을 정리했어요. 이런 작업은 국가 재정을 확충하는 데 아주 중요해요. 토지를 제대로 정비해야 세금을 제대로 거둘 수 있으니까요. 광해군은 호적도 정비했어요. 세금을 낼 수 있는 농민이 얼마나 되는지 알아야 했거든요.

　광해군은 허준에게 백성에게 도움이 될 수 있는 의학서를 만들도록 지시했어요. 허준은 그전까지 편찬된 국내 의학서와 중국 의학서를 집대성해 대작을 내놓았는데, 바로 《동의보감》이랍니다.

　임진왜란 무렵부터 조선의 신분 질서도 흔들리기 시작했어요. 노비를 비롯한 천민은 전쟁 와중에 노비 문서를 불태워 버리기도 했어요. 왜군을 격퇴해 그 보상으로 신분이 상승한 천민도 있었지요. 무능한 양반을 더 이상 존경하지 않는 문화도 확산되었어요. 이런 현상은 병자호란 이후, 그러니까 조선 후기로 접어들면서 더욱 더 심화된답니다.

• **양전** 논과 밭을 측량하는 일
• **토지 대장** 토지에 관한 장부

광해군이 '중립 외교'를 편 까닭은?
└병자호란의 발발

광해군은 성곽과 무기를 점검하고 군사 훈련도 강화했어요. 혹시 모를 전쟁에 대비해서였지요. 그런데도 오늘날 광해군은 연산군과 함께 조선의 폭군으로 더 많이 기억되는 것 같아요. '~종'이나 '~조' 같은 묘호도 없지요. 실록 또한 《광해군일기》로 격이 낮아요. 왜 그런 걸까요?

임진왜란 당시에 가장 세력이 강했던 붕당은 남인이었어요. 반면 의병장인 정인홍, 곽재우 등은 모두 북인이었죠. 그 북인이 광해군을 지지했어요. 그러니 광해군이 왕이 된 후에는 북인이 집권 여당 역할을 했지요. 야당이었던 서인은 가만히 있었을까요? 아니에요. 광해군에 대한 비판의 목소리를 높여 갔죠.

사실 광해군은 후궁이 낳은 왕자였어요. 뒤늦게 선조의 왕후가 왕자 영창 대군을 낳으면서 문제가 복잡해졌어요. 서인은 "성리학적 질서에 따라 적통인 영창 대군으로 세자를 바꿔야 한다."라고 주장했어요. 광해군이 왕이 되기는 했지만 자신을 밀어내려 한 서인과의 사이가 좋을 수는 없겠죠? 서인도 끝까지 영창 대군을 지지했어요.

권력 투쟁이 본격적으로 벌어졌어요. 이 과정에서 광해군은 폭군으로 변해 갔어요. 화려한 궁궐을 짓는다며 백성을 강제 동원했고,

자신을 비판하는 신하는 죽여 버렸지요. 영창 대군을 죽이고, 영창 대군과 서인의 편을 든 인목 대비는 덕수궁에 가두고 폐위시켰어요. 서인은 광해군이 인륜을 저버렸다며 유교 이념에 어긋난 왕이라고 비판의 강도를 높였어요.

외교 분야에서도 광해군과 서인은 갈등을 벌였어요. 이 무렵 후금은 중국 대륙을 차지하기 위해 명과 전쟁을 벌일 준비를 하고 있었어요. 다급해진 명이 조선에 지원을 요청했어요. 광해군은 고민에 빠졌어요. 머잖아 후금이 명을 누르고 동아시아의 최고 강자가 될 것이 확실했기 때문이에요. 그렇다고 해서 명을 무시할 수도 없었어요. 광해군의 선택은 어느 쪽의 편도 들지 않는 중립 외교였어요.

광해군은 명에 지원군을 보내면서 지휘관인 강홍립에게 "명을 적극 돕지 말라. 후금에게 항복하되 조선이 후금과 싸우기를 원치 않는다는 점을 반드시 밝혀라."라고 지시했어요. 결과는 광해군의 예측대로 되었어요. 후금은 명을 치면서도 조선에 대해 책임을 묻지 않았지요. 광해군의 중립 외교가 성과를 본 셈인데, 오히려 서인의 반발은 커졌어요. 명은 임진왜란 때 조선을 도운 상국인데, 광해군이 은혜를 배신으로 갚았다는 거예요. 서인은 실리와 국익보다는 명에 대한 의리와 성리학적 명분이 더 중요했던 거예요.

서인은 더 이상 광해군을 왕으로 인정할 수 없다며 반란을 일으켰어요. 서인은 광해군을 끌어내리고 인조[16대]를 왕으로 추대했어요. 이 사건이 인조반정이에요[1623년]. 왕좌에서 쫓겨난 광해군은 '군'으로 신분이 강등되었고, 유배 생활을 하다 생을 마감했어요.

집권 여당이 된 서인은 광해군을 지지했던 북인을 처단하고, 지금까지의 외교 관계를 완전히 뒤집었어요. 명을 다시 가까이 하고 후금을 멀리하는 친명배금親明排金 정책을 편 거예요. 나아가 후금의 반격에 대비해 국방을 강화했어요. 임진왜란 때 설치한 훈련도감에 이어 어영청, 총융청, 수어청을 추가로 설치했어요. 나중에 숙종 때 금위영이 설치됨으로써 조선은 5군영 체제를 갖추게 되죠.

한창 나라를 정비하고 있을 때 문제가 발생했어요. 인조반정 공신 중 한 명인 이괄이 "왜 내가 1등 공신이 아니고 2등 공신이냐."라며 반란을 일으킨 거예요. 이괄이 한양까지 쳐들어오자 인조는 충남 공주까지 피신해야 했어요. 정말 어수선하지요?

이괄의 난은 곧 진압되었지만 혼란까지 사라지지는 않았어요. 바로 이 틈을 타서 후금이 조선을 침략했어요. 바로 정묘호란*이지요[1627년].

조선 조정은 강화도로 피신했어요. 하지만 언제까지고 버틸 수는 없었어요. 정봉수, 이립 등의 의병이 후금에 맞섰지만 역부족이었어요. 결국 후금과 화친해야 한다는 주화파* 최명길의 주장을 인조가 받아들였어요. 화친 조약에 따라 후금과 조선은 형제 관계를 맺었고, 후금은 군대를 철수시켰어요.

얼마 후 후금은 나라 이름을 청으로 바꾸고 조선에 군신 관계를

● 호란 호란(胡亂)은 '호인(胡人)이 일으킨 전쟁'이라는 뜻이다. 호인은 문화 수준이 낮은 야만인을 뜻하는데, 조선에서는 주로 만주족(여진족)을 호인이라 불렀다.
● 주화파 전쟁을 피하고 평화롭게 지내자고 주장하는 무리

남한산성

요구했어요. 청을 상국으로 모시라는 얘기였지요. 이에 청과 맞서 싸우자는 척화파*의 목소리가 높아졌어요. 조선은 청의 요구를 거절했어요. 그러자 청이 다시 조선을 침략했어요. 이 전쟁이 병자호란이에요.[1636년]

임경업이 백마산성[평안북도 의주]에서 청에 맞섰지만 패했어요. 청의 기병대는 빠른 속도로 한양으로 진격했어요. 불과 일주일 만에 한성이 함락되었어요. 조선 조정은 다시 강화도로 피신하려 했지만 그럴 수가 없었어요. 청의 기병대가 워낙 빨리 움직이는 바람에 피난길이 막혔거든요. 조정은 어쩔 수 없이 남한산성으로 피신했어요.

얼마 후 의병 부대가 남한산성으로 달려왔지만 청군을 이길 수는 없었어요. 시간이 흘러갔고, 남한산성에 비축해 둔 식량도 바닥을 드러냈어요. 이렇게 되자 최명길을 중심으로 한 주화파는 "청에 항복해서라도 나라를 보전해야 한다."라고 주장했어요. 하지만 윤집과 김상헌 등 척화파는 "나라가 없어질지언정 부모의 나라인 명과의 의리를 저버릴 수는 없다."라며 항전을 주장했어요.

인조는 주화파의 의견을 따랐어요. 세자와 대신들을 모두 거느리고 남한산성을 나왔어요. 인조는 삼전도에서 땅에 이마를 찧으며 청 태종에게 항복했지요. 청 태종은 이 승리를 기록으로 남겼는

● **척화파** 싸우는 상대와 화친을 맺자는 논의 자체를 부정하는 무리

데, 그것이 바로 삼전도비예요.

정묘호란과 병자호란은 충분히 막을 수 있는 전쟁이었어요. 인조와 서인 정권이 국제 정세를 충분히 인식하고, 성리학적 의리와 명분에만 집착하지 않았다면 말이지요. 결국 무능력한 지도자들이 임진왜란에 이어 또다시 백성을 전쟁의 소용돌이에 몰아넣은 셈이죠.

삼전도의 굴욕을 묘사한 부조
1637년 1월 30일, 인조는 청 태종에게 무릎을 꿇고 땅에 머리를 찧는 굴욕적인 항복 의식을 치러야 했다.

조선의 조총 부대가 러시아를 이긴 전투가 무엇일까?
└북벌의 추진과 결과

병자호란 이후 청의 내정 간섭이 심해졌어요. 청은 본국으로 돌아갈 때 다음 왕이 될 소현 세자와 세자빈, 소현 세자의 동생인 봉림 대군을 인질로 끌고 갔어요. 척화파 대신들과 수많은 백성들이 함께 끌려갔지요. 또한 조선은 매년 청에 어마어마한 양의 조공을 바쳐야 했어요.

소현 세자가 조선으로 돌아온 것은 8년 후였어요. 그사이에 소현 세자는 청에서 살면서 서양의 첨단 문물을 익히고, 그 문물을 조선에 도입하는 방안을 찾고자 고심했어요. 아마 소현 세자가 왕이 되었다면 이후의 조선은 많이 달라졌을 거예요. 그렇지만 소현 세자는 왕이 될 수 없었어요. 갑자기 죽어 버렸거든요.

소현 세자의 죽음이 아버지 인조와 관련이 있을 거란 추측이 많아요. 인조는 삼전도의 굴욕을 잊지 않고 있었어요. 그런데 소현 세자가 청에서 선진 문물을 배워 왔으니 마음에 들 리가 없지요. 어쩌면 인조는 청이 자신보다는 소현 세자를 더 지지하고 있어 왕을 교체할지도 모른다는 위기감을 느꼈을지도 몰라요.

소현 세자가 갑자기 죽자 그의 동생인 봉림 대군이 인조의 뒤를 이어 효종^{17대}에 올랐어요. 원래대로라면 소현 세자가 죽었으니 소현 세자의 아들에게 왕위를 물려주는 게 맞아요. 세자의 동생을 왕으로 삼는 것은 장자가 왕위를 상속하는 관례에 어긋나지요. 인조가 소현 세자를 싫어했던 게 사실인 것 같죠? 물론 역사적 사실을 밝혀내기는 쉽지 않을 것 같아요.

효종은 아버지와 신념이 같았어요. 청을 반드시 정벌해 삼전도의 치욕을 씻겠다고 결심했지요. 우선 송시열을 비롯해 청과 싸워야 한다는 주전파*를 요직에 앉혔어요. 이어 본격적인 정벌을 준비했어요. 인조가 북벌*을 염두에 두고 설치했던 어영청을 확대했고, 수비 목적의 수어청도 강화했어요. 성곽도 대대적으로 정비했어요. 청과의 전투를 잘 치르기 위해 기병을 늘리고 조총 부대를 만드는 등 만반의 준비를 했어요.

하지만 청은 이미 동아시아의 최고 강국이 되어 있었어요. 청을 정벌한다는 것은 사실상 불가능한 일이었어요. 게다가 전쟁 후유

* 주전파 전쟁을 주장하는 무리
* 북벌 무력으로 북쪽 지방을 치는 것. 효종 때의 북벌은 중국을 지배한 청을 정벌한다는 의미였다.

증을 극복하지 못한 백성에게 북벌 준비는 또 다른 짐이었어요. 그러니 북벌이 가당키나 한 것이냐는 비판이 나왔어요. 이런저런 논란이 한창일 때 효종이 갑자기 사망했어요. 그러자 북벌에 대한 목소리가 차츰 잦아들었어요.

조선이 얻은 것도 있었어요. 북벌을 준비하는 과정에서 조선의 군대가 강해졌거든요. 아직 효종이 살아 있을 때였어요. 러시아가 세력을 키우는 바람에 청과 충돌하게 되었어요. 청은 조선에 지원군을 파견해 줄 것을 요청했지요. 효종은 조총 부대를 보냈어요. 이 조총 부대는 두 차례 전투에서 모두 러시아를 꺾고 승리했답니다¹⁶⁵⁴^{년, 1658년}. 17세기 중반에 벌어진 이 전투를 나선 정벌이라고 해요. 러시아를 한자로 쓰면 나선羅禪이 되거든요.

★ 단원 정리 노트 ★

1. 임진왜란 발발 원인과 결과

일본 전국 시대의 종결과 통일

일본에서 가마쿠라 막부에 이어 들어선 무로마치 막부가 쇠퇴하면서 일본의 무사들끼리

권력 다툼을 벌이는 전국 시대가 시작된다. 100년 넘게 이어진 이 혼란기를 도요토미 히

데요시가 끝내고 1590년 일본을 통일한다.

일본 무사들의 불만을 잠재우기 위한 조선 침략

도요토미 히데요시가 일본을 통일했지만, 이에 반발하는 무사 세력이 만만치 않았다. 도

요토미 히데요시는 일본 내 반발 세력의 불만을 잠재우고 관심을 바깥으로 돌리기 위해

아시아 정벌을 선언하면서 조선에 길을 내어 줄 것을 요구한다. 이로 인해 1592년 임

진왜란이 시작된다.

임진왜란과 정유재란

일본은 무서운 기세로 조선의 각 지역을 하나둘 점령하고, 조선 정부는 북쪽으로 피난가

기에 급급했다. 하지만 바다에서 조선 수군이 연이어 승리를 거두고, 육지에서는 들불

처럼 일어난 의병들이 왜군을 막아 냈다. 여기에 명이 지원군을 보내면서 전세가 뒤집

힌다. 결국 일본의 요청으로 강화 조약을 맺지만, 일본의 무리한 요구로 협상이 결렬된

다. 1597년 일본의 2차 침략이 시작된다. 이것이 정유재란이다. 정유재란은 다음 해인 1598년 일본군이 완전히 철수하면서 끝난다.

2. 병자호란 발발 원인과 결과

명의 쇠퇴와 후금의 성장

임진왜란 당시 조선을 지원했던 명은 국력이 크게 약해졌다. 이 틈을 타 여진족의 누르하치가 후금을 세우고 명을 압박했다. 결국 후금과 명이 충돌했다. 이때 조선의 왕인 광해군은 중립 외교를 펼치면서 위기를 넘긴다.

인조반정과 정묘호란

후금은 점점 영토를 확장한 반면 명은 차츰 쪼그라들었다. 후금이 중국의 최고 강자가 되는 것은 불을 보듯 빤한 일이었다. 이런 상황에서 조선의 정치인들(서인)은 인조반정으로 광해군을 끌어내리고 인조를 왕으로 세운 뒤 친명배금 정책을 편다. 이에 후금은 1627년에 조선으로 쳐들어온다. 이것이 정묘호란이다(1627년). 이때 후금과 조선은 형제 관계를 맺기로 하고, 후금은 물러난다.

청의 중국 지배와 병자호란

1636년 후금은 나라 이름을 청으로 바꾸고, 명을 정복하기 직전까지 이른다. 기세가 오른 청은 조선에 군신 관계를 요구한다. 조선이 이를 수용하지 않자, 청은 다시 대대적으로 조선을 공격했다. 이 전쟁이 병자호란이다(1636년). 조선은 맥없이 무너지고 말았다. 남한산성으로 피신했던 인조는 삼전도에서 굴욕적인 항복을 해야 했다(1637년).

3. 조선 왕의 계보(연산군 ~ 효종)

    10대   1494~1506, 연산군

  · 기타 사항   – 무오사화(1498년)

               – 갑자사화(1504년)

               – 반정으로 폐위(1506년)

    11대   1506~1544, 중종

  · 주요 업적   – 조광조의 개혁 추진

               – 현량과 실시

               – 소격서 폐지

  · 기타 사항   – 기묘사화(1519년)

    12대   1544~1545, 인종

  · 기타 사항   – 즉위 8개월 만에 사망

    13대   1545~1567, 명종

  · 주요 업적   – 서원과 향약이 발달하면서 사림 세력이 기반을 형성함

  · 기타 사항   – 을사사화(1545년)

    14대   1567~1608, 선조

- 주요 업적 － 사림 세력이 중앙과 지방 정계를 장악함 → 동서 붕당

- 기타 사항 － 기축옥사(1589년)

　　　　　 － 임진왜란(1592년)

15대　　　 1608~1623, 광해군

- 주요 업적 － 왜란 이후의 국가 체제 정비

　　　　　 － 대동법 실시(1608년)

　　　　　 － 양전 사업과 토지 대장 정리

　　　　　 － 《동의보감》 편찬(허준)

　　　　　 － 명과 후금 사이에서 중립 실리 외교 추진

- 기타 사항 － 반정으로 폐위(1623년)

16대　　　 1623~1649, 인조

- 주요 업적 － 영정법 실시

　　　　　 － 상평통보 발행

　　　　　 － 친명배금 정책 추진

- 기타 사항 － 정묘호란(1627년)

　　　　　 － 병자호란(1636년)

　　　　　 － 삼전도 굴욕(1637년)

17대　　　 1649~1659, 효종

- 주요 업적 － 북벌 정책 추진

　　　　　 － 국방력 강화

V

조선 사회의
변동

조선에 변화의 바람이 불다

전쟁이 휩쓸고 간 한반도는 황폐해졌어요. 가을이면 토실토실 살이 오른 곡식을 선사하던 농지는 잡초만 자라는 황무지로 변했지요. 두 차례의 전쟁을 치르면서 왕실과 양반들에 대한 민중의 불신은 더욱 커졌어요. 그런데도 양반들은 붕당 간의 투쟁에 몰두했어요.

여기서는 17세기 중반부터 19세기 중반까지의 조선 역사를 다룰 거예요. 얼핏 보면 이 무렵의 조선은 15세기의 패기와 16세기의 안정감을 많이 잃은 것처럼 보이지요. 하지만 부정적인 것만은 아니에요. 영조와 정조라는 강력한 왕이 등장해 개혁을 추진하거든요. 부국강병을 이루려면 제대로 된 리더십이 필요하다는 것을 두 왕은 잘 보여 주었지요. 나라가 조금은 안정이 되어 가는 듯했어요. 하지만 정조의 통치가 끝나면서 조선은 다시 세도 정치라는 혼란으로 빠져들었어요.

조선 후기에는 상품 화폐 경제가 발달했어요. 더불어 서민 문화도 크게 발달했죠. 물론 타락한 정치에 반발해 농민들의 봉기도 많이 일어났어요. 지금부터 조선 후기의 상황을 하나씩 살펴볼 거예요. 조선은 어디로 가고 있는 걸까요?

역사연표

한국사		세계사
대동법 시행(경기도) 1608년		
영정법 시행 1635년		
		1644년 명 멸망
1차 예송(기해예송) 1659년		
2차 예송(갑인예송) 1674년		
경신환국 1680년		
		1688년 영국, 명예혁명
기사환국 1689년		
갑술환국 1694년		
대동법 전국 실시 1708년		
탕평비 건립 1742년		
균역법 시행 1750년		
		1757년 인도, 플라시 전투
규장각 설치 1776년		1776년 미국, 독립 선언
박제가, 《북학의》 편찬 1778년		
		1789년 프랑스 혁명 시작
금난전권 폐지 1791년		
장용영 설치 1793년		
수원 화성 축조 시작 1794년		
수원 화성 완공 1796년		

한국사		세계사
공노비 해방 1801년		
홍경래의 난 1811년		
		1840년 아편 전쟁 발발
최제우, 동학 창시 1860년		
		1861년 미국, 남북 전쟁(~1865년)
임술 농민 봉기 1862년		
		1868년 일본, 메이지 유신

16

조선 후기의
정치 변동
: 개혁에 성공해야 나라가 산다

- 임진왜란과 병자호란 이후에 달라진 조세 제도와 통치 조직에 대해 설명해 보세요.
- 예송 논쟁과 환국 정치의 폐해에 대해 이야기해 보세요.
- 영조와 정조의 개혁 정치에 대해 알아볼까요?
- 조선 후기 세도 정치가 성립한 과정과 세도 정치의 폐해를 설명해 보세요.

병조가 국방 업무를 총괄하지 못한 까닭은?
└조세 제도와 통치 체제의 정비

임진왜란과 병자호란, 두 전쟁을 겪고 난 후 조선의 상황은 전반적으로 좋지 않았어요. 경제는 심각한 수준으로 나빴어요. 정부에 대한 백성의 불신도 상당히 깊었어요. 백성을 버리고 피난을 떠난 왕과 고위 관리들을 더 이상 존경하지 않았죠. 정부의 개혁이 절실해졌어요.

정부는 농민이 가장 힘들어하는 조세 제도부터 개혁에 돌입했어요. 조선 시대의 3대 조세는 토지 세금인 전세, 특산물을 내는 공납, 토목 공사요역나 국방 의무군역를 이행하는 역을 가리켜요. 이 세 가지 모두 양란임진왜란과 병자호란 이후에 새로이 정비됐어요.

토지에 매기는 세금인 전세부터 볼게요. 새로운 전세 제도로서 인조 때 영정법이 시행되었어요. 영정법은 풍년, 흉년 가리지 않고 토지 1결*당 쌀 4두를 내게 하는 방식이었어요. 그전에는 1결당 내는 쌀의 양이 토지마다 달랐고, 4두보다도 훨씬 많았어요. 이 개혁 덕분에 세금을 계산하기도 편해졌고 백성의 부담도 줄었어요.

지방 특산물을 세금으로 내는 것을 공납이라고 해요. 이미 살펴본 대로 공납은 광해군 때 쌀이나 옷감, 동전으로 대신 내는 대동법으로 바뀌었어요. 대동법은 경기도, 강원도, 충청도, 경상도로 확대되었고, 숙종19대 때는 황해도에서도 시행되었어요. 평안도와 함경도는 국방과 사신 접대 등의 이유로 배제되었으니 숙종 시절에 사실상 전국의 모든 지역에서 대동법이 시행된 셈이지요.1708년.

군역의 의무는 어떻게 바뀌었을까요? 그전에는 직접 군대에 가지 않더라도 1년에 2필의 군포를 내면 이 의무가 면제되었어요. 영조21대는 이를 1년에 1필로 줄였어요. 이 제도를 균역법이라고 해요. 군포 수입이 줄었으니 재정이 부족해질 수 있겠지요? 영조는 토지를 가진 양반에게 1결당 쌀 2두를 내라고 했어요. 모자란 세금을 채운다는 뜻에서 이를 결작이라고 했지요. 영조는 이 밖에 왕실로 들어가던 어장세, 선박세, 소금세를 국가 재정으로 변환하여 균역법을 시행하면서 모자란 부분을 채웠어요.

• **결** 토지의 넓이를 재는 단위. 주로 세금을 매기기 위한 단위였다. 넓이는 시대에 따라 달랐다.

조세 제도를 손본다고 해서 나라가 당장 안정을 되찾는 것은 아니에요. 통치 조직이 엉망이면 여전히 나라는 혼란스러울 수밖에 없지요. 사실 바닥으로 추락한 왕실의 권위를 회복하고 국방 체제를 정비하기 위해서라도 통치 조직은 꼭 정비해야 했어요.

조선 전기에 최고 국정 기구는 의정부였어요. 의정부가 왕명에 따라 정책을 수립하면 6조가 집행했지요. 군사와 관련된 업무는 6조의 하나인 병조가 관할했어요. 양란을 겪으면서 국방의 중요성이 커졌어요. 그러다 보니 비변사라는 군사 기구의 권력이 지나치게 강해졌어요.

원래 비변사는 여진족과 왜구의 침략에 대비하기 위해 병조 안에 설치된 임시 기구였어요. 임진왜란이 터지자 3정승을 포함한 정부 고위 관리들은 이 비변사에서 대책을 논의했어요. 처음에는 군사와 관련된 일을 주로 다루었지만 차츰 재정과 인사 등 통치와 관련된 업무까지 논의했어요. 그러다가 양란 후에는 비변사가 의정부를 대신하는 최고 권력 기구가 돼 버렸어요. 비변사는 심지어 외교 문제나 왕비와 후궁을 정하는 왕실 문제에까지 참견했답니다. 비변사는 훗날 흥선 대원군이 집권할 때 폐지돼요.

양란을 거치면서 군사 조직도 크게 바뀌었어요. 조선 전기에 한성은 중앙군인 5위가 방어했어요. 하지만 임진왜란이 일어났을 때 5위는 제 역할을 못했어요. 한성을 순식간에 내주었잖아요? 이 때문에 임진왜란 도중에 선조가 직업 군인들을 선발해 훈련도감을 만들었어요.

훈련도감은 조총을 다루는 포수 부대, 창과 칼을 다루는 살수 부대, 활을 쏘는 사수 부대 등 삼수병으로 구성되었어요. 병사들은 모두 직업 군인처럼 군사 훈련에 몰두했지요. 이 훈련도감은 군사 조직이 바뀌는 신호탄이었어요. 이어 북쪽 후금의 공격에 대비하기 위해 인조 때 어영청, 총융청, 수어청을 만들었고, 숙종 때는 왕의 직속 군사 기관인 금위영을 신설했어요. 훈련도감, 어영청, 총융청, 수어청, 금위영 등 다섯 기구를 5군영이라고 해요. 이렇게 해서 조선 후기의 5군영 체제가 확립되었지요.

중앙 군사 조직뿐 아니라 지방 군사 조직도 정비했어요. 이때 새로 만든 지방 군대가 속오군이에요. 속오군의 가장 큰 특징은 양반부터 천민까지 모든 신분을 다 포함시켰다는 거예요. 하지만 나중에는 양반들은 다 빠져나가고 상민과 천민만 남았지요. 속오군은 항상 전투 훈련을 하는 정규군은 아니었어요. 평상시에는 각자 생업에 종사하다가 전쟁이 터지면 부대로 배치되었답니다.

상복 입는 기간이 중요한 이유가 뭘까?
└예송과 붕당 정치의 변질

앞에서 효종[17대] 시절까지의 역사를 살펴보았어요. 이번에는 현종

18대과 숙종19대 시절의 이야기를 해 볼게요. 두 왕의 통치 시절에 붕당 정치가 빠른 속도로 변질되었어요. 정치가 혼란스러워지면서 많은 관리와 대신들이 목숨을 잃었지요.

인조반정에 성공한 서인은 권력을 잡아 집권 붕당이 되었어요. 서인이 북인을 집중 공격하는 바람에 북인은 거의 자취를 감추었지요. 다만 남인은 살아남아 야당의 역할을 했어요. 서인과 남인은 서로를 배척하지 않았어요. 상대 붕당의 존재를 인정하며, 서로 견제하고 비판하면서 성숙한 정치를 했어요. 정책을 만들 때도 중앙과 지방의 여론을 두루 수용했어요. 그런 과정을 거쳐 공통의 의견인 공론을 만들었죠.

이처럼 균형 있는 붕당 정치는 현종 시절에 깨지기 시작했어요. 왕실의 장례 예법을 둘러싸고 벌어진 논쟁이 발단이 되었어요. 왕과 왕비가 죽었을 때 그들의 어머니뻘인 대비가 상복을 입어야 할 기간을 놓고 서인과 남인 사이에 치열한 논쟁이 벌어진 거예요. 예법과 관련되었다고 해서 이를 예송이라고 해요.

효종이 죽자 세자가 왕에 올라 현종이 되었어요. 일단 현종은 아버지의 장례부터 잘 치러야 했어요. 당연히 왕실 가족들은 모두 상복을 입었지요. 이 무렵 인조의 계비인 자의 대비장렬 왕후가 생존해 있었어요. 계비는 왕이 아내가 죽은 뒤에 재혼으로 얻은 아내예요. 자의 대비는 14세 때 43세의 인조에게 시집 왔어요. 당시 인조의 아들인 효종은 19세였지요. 그러니까 인조는 아들보다 어린 여자 아이를 부인으로 맞았던 거예요. 바로 이 자의 대비가 상복을 입는 기간을 놓고 서인과 남인이 갈등을 벌였어요.

서인은 유교적 명분을 강조했어요. 성리학 예법에는 아들이 죽었을 때 어머니가 상복을 입는 기간이 정해져 있었어요. 장남이 죽었을 때는 3년, 차남 이하의 아들이 죽었을 때는 1년이었지요. 효종은 차남이었어요. 장남이었던 소현 세자는 왕에 오르기 전에 죽었어요. 서인은 "효종이 왕이라 해도 성리학 예법을 어길 수는 없다. 자의 대비는 1년 동안만 상복을 입어야 한다."라고 주장했어요.

남인은 서인의 주장에 동의하지 않았어요. 효종이 조선의 왕이라는 사실을 강조했어요. 왕에게 사대부의 예법을 적용하면 안 된다는 거지요. 남인은 "효종이 차남이라고는 하지만 왕이라는 사실을 감안해 자의 대비가 3년간 상복을 입어야 한다."라고 맞받아쳤어요.

이 무렵 집권 붕당은 서인이었어요. 현종은 아직 어렸고, 즉위한 지도 얼마 되지 않았지요. 현종은 서인의 눈치를 볼 수밖에 없었어요. 결국 현종은 서인의 손을 들어 주었고, 자의 대비는 1년간 상복을 입었어요.

15년 후 효종의 왕후, 그러니까 현종의 어머니가 세상을 떠났어요. 똑같은 예송이 벌어졌어요. 이번에도 서인은 사대부에 적용하는 성리학 예법을 그대로 따라야 한다고 주장

허목 초상
당시 남인이었던 허목은 자의 대비가 3년 동안 상복을 입어야 한다는 내용의 상소를 올렸다. ⓒ국립중앙박물관

송시열 초상
당시 서인의 영수였던 송시열은 허목의 상소를 반박하며 자의 대비가 1년간 상복을 입어야 한다는 내용의 상소를 올렸다. ⓒ국립중앙박물관

했어요. 시어머니는 장남의 며느리가 죽으면 1년, 차남 이하 자식의 며느리가 죽으면 9개월 동안 상복을 입도록 되어 있어요. 서인은 이 기준에 따라 자의 대비가 9개월 동안 상복을 입어야 한다고 주장했어요.

남인은 이번에도 효종은 사대부가 아니라 왕이라는 점을 강조했어요. 남인은 왕후의 장례식이니 최고 기준을 적용해 자의 대비가 1년 동안 상복을 입어야 한다고 주장했어요. 현종은 이 2차 논쟁에서는 남인의 손을 들어 주었어요. 그사이에 왕권이 많이 강화되었기 때문에 더 이상 서인의 눈치를 보지 않아도 되었거든요.

이렇게 해서 예송은 끝이 났어요. 이 예송은 백성의 삶과는 관련이 없어 보이지만 성리학에서는 상당히 중요한 문제였어요. 예송이 일종의 학문적 논쟁인 셈이지요. 다만 이 예송으로 인해 서인과 남인 사이에 갈등이 커진 점이 문제였어요. 학문적 논쟁이 결국엔 정치 대결로 번진 거예요. 서인과 남인은 상대 붕당을 물어뜯기에 여념이 없었어요. 그 갈등은 현종의 뒤를 이은 숙종 때 최고조에 이르게 되지요.

숙종은 왜 집권 붕당을 수시로 바꾸었을까?
└숙종의 환국 정치

숙종은 17세기 후반부터 18세기 초반까지 40년 넘게 조선을 통치하면서 상당히 많은 업적을 남겼어요. 먼저 그 점을 종합적으로 정리해 볼까요?

숙종은 광해군 때 시작된 대동법을 전국으로 확대했어요. 사실상 대동법을 완성한 왕이지요. 숙종은 또 상평통보를 본격적으로 유통시킨 왕이기도 해요. 상평통보는 인조 때 처음 만들었지만 사실 거의 유통되지 않았어요. 그랬던 상평통보를 부활시켜 조선의 화폐 경제가 발달할 수 있는 토대를 세운 거지요.

상평통보 ⓒ국립중앙박물관

숙종 시절에는 금위영이 설치되었어요. 이로써 조선 후기의 군사 조직인 5군영이 완성되었지요. 숙종은 또 영토 회복 운동을 줄기차게 벌였고, 전국에 있는 산성을 정비해 국방을 튼튼하게 했어요. 중국과 국경선을 확정지어 백두산정계비도 세웠지요.

그렇다면 정치인으로서의 숙종은 어떤 왕이었을까요? 이와 관련해 가장 먼저 떠오르는 단어는 환국이에요. 집권 붕당이 순식간에 바뀌는 정치 현상을 환국이라고 하죠. 숙종 때만 환국이 세 차례나 일어났지요.

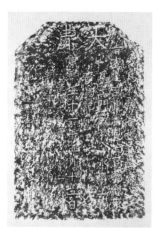

백두산정계비 탑본
조선과 청의 국경을 확정한 내용을 담은 백두산정계비는 1931년에 일제가 없애 버렸다. 이 탑본은 그 이전에 뜬 것으로 보인다. ⓒ국립중앙박물관

이미 말한 대로 현종 시절 예송을 거치면서 서인과 남인의 관계는 상당히 악화했어요. 그러다가 숙종 시절이 되자 서인과 남인은 상대 붕당이 몰락할 때까지 극단적으로 싸우기 시작했어요. 서인이 남인을 몰아내고 서인만의 정권을 만들거나, 반대로 남인이 서인을 몰아내고 남인만의 정권을 만드는 식이었지요.

첫 번째 경신환국 때는 남인이 몰락했어요^{1680년}. 서인이 꾸민 음모로 남인은 쑥대밭이 되어 버렸죠. 남인의 영수^{우두머리}인 윤휴가 사약을 받을 정도였어요. 이 경신환국 때 남인을 몰아내는 과정에서 서인이 둘로 쪼개졌어요. 강경파 서인은 노론, 온건파 서인은 소론이 됐죠. 노론이 소론보다 조금 더 보수적이라고 보면 크게 틀리지 않아요. 노론의 영수는 송시열, 소론의 영수는 송시열의 제자인 윤증이었어요.

두 번째 환국은 숙종의 후궁 장옥정^{희빈 장씨}으로 인해 발생했어요. 원래 숙종의 왕후는 인현 왕후였어요. 하지만 숙종은 인현 왕후보다 장옥정을 더 좋아했어요. 결국 숙종은 장옥정의 꾐에 넘어가 인현 왕후를 궁궐 밖으로 쫓아냈어요. 이어 장옥정을 왕후에 앉혔지요. 장옥정은 남인에 속했어요. 그러니 추락했던 남인의 권력이 다시 살아났죠. 숙종은 노론의 영수인 송시열에게 사약을 내렸어요. 이번에는 서인이 몰락한 거예요. 남인이 권력을 잡은 이 사건이 기사환국이에요^{1689년}.

하지만 남인 정권은 오래가지 못했어요. 장옥정과 장옥정의 가족들, 남인의 횡포가 심해졌기 때문이에요. 숙종은 인현 왕후를 다시 궁궐로 불러들였고 장옥정에게 사약을 내렸으며 남인을 내쳤어요. 이로 인해 남인이 몰락했고 다시 서인 정권이 들어섰지요. 이 세 번째 환국이 갑술환국이에요.^{1694년}

숙종 초기에 전국적으로 홍수가 나고 전염병이 돌았어요. 그런 마당에 정치까지 혼란스럽고 환국까지 겹쳤으니 사회가 얼마나 어수선했겠어요. 그런데 진실을 말하자면, 환국은 숙종이 일부러 일으킨 정치적 사건이었어요. 숙종은 어느 한 붕당의 세력이 지나치게 강해지는 것을 싫어했어요. 이를 막기 위해서 수시로 환국을 일으켜 집권 붕당을 교체한 거지요.

숙종은 왜 이런 정치 사건을 만든 것일까요? 이유는 명확해요. 바로 왕권을 강화하기 위해서였어요. 수시로 붕당을 교체하면, 신하들이 왕의 비위를 건드리지 않으려고 노력하겠지요? 거듭된 환국의 결과는 정말로 숙종이 의도했던 대로 되었어요. 왕권이 상당히 강해졌지요. 하지만 부작용도 컸어요.

무엇보다 붕당의 견제와 균형 원리가 무너져 버렸어요. 권력을 빼앗긴 붕당은 권력을 되찾기 위해 음모를 꾸몄고, 권력을 되찾으면 상대 붕당을 완전히 없애 버리겠다며 보복했어요. 서인과 남인은 더 이상 협력하지 않았어요. 오죽하면 숙종이 뒤늦게 붕당의 갈등을 원만하게 해결하기 위해 탕평[*] 교서를 내렸겠어요? 물론 아무런 효과가 없었지요.

● **탕평** 어느 붕당의 편에 치우치지 않고 공평한 입장을 취하는 것

세 번의 환국 결과, 서인이 권력을 장악했어요. 남인은 정계에서 완전히 밀려났지요. 그러자 이번에는 서인이 분열한 노론과 소론 사이에 숙종의 후계자를 누구로 할 것이냐를 놓고 갈등이 벌어졌어요. 노론은 세자를 바꿔야 한다고 주장했어요. 당시 세자는 사약을 받은 장옥정의 아들이었어요. 그런 세자가 왕이 되면 과거의 연산군 때처럼 궁궐에 피바람이 불 수 있다는 거지요. 노론은 숙종의 또 다른 후궁이 낳은 연잉군을 지지했어요. 이에 맞서 소론은 이미 정한 세자를 바꿀 수 없다고 주장했어요.

한창 논란이 일던 중에 숙종이 사망했어요. 세자가 그대로 왕위에 올랐는데, 바로 경종[20대]이에요. 경종은 몸이 약했어요. 결국 얼마 지나지 않아 세상을 떠났고, 연잉군이 왕에 올랐어요. 이 왕이 영조[21대]이지요.

영조가 금주령을 내린 이유는?
ㄴ영조의 탕평 개혁

붕당 정치의 폐단은 정말로 심각했어요. 아무리 유능한 사람이라고 해도 자기 붕당에 속하지 않으면 관직에 추천하지 않았어요. 정치는 혼란스럽고, 왕권은 약해졌어요. 영조와 영조의 뒤를 이은 정조[22대]는 이처럼 혼란스러워진 조선의 정치를 개혁했어요. 먼저 영조의 업적부터 살펴볼까요?

영조를 지지했던 붕당은 노론이었어요. 그러니 노론의 기세가 꽤 강했겠지요? 하지만 영조는 강경파* 노론은 관직에서 배제했어요. 그들을 그냥 내버려두면 노론과 소론의 갈등이 다시 불거질 것이 불을 보듯 빤하니까요. 물론 강경파 소론도 쫓아냈어요.

영조는 노론이니 소론이니 하면서 붕당 이름으로 편 가르기하는 것을 금지했어요. 만약 붕당을 내세워 다른 사람을 비방하거나 공격하면 관직을 빼앗았어요. 몇몇 서원은 아예 문을 닫게 했어요. 각 붕당이 서원을 중심으로 세력을 키웠기 때문이에요. 관리 인사를 담당하는 이조 전랑 자리를 놓고 여전히 다툼이 끊이지 않자 이 직책의 권한을 줄여 버렸어요.

영조 어진 ⓒ국립고궁박물관

영조는 왕의 명령인 교서를 통해 "각 관청은 붕당이나 당파를 따지지 말고 탕평하게 관리를 뽑으라."라고 지시했어요. 이것이 바로 탕평책이에요 1727년. 탕평은 중국 고서인 《서경》에 나오는 '탕탕평평蕩蕩平平'의 줄임말인데, 어느 한쪽으로 치우치지 않고 바른 길로 간다는 뜻이에요.

영조가 탕평 개혁을 한창 진행하고 있을 무렵 소론 과격파* 이인좌가 반란을 일으켰어요. 이 반란은 양반 말고도 상인과 유민, 노비까지 가담했을 정도로 규모가 컸어요. 반란은 곧 진압되었지만 소론은 화를 입을까 봐 걱정이 컸어요. 하지만 영조는 소론을 탄압

* **강경파** 강하게 자신의 의견을 주장하거나 행동하는 무리
* **과격파** 주장이나 행동이 극단으로 치우칠 정도로 강한 사람이나 무리

하지 않았어요. 여전히 노론과 소론의 과격파를 배제했지만, 양쪽 모두에 골고루 기회를 주었지요. 노론이 영의정을 차지하면 좌의정은 소론에게 배정하는 방식이었어요.

탕평 교서를 내리고 15년이 흘렀어요. 탕평책이 어느 정도 성과를 거두자 영조는 성균관 앞에 탕평을 강조하는 비석을 세웠어요. 이것이 탕평비인데, '두루 사랑하고 어느 한쪽으로 치우치지 않는 것이 군자의 마음이며, 그 반대는 소인의 사사로운 생각이다.'라는 내용이 적혀 있답니다.

탕평책 덕분에 왕권이 많이 강화됐어요. 이에 힘입어 영조는 개혁을 추진했어요. 먼저 《경국대전》을 보완하는 작업을 벌였어요. 그 결과 완성된 법전이 《속대전》이에요. 《경국대전》을 잇는 법전이란 뜻이지요. 정치가 안정되었으니 군역 개혁도 할 수 있었어요. 그것이 바로 앞서 말한, 군포를 2필에서 1필로 줄인 균역법이에요.

영조의 업적이 상당히 많지요? 그런데 영조의 업적에 대해 높은 점수를 주지 않는 학자도 더러 있어요. 왜 이런 비판이 나오는지, 이유를 살펴볼까요?

첫째, 영조가 탕평책을 폈지만 사실 노론에 더 의존했다는 거예요. '사도 세자의 비극'이 나온 것도 이 때문이란 분석이 많아요. 영조의 아들로 다음 왕에 오를 예정이었던 사도 세자는 소론의 지지를 받았어요. 노론은 사도 세자가 왕에 오르면 권력을 빼앗길 수 있다고 생각하고 헐뜯기 시작했어요. 사도 세자가 품행에 문제가 많고 비행을 일삼으니 처벌해야 한다는 상소가 영조에게 올라갔지요.

영조는 사도 세자를 뒤주에 가두었고, 세자는 8일 만에 죽고 말았어요. 사도 세자의 품행에 문제가 있었던 것은 사실이에요. 하지만 다음 왕이 될 세자를 뒤주에 가둔다는 것은 상상도 하지 못할 일이에요. 노론이 강력하게 세자의 처벌을 요구했고 영조가 그 요구를 받아들였기 때문에 이 비극이 일어난 셈이죠.

둘째, 균역법은 성공했을까요? 당장은 그랬어요. 하지만 지방 수령들을 제대로 감시하고 감독하지 않으면 제도는 유명무실해져요. 실제로 이후에 지방 수령들은 군포를 거두면서 온갖 비리를 저질러서 결국에는 큰 사회 문제가 되었어요.

그래도 영조는 조선 후기에 백성을 위한 민본 정치를 시행한 왕으로 평가받아요. 어떤 것들이 있는지 짚어 볼게요.

우선 굶주리는 백성을 구제하기 위해 구황 작물인 고구마를 일본에서 들여왔어요. 구황 작물은 기후 조건이 좋지 않아도 비교적 잘 자라는 작물을 가리켜요. 쌀과 같은 곡물이 흉작일 때 식량으로 활용할 수 있지요. 영조는 또 술을 만들 때 곡물이 낭비되기 때문에 금주령을 내리기도 했어요. 영조는 죄인의 인권도 존중해서 지나치게 가혹한 형벌을 가하지 못하도록 했어요. 영조는 백성의 억울함을 풀어 주기 위해 신문고를 다시 설치하기도 했어요.

영조는 또 노비종모법을 시행했어요. 이것은 '노비 신분은 어머니 혈통을 따르는 법'이란 뜻이에요. 그전에는 어머니, 아버지 어느 한쪽이 노비이면 자식은 무조건 노비 신분이 되었어요. 하지만 영조가 노비종모법을 시행함으로써 어머니가 양인이면 아버지가 노비라도 그 자식은 양인이 되었어요.

이 무렵 청계천이 자주 범람했어요. 청계천 주변에는 가난한 백성들이 모여 살고 있었어요. 이 문제를 해결하기 위해 영조는 약 60만 명을 동원해 청계천 바닥을 정리하는 준설* 사업을 벌였어요. 이때 동원한 백성들에게는 모두 품삯을 주었어요. 일자리도 만들고 백성의 삶도 개선한 셈이지요.

수원 화성을 건설한 까닭이 뭘까?
└정조의 정치 개혁

영조는 조선의 왕 중에서 재위 기간이 가장 길었어요. 52년간 조선을 통치한 후에 손자, 그러니까 사도 세자의 아들에게 왕위를 물려주었어요. 이렇게 왕위에 오른 인물이 바로 정조예요.

사도 세자의 죽음에 관련이 있는 붕당은 노론이었어요. 이 과정에서 사도 세자를 전혀 동정하지 않은 강경파를 노론 벽파, 사도 세자의 죽음을 안타깝게 받아들인 온건파를 노론 시파라고 했어요. 노론이 또다시 벽파와 시파로 분열한 셈이지요.

• **준설** 강이나 하천의 수량을 늘리고 배가 잘 드나들도록 하기 위해서 바닥에 쌓인 모래나 암석을 제거하는 일

노론 벽파는 정조가 왕에 오르는 것을 반기지 않았어요. 왕이 된 정조가 노론 벽파에 복수할 수 있으니까요. 노론 벽파는 정조의 왕위 등극을 조마조마한 마음으로 바라보았어요. 정조가 왕위에 오른 직후에 "나는 사도 세자의 아들이다."라고 선포할 때는 가슴이 철렁 내려앉았겠지요.

정조는 곧바로 아버지 사도 세자의 명예를 회복하는 후속 조치를 단행했어요. 나중에는 사도 세자의 무덤을 수원으로 옮기고, 추모하는 절도 지었지요. 아버지의 죽음을 안타까워하는 정조의 마음이 느껴지나요? 그러니 노론 벽파는 얼마나 불안했겠어요? 당장이라도 정조가 노론 벽파를 싹 쓸어버릴 수도 있으니까요.

제문상정사
정조가 짓고 직접 글자를 적은 시

만약 그랬다면 정치는 또다시 난장판이 되었을 거예요. 하지만 정조는 복수극을 벌이지 않았어요. 벽파 중에서도 강경파와는 거리를 두었지만 나머지 노론에게는 책임을 묻지 않았죠. 심지어 정조의 최측근인 남인 채제공이 "사도 세자의 죽음에 관여한 인물을 처단해야 한다."라는 상소를 올렸을 때도 거부했어요.

정조는 영조에 이어 탕평책을 펼쳤어요. 노론 벽파, 노론 시파, 소론, 남인 등 붕당에 상관없이 능력이 있다면 인재를 등용했어요. 또한 정조는 외척이나 측근이라 하더라도 권력을 남용하면 징계를 내렸어요. 정조가 어렸을 때부터 곁에서 보호해 주던 홍국영도 권력을 휘두르자 지방으로 보내 버렸지요.

정조는 지속적으로 개혁하고 왕권을 강화하려면 자신에게 충성할 신하들이 필요하다고 생각했어요. 이를 위해 설치한 것이 규장각과 장용영이에요.

규장각은 궁궐에 설치된 일종의 왕립 도서관이었어요. 하지만 단순한 도서관이 아니었어요. 정조는 젊고 유능한 인재들을 뽑아 규장각에서 학문과 연구에 몰두하게 했어요. 이 젊은 학자들은 각종 개혁안을 만들었고, 정부 정책에 대해 자문을 했어요. 오늘날로 치면 규장각은 정조의 두뇌 집단 역할을 한 거예요.

규장각이 정조의 두뇌 집단이었다면 장용영은 정조에게만 충성하는 친위 부대였어요. 물론 군대는 따로 있었어요. 하지만 노론의 권력이 강했으니 만일의 사태가 터졌을 때 군대가 왕을 배신할지도 모르지요. 정조는 그런 사태에 대비해 장용영을 만든 거예요. 강한 군대를 가지게 되었으니 그만큼 정조의 왕권도 강해졌지요.

개혁을 추진할 기반을 탄탄히 갖추자 정조는 본격적으로 개혁 정치를 추진했어요. 탕평책을 더욱 강화했고, 나아가 각 지역이 균형적으로 발전할 수 있도록 제도적으로 뒷받침하려 했어요. 특히 그 전까지 소외되어 왔던 북서 지방 출신 인재를 적극 기용하려 했지요. 또한 서얼*에 대한 차별을 철폐하고, 서얼을 적극 등용해 규장각에서 서적을 다루는 검서관으로 일하도록 했어요.

정조 시절 특히 경제 분야에서 두드러진 성과가 있었어요. 상인들이 자유롭게 상업 활동을 할 수 있는 토대를 만든 거예요. 그전까

* **서얼** 서자와 얼자를 합친 말이다. 서자는 양반과 양민 사이에 낳은 아들을, 얼자는 양반과 천민 사이에 낳은 아들을 일컫는다.

136

지는 정부로부터 허가를 받은 상인들만 시전 상인이라 해서 시장에서 장사를 할 수 있었어요. 나머지 상인들은 어지러운 상인들이라는 뜻의 난전이라 불렀고, 상업 활동 자체가 금지되어 있었어요. 시전 상인들은 난전의 상업 활동을 금지할 수 있는 권리가 있었어요. 이 권리를 금난전권, 그러니까 난전을 금지할 수 있는 권한이라고 했지요. 정조는 금난전권을 폐지해 누구나 자유롭게 장사할 수 있도록 했어요. 덕분에 상업이 비약적으로 발전할 수 있었죠.

정조 시절 편찬 사업도 활발히 이루어졌어요. 《경국대전》과 《속대전》의 뒤를 이어 모든 법령을 통합한 《대전통편》이란 법전이 정조 시절에 만들어졌어요. 조선의 외교 문서를 한데 모은 《동문휘고》, 호조의 행정 사례를 모은 《탁지지》도 이때 편찬되었어요.

정조는 집권 후반에 수원에 화성을 건설했어요. 이 화성을 만들 때 처음으로 벽돌을 썼다고 해요.

정조는 아버지 사도 세자의 묘소를 수원으로 옮겨 현륭원이라 이름 지었어요. 이후 정조는 현륭원에 자주 행차했어요. 그러다가 수원을 계획도시로 만들기로 하고, 화성을 쌓았어요. 보통은 외적의 침략에 대비하려고 성을 쌓아요. 하지만 수원 화성은 좀 달랐어요. 마치 한양 도성을 축소한 것처럼 궁성과 도시를 모두 갖춘 완벽한 계획도시였거든요. 군사적 목적 외에 실제 주민들이 거주하면서 상업 활동까지 할 수 있었어요. 근대적인 건축 기법을 동원한 데다 이처럼 성의 성격이 기존의 성과 다르기 때문에 수원 화성을 조선에

화성능행도
1795년 2월 9일부터 16일까지 정조가 부친 사도 세자의 묘소인 현륭원으로 행차한 뒤 성대한 연회를 베풀었던 장면을 그린 그림이다. ⓒ국립한글박물관

수원 화성

서 가장 먼저 만들어진 근대적 건축물이라고 평가하는 학자들이 꽤 많답니다.

정조는 화성을 왜 이렇게 만든 것일까요? 많은 역사학자들이 정조가 화성을 개혁의 중심지로 삼으려 했다고 보고 있어요. 심지어 일부 학자들은 정조가 한양을 버리고 화성으로 천도하려고 했다고 주장해요. 이게 사실인지는 불확실하지만 정조가 화성을 아주 중요하게 생각했던 것만큼은 확실해요. 일단 왕의 친위 부대인 장용영을 내영과 외영으로 나누어 그중 외영을 화성에 두었다는 점만으로도 이런 사실을 짐작할 수 있지요.

정조 시절의 조선이 상당히 활기차게 느껴지지요? 이 무렵엔 상업만 발달한 게 아니에요. 문화 분야에서도 서민 문화가 융성하기 시작했고, 백성을 위한 학문인 실학도 크게 번영했어요. 우리 역사와 우리 땅에 대한 관심과 연구도 폭증했어요. 이런 점 때문에 어떤 학자들은 영조와 정조가 통치한 시절을 합쳐서 조선 후기의 르네상스라고 부르기도 한답니다.

안타깝게도 이 전성기는 정조가 죽으면서 끝나고 말았어요. 다시 붕당의 대립이 시작된 데다 외척이 권력을 장악하는 일이 발생하게 되지요. 바로 세도 정치가 시작된 거예요.

강화도 나무꾼이 왕이 된 이유는?
└세도 정치의 성립과 전개

정조가 죽자 11세의 아들이 순조[23대]에 올랐어요. 이후 정치가 어수선해지고 왕권이 다시 약해졌어요.

순조가 어리니 왕실의 큰 어른인 대왕대비* 정순 왕후가 대신 수렴청정*을 했어요. 정순 왕후는 영조의 계비였지만 사도 세자보다 나이가 어렸어요. 그래서 19세기까지도 생존해 있었던 거예요. 정순 왕후는 노론 벽파였기 때문에 정조와는 사이가 좋지 않았어요. 그런 상황에서 정조마저 세상을 떠나자 정순 왕후가 왕을 능가하는 권력을 쥐게 되었어요.

정순 왕후는 남인은 물론 노론 시파도 탄압했어요. 신하들을 개별적으로 만나 자신에게 충성할 것을 맹세하는 서약을 받아 냈어요. 정순 왕후는 정조 시절 추진하던 개혁도 모두 중단시켰어요. 개혁을 주장하던 학자들은 쫓아내거나 귀양을 보냈지요.

순조는 15세 무렵부터 직접 나라를 통치하기 시작했어요. 이 무렵 마침 정순 왕후도 죽었으니 순조가 아버지 정조를 이어받아 개혁을 다시 추진했을까요? 아니에요. 그사이에 외척의 세력이 지나치게 커져 버렸거든요. 권력을 잡은 인물은 순조의 장인 김조순이었어요.

정조는 죽기 전에 나이 어린 아들이 걱정되어 충직한 신하인 김

순조가 여섯 살 때 쓴 글씨

● **대왕대비** 전전 임금의 부인. 주로 임금의 생존해 있는 할머니를 일컫는다.
● **수렴청정** 임금이 어린 나이로 즉위했을 때, 궁궐의 어른인 왕대비나 대왕대비가 어린 임금을 도와 정사를 돌보는 일

김조순

조순에게 순조를 잘 보필해 달라고 부탁했어요. 바로 이 점이 문제가 된 거예요. 김조순은 정조가 살아 있을 때는 충직한 신하였지만 나이 어린 왕이 뒤를 이으니 권력에 욕심을 내기 시작했어요.

김조순은 자신의 딸을 순조와 혼인시켰지요. 그 딸이 왕후^{순원 왕후}가 되면서 김조순의 가문인 안동 김씨가 권력을 장악하기 시작했죠. 이처럼 외척 세력이 권력을 쥐고 정치를 뒤흔드는 것을 세도 정치라고 해요. 세도 정치는 순조, 헌종^{24대}, 철종^{25대} 때까지 약 60년 동안 계속되었어요. 안동 김씨, 풍양 조씨가 번갈아 권력을 장악했고, 여기에 다른 주요 가문들이 협력하는 형태였지요.

세도 정치 하에서 왕권은 아주 약했어요. 왕은 허수아비 신세가 되어 버렸지요. 세도 정치의 폐해는 한두 가지가 아니었어요. 무엇보다 관리들의 부정부패가 극심했어요. 관리들은 세도 가문에 잘 보이는 데만 신경 썼어요. 백성을 위해 일하려는 관리들을 찾아보기가 힘들었지요. 세도 가문이 뒤를 봐 주는 관리는 하늘 무서운 줄 모르고 설치고 다녔어요. 관리의 기강이 완전히 사라졌으니 정치가 제대로 될 리가 없지요.

세도 가문은 최고 국가 기관인 비변사를 비롯해 중앙과 지방의 중요한 관직을 모두 차지했어요. 군사 기관인 5군영 또한 완전히 장악했어요. 왕에게는 "비변사에서 합의한 정책이다."라며 결제를 요구했어요. 임기가 끝난 세도가들은 지방 수령을 추천할 수 있는 권한까지 가졌어요. 당연히 그들은 세도 가문의 사람들을 추천했죠.

이러니 관직을 얻으려면 과거 시험을 준비하는 것보다 세도 가문에 잘 보이는 것이 더 중요했어요. 실제로 세도가들의 집에는 인사 청탁을 하러 온 사람들로 늘 북적였어요. 창고는 그들이 가지고 온 온갖 뇌물과 선물로 꽉 찼어요. 한 연구에 따르면 당시 관찰사 자리는 2만~5만 냥에 거래되었다고 해요. 요즘으로 환산하면 4억 ~10억 원에 이르는 엄청난 액수이지요.

이처럼 돈을 받고 관직을 판 덕분에 세도가들의 재산은 엄청나게 불어났어요. 거액을 주고 관직을 산 사람들은 본전을 뽑기 위해, 그리고 승진 청탁을 위한 뇌물을 마련하기 위해 백성을 가혹하게 수탈했어요. 이렇게 해서 세금 제도가 엉망진창이 되어 버리는데, 이게 농민 봉기의 원인이 되었지요.

이미 말한 대로 과거 시험을 굳이 볼 필요도 없었어요. 세도 가문은 돈을 준 응시자를 합격시켰고, 그렇지 않으면 떨어뜨렸어요. 실력이 있어도 세도 가문에 줄을 대지 않으면 과거 급제가 불가능해진 거예요. 이러니 양심적인 지식인들은 과거 시험을 포기했어요.

순조는 안동 김씨를 견제하기 위해 아들인 효명 세자의 부인을 풍양 조씨 가문에서 골랐어요. 그랬더니 두 외척 가문의 권력 투쟁이 더 심해졌어요.

몇 년 후 효명 세자가 갑자기 죽어 버렸어요. 순조도 곧 세상을 떠났지요. 그러자 효명 세자의 아들, 그러니까 순조의 손자가 왕위를 이어받았어요. 이 8세의 어린 왕이 헌종이에요. 이번에는 순조

철종 어진
철종의 서른한 살 때 모습을 그린 것이다.
현존하는 역대 어진 중에 군복 차림을 한
것으로는 유일하다. 단, 화재 때 소실되어
3분의 2가량만 남아 있다.
©국립고궁박물관

의 부인 순원 왕후가 조정의 큰 어른으로 수렴청정을 했어요.

그러던 중 헌종이 세상을 떠났어요. 헌종에게는 왕자가 없었어요. 순원 왕후와 안동 김씨 가문은 이참에 정치를 전혀 모르는 허수아비를 왕에 앉혔어요. 그 왕이 철종인데, 왕실의 먼 친척이기는 하지만 당시 강화도에서 땔나무를 팔아 생계를 이어가고 있었어요.

대신들의 반대에도 불구하고 순원 왕후가 철종을 임명한 것은 왜일까요? 권력을 유지하기 위해서였어요. 순원 왕후는 다시 수렴청정을 했고, 안동 김씨의 여성을 철종에게 시집보냈거든요. 철종을 허수아비로 두고 안동 김씨의 세력을 더 키우려는 것이었지요.

그 후로도 두 외척 가문의 다툼은 끝나지 않았어요. 철종도 후계자를 남기지 못하고 죽었어요. 이때 조정의 큰 어른은 왕이 되기 전에 죽은 효명 세자의 아내인 신정 왕후였어요. 신정 왕후는 풍양 조씨 가문이어서 조 대비라고도 해요. 이 조 대비가 풍양 조씨의 재기를 꿈꾸었지만 대원군이 등장해 모든 세도 가문을 진압하지요. 그 결과 세도 정치도 막을 내렸어요.

★ 단원 정리 노트 ★

1. 조선 후기의 조세 제도 변화

① 전세

- 영정법 : 풍년과 흉년을 가리지 않고 토지 1결당 쌀 4두를 냄

② 공납

- 대동법 : 지방 특산물을 동전, 옷감, 쌀 등으로 대신 내도록 하는 제도

- 광해군 때 경기도에서만 시행되다가 숙종 때 전국으로 확대

- 대동법이 확대되면서 특산물을 왕실과 정부에 납품하는 공인이 등장

③ 군역

- 균역법 : 1년에 1필의 군포를 내면 군역 의무 면제

- 균역법을 시행하면서 부족해진 세수는 토지를 가진 양반에게 토지 1결당 쌀 2두를 내게 해서 보충

- 이외에 왕실에 내던 어장세, 선박세, 소금세를 국가 재정으로 변환

2. 조선 후기의 군사 조직

① 중앙군

- 조선 전기의 5위 체제를 5군영 체제로 변환

- 임진왜란 후 선조 때 [훈련도감] 설치

- 인조 때 [어영청], [총융청], [수어청]을 설치

- 숙종 때 왕의 직속 군사 기관인 [금위영]을 설치하면서 5군영 완성

② 지방군

- 기존의 국경 수비대 외에 속오군을 설치

- 속오군은 양반, 상민, 천민으로 구성된 비정규 군대

3. 조선 후기의 붕당과 환국

조선 초기에는 훈구파와 사림파가 대립했지만, 사림파는 네 차례의 사화에도 끈질기게 살아남아 결국 중앙 정계를 완전히 장악하게 된다.

⇩

이후 사림파는 서인(기성 사림)과 동인(신진 사림)으로 갈라졌다. 서인과 동인은 엎치락뒤치락 세력 다툼을 벌였다. 그러다가 세력을 잡은 동인은 다시 북인과 남인으로 갈라진다.

⇩

그러던 중 임진왜란이 터졌다. 임진왜란 당시에 조선 조정은 분조를 하면서 남인은 선조와 함께 피신했고, 북인은 광해군과 움직였다. 이후 광해군이 왕위에 오르면서 중앙 정계는 북인이 장악하게 된다.

⇩

하지만 인조반정을 주도한 서인이 다시 권력을 잡게 되고, 서인은 광해군을 왕위에 옹립하는 데 큰 역할을 했던 북인을 강력하게 탄압하여 북인은 자취를 감추게 된다. 이제 남

은 것은 서인과 남인이다. 서인과 남인은 예송 논쟁을 벌이면서 격렬하게 충돌했고, 서로 헐뜯고 물어뜯는 진흙탕 싸움을 이어 갔다.

⇩

숙종이 왕위에 오른 뒤 여러 차례의 환국이 일어났다. 경신환국 때는 서인이 남인을 몰아내고 집권 붕당이 되었다. 이 과정에서 서인은 노장파인 노론과 소장파인 소론으로 갈라졌다. 하지만 남인 세력을 등에 업은 희빈 장씨 장옥정이 숙종의 총애를 받아 왕후에 오르면서 다시 남인이 정권을 장악했다. 이때를 기사환국이라고 한다. 남인의 봄날은 오래가지 못했다. 숙종의 눈 밖에 난 장옥정과 그녀의 일가가 사약을 받고 남인 역시 완전히 몰락했다. 다시 서인이 중앙 정계를 차지했다. 이때를 갑술환국이라고 한다.

⇩

서인의 노론과 소론은 숙종의 후계자 문제를 놓고 다툼을 벌였다. 소론의 지지를 받은 경종이 병으로 일찍 죽자, 노론의 지지를 받은 영조가 뒤를 이어 왕위에 올랐다.

⇩

영조는 노론의 지지를 받았지만, 탕평책을 펼쳐 고르게 인재를 등용했다. 뒤를 이은 정조도 마찬가지였다. 그렇다면 이제 조선 조정이 안정을 찾게 될까? 그랬다면 다행이지만, 조선은 다시 세도 정치라는 소용돌이 속으로 빠져들게 된다.

4. 조선 왕의 계보(현종 ~ 철종)

    18대   1659~1674, 현종

· 기타 사항   - 기해예송(1659년)

    19대   1674~1720, 숙종

· 주요 업적   - 대동법 전국 시행(1708년)

              - 상평통보 본격 유통

              - 북한산정계비 설치

· 기타 사항   - 갑인예송(1674년)

              - 경신환국(1680년)

              - 기사환국(1689년)

              - 갑술환국(1694년)

    20대   1720~1724, 경종

    21대   1724~1776, 영조

· 주요 업적   - 균역법 시행

              - 탕평책 실시

              -《속대전》편찬

              - 금주령 실시

              - 노비종모법 실시

· 기타 사항 – 사도 세자 사건

22대   1776~1800, 정조
· 주요 업적 – 규장각 설치

         – 장용영 설치

         – 금난전권 폐지

         – 《대전통편》 편찬

         – 수원 화성 건설

23대   1800~1834, 순조
· 기타 사항 – 세도 가문이 정치를 장악

24대   1834~1849, 헌종
· 기타 사항 – 세도 가문이 정치를 장악

25대   1849~1863, 철종
· 기타 사항 – 세도 가문이 정치를 장악

17

사회 변화와 농민의 봉기

: 조선 후기 농민 봉기는 왜 일어났을까?

- 조선 후기에 상품 화폐 경제가 발달하게 된 배경은 무엇인가요?
- 천주교가 조선에 전래된 과정과 정부의 대처 방식에 대해 이야기해 보세요.
- 삼정이 어떻게 문란해졌으며 동학이 창시된 이유는 무엇인가요?
- 홍경래의 난, 임술 농민 봉기 등 조선 후기 농민 봉기에 대해 설명해 보세요.

양반들이 상평통보를 사재기한 까닭은?

└상품 화폐 경제의 발전

조선 전기에는 화폐를 거의 사용하지 않았어요. 쌀이나 비단, 포목을 화폐 대신 쓰거나 필요한 물건을 서로 바꾸는 물물 교환이 성행했지요. 조선 후기로 접어들면서 이런 상황이 바뀌었어요. 상평통보라는 화폐가 전국적으로 사용된 거예요.

상평통보는 인조 때 처음 만들었어요. 하지만 백성들은 처음에 상평통보를 별로 쓰지 않았어요. 그깟 쇠붙이로 쌀과 천을 살 수 있겠냐고 생각했죠. 하지만 정부가 세금이나 벌금을 상평통보로 받기 시작하면서 인식이 달라졌어요. 점차 상평통보가 주목을 받더니 17세기 후반인 숙종 때에는 전국적으로 유통되었어요. 한때 양반들이 쌀 대신 상평통보를 창고에 쟁여 놓을 정도로 인기를 끌었다고 해요.

상평통보의 단위는 푼文이었어요. 10푼이 모이면 1전, 10전이 모이면 1냥, 10냥이 모이면 1관이라고 했어요. 1푼은 오늘날 시세로 약 200원 정도였어요. 그러니 1전은 2,000원, 1냥은 2만 원 정도가 되지요.

그런데 왜 조선 후기에 가서야 화폐 경제가 본격화한 걸까요? 바로 상업이 발달했기 때문이에요. 장사를 하는 데 화폐가 없어서는 안 되지요. 조선 후기의 경제 상황이 어떻게 바뀌었는지 찬찬히 들여다볼까요?

양란임진왜란과 병자호란이 끝난 후 조선 정부는 대대적으로 피해 복구 작업에 들어갔어요. 황무지가 되어 버린 토지를 다시 개간하고, 논에 물을 대는 수리* 시설을 정비했어요. 농사 기법도 개선했는데, 대표적인 것이 씨앗을 뿌리는 파종법과 비료 주는 법을 개량한 거예요. 이런 노력 덕분에 농촌 경제가 크게 좋아졌어요.

특히 눈에 띄는 것이 전국적으로 모내기가 시행되었다는 점이에요. 모내기는 따로 모판에 볍씨를 키운 다음 논에 옮겨 심는 방법이에요. '모판을 옮겨 심는다.'라는 뜻의 한자를 써서 이앙법이라고도 하지요. 조선 전기까지만 해도 남부의 일부 지역을 빼면 대

● **수리** 식수나 농업, 공업 등에 쓰이는 물을 공급하는 일

오늘날의 모내기

부분 논에 직접 법씨를 뿌렸어요. 모내기는 논에 물을 댈 수 있는 시설이 발달해야 가능한데, 조선 전기까지만 해도 수리 시설이 완벽하게 정비되지 않아 전국적으로 시행하지 못했던 거예요.

모내기는 획기적인 농법이었어요. 무엇보다 쌀 생산량이 비약적으로 늘어났어요. 게다가 쌀을 재배하고 나면 같은 땅에서 보리를 재배할 수도 있었어요. 일 년 내에 벼와 보리를 연달아 심는 이모작이 가능해진 거예요. 모내기 방식으로 파종하면 벼가 자라는 동안 김매기^{잡초 제거} 작업을 하는 것도 훨씬 수월했어요. 덕분에 여러 명이 해야 할 일을 혼자서 끝낼 수 있게 되었지요. 그 결과 노동력도 크게 줄일 수 있었어요.

쌀농사로 큰돈을 번 부농들이 탄생했어요. 부농은 토지를 더 사들였어요. 그 땅에는 인삼이나 담배, 목화와 같은 상품 작물을 재배했어요. 상품 작물을 내다 팔면 수익이 높았어요. 부농은 더 부자가 됐지요.

좋은 일만 있었던 것은 아니에요. '부익부빈익빈'이라는 말이 있듯이 부농은 더욱 많은 토지를 확보했지만 대다수의 농민은 토지를 잃었어요. 가난한 농민들은 일할 터전이 없으니 부농의 땅을 빌려 농사를 짓거나 품팔이[•]로 생계를 꾸려야 했어요. 이마저도 여의치 않으면 도시로 가서 임금을 받는 노동자가 되었지요.

• 품팔이 남의 일을 대신해 주고 품삯을 받는 일

도시에서는 빠른 속도로 상업이 발전하고 있었어
요. 마침 대동법을 시행하면서 공인이란 상인이 등
장했어요. 대동법을 시행하기 전에는 왕실이나 중앙
정부가 필요한 물품을 전국 각 지역에서 특산물로 받
았어요. 하지만 대동법이 시행되면서 쌀 같은 것으
로 세금을 통일했지요? 그러니 이 특산물을 더 이상
받을 수 없게 되었어요. 바로 이때 등장한 상인이 공
인이었어요. 공인은 전국을 돌며 왕실과 중앙 정부가
필요로 하는 물품을 대량으로 사들였어요. 이 과정에
서 상업이 더욱 발달했지요.

행상을 떠나는 남편과 부인
단원 김홍도의 풍속화 속 장면이다. 많은
농민이 생계를 위해 상업에 종사하면서
나타난 풍경이다. ⓒ국립중앙박물관

정조 시절에 금난전권을 폐지한 것도 상업 발전에 큰 도움을 주
었어요. 누구나 상업을 할 수 있게 되었으니 한양을 비롯해 전국 여
러 곳에 장시^{시장}가 생겨났어요. 이 시장은 보통 5일마다 열렸는데,
나중에는 상설 시장으로 발달했어요. 이런 장시는 18세기로 접어
들 즈음 전국적으로 1,000여 개에 이르렀어요.

장시에서는 인근의 상인은 물론 먼 지역에 있는 보부상*까지 찾
아와 물건을 팔았어요. 장시는 사당패 공연과 같은 행사가 자주 열
려 서민들의 문화 공간 역할도 했어요. 이 밖에 상인들이 묵는 숙소
인 객주도 성행했어요. 객주는 숙소 역할 외에도 물건을 보관해 주
거나 돈을 빌려주는 은행 역할도 했어요.

상업이 발달하자 한양, 개성, 평양, 의주, 동래 등에는 대형 민

* 보부상 물건을 보따리에 싸거나 등에
지고 다니면서 팔러 다니는 장사꾼

나룻배를 가득 채운 사람과 물건
김홍도의 풍속도 속 장면이다. 상업이 발달하면서 교역할 물자가 늘어난 상황을 보여 준다. ⓒ국립중앙박물관

대장간
김홍도의 풍속도 속 장면이다. 조선 수공업의 현장을 담고 있다.
ⓒ국립중앙박물관

간 상단이 조직되었어요. 이들을 사상私商이라고 했어요. 한양의 상단을 경강상인京商이라 불렀는데, 한양 일대의 상권을 장악했어요. 한양 일대의 상업이 발달하면서 한강변에 나루도 많이 생겨났어요. 동래 상단은 일본과의 무역을 활발히 했고, 개성상인松商은 청과 활발하게 무역을 했지요. 특히 송상은 청과의 무역을 독점해 큰 이득을 남겼어요. 이처럼 상업적 거래를 통해 이윤을 남기고 화폐로 거래하는 것을 상품 화폐 경제라고 해요. 상품 화폐 경제가 발전하면서 수공업과 광업도 자연스럽게 발전했어요.

조선 전기에는 정부가 필요한 물품을 주문하면 관청에 속한 수공업자가 만들어 납품했어요. 관청이 중심이 되기 때문에 이를 관영 수공업이라고 하지요. 조선 후기에는 관청에 세금만 내면 독립해서 수공업을 할 수 있었어요. 결국 관영 수공업이 쇠퇴하고 민간이 자발적으로 물품을 만드는 민영 수공업이 발달했어요. 이런 식으로 만든 물품은 수공업자가 직접 장시에서 팔기도 했어요. 하지만 대체로는 공인이나 상인들이 한꺼번에 구매해 가는 경우가 더 많았어요.

수공업 제품을 만들려면 원료가 필요해요. 이 원료는 광산에서 채굴하죠. 그러니 수공업의 발달과 맞물려 광업도 발달했어요. 게다가 정부 또한 민간업자의 광산 채굴을 허용했어요. 어때요? 조선 후기의 경제가 아주 빠른 속도로 변하고 있다는 사실이 느껴지나요?

정부가 공명첩을 판 까닭은?
└양반의 몰락과 신분제의 동요

16세기까지만 해도 양반과 상민의 신분 구분이 엄격했어요. 하지만 붕당 정치가 변질되고 경제가 발전하면서 신분제가 동요하기 시작했어요. 왜 그런 걸까요?

우선 붕당 간의 대결과 환국 정치로 인해 많은 양반들이 권력에서 멀어졌어요. 일부 양반들은 중앙 정계를 떠나 향촌으로 내려갔지요. 이들을 지방의 양반이란 뜻으로 향반이라 불렀어요. 이 향반들보다 신세가 못한 양반들도 많았어요. 그들은 몰락한 양반이라는 뜻의 잔반이라 불렀어요. 잔반은 말로만 양반이었지, 부유한 상민보다 훨씬 궁핍하게 살았어요. 부유한 지주에게 땅을 빌려 농사를 짓는가 하면 심지어 머슴으로 전락한 잔반도 있었지요.

반면 신분상으로는 상민이지만 양반 못잖은 권세를 누린 사람들도 생겨났어요. 이런 사람들은 대체로 부농과 거상들이었어요. 이들은 돈과 재산이 많으니 가난한 양반들을 우습게 여겼지요. 상품 화폐 경제가 바꿔 놓은 풍경이라고 할 수 있어요.

하지만 조선은 엄연한 신분제 사회였어요. 아무리 경제력이 뛰어나다고 해도 농민이나 상인이 양반을 능가하기란 쉽지 않아요. 하지만 신분을 상승시키면 문제가 되지 않지요. 조선 후기에는 이처럼 신분 상승을 위한 여러 방법이 시도되었어요.

서얼들은 집단 상소 운동을 벌였어요. 왜 자신들은 과거 시험에서 잡과밖에 응시할 수 없느냐는 것이죠. 잡과를 통과하면 기술관밖에 하지 못했어요. 고위 관료가 될 수 없었죠. 서얼들은 바로 이 차별을 없애 달라고 한 거예요. 정조가 이런 요구에 호응했죠? 규장각 검서관에 서얼들을 등용했잖아요?

부농이나 거상들은 '신분 세탁'을 했어요. 가장 흔한 방법은 호적을 위조하는 것이었어요. 부농이나 거상들은 잔반들의 호적을 사거나 새로 위조했어요. 이렇게 해서 '양반 문서'만 가지고 있으면 당당히 양반 행세를 할 수 있었지요.

흥미로운 점은, 정부도 공식적으로 신분을 상승시킬 수 있는 문서를 팔았다는 거예요. 그것이 바로 공명첩空名帖이란 문서예요. 공명첩은 이름名이 비어 있는空 문서란 뜻이에요. 말 그대로 이름이 적혀 있지 않은 관직 임명장이지요. 이 공명첩을 사면 벼슬을 얻게 되니 합법적으로 양반 신분으로 갈아탈 수 있었어요. 정부는 왜 공명

공명첩 조선 시대 역대 임금과 왕후의 영정을 모시는 선원전의 참봉으로 임명한다는 공명첩이다. 이름을 적는 칸이 비어 있다.
ⓒ국립고궁박물관

첩을 발행한 걸까요? 공명첩을 판매한 돈으로 부족한 재정을 메우기 위해서였어요. 대놓고 관직을 파는 거죠.

천민에서 상민으로 신분을 갈아타는 경우도 적지 않았어요. 방법은 양반이 될 때와 비슷했어요. 정부에 곡물이나 돈을 내면 노비의 신분을 면해 주는 납속의 방법이 주로 이용되었어요. 이 또한 재정을 확충하려는 정부의 방침에 따라 만들어진 제도예요. 이 밖에 전쟁 중에 공을 세운 노비들도 신분 상승을 허락받았어요.

신분제가 이처럼 동요하면 그 결과는 어떻게 될까요? 우선 양반의 수가 크게 늘었어요. 정반대로 양반보다 낮은 신분인 상민과 천민은 줄었지요. 공명첩을 사려는 상민이 그만큼 많았다는 뜻이에요. 그렇다면 정부도 공명첩 장사로 꽤 많은 재정을 확보했겠지요? 당장은 그랬어요. 하지만 장기적으로는 정부의 공명첩 장사가 재

벼 타작
김홍도의 풍속도 장면이다. 놀고먹는 양반과 일을 하는 소작농의 신분 갈등이 드러나 있다. ⓒ국립중앙박물관

정 악화의 원인이 되었어요. 양반이 되면 거의 세금을 내지 않기 때문이었어요. 세금은 상민만 내는데 그 상민이 줄었으니 결과적으로 국가 재정이 악화되는 부작용이 나타났지요. 심지어 몰락한 농민들은 산속으로 들어가 화전을 일구거나 도적 떼에 합류했어요. 이렇게 세금을 거둘 대상이 줄어들자 순조 때에는 공노비 6만 6,000여 명을 양인으로 해방하기도 했어요. 세금을 거둘 대상을 늘리기 위해서였죠.

농촌에서도 신분제가 흔들리고 있다는 사실을 알 수 있는 사례가 있어요. 농민이 양반 지주로부터 농지를 빌려 농사하는 것을 소작이라고 해요. 조선 전기에는 소작농과 양반 지주가 수확량을 절반씩 나누어 가졌어요. 이를 수확량의 절반이라는 의미에서 병작반수라고 했어요.

조선 후기에는 도조라는 새로운 방식이 나타났어요. 도조는 수확량이 얼마이든 지주에게 약속한 만큼만 주고 나머지는 소작농이 갖는 방식이에요. 소작농에게 도조는 일종의 도박일 수 있어요. 수확량이 많다면 농민에게 돌아가는 몫이 많지만 수확량이 적다면 계약한 만큼도 채우기 힘드니 농민은 굶주림을 견뎌야 했지요. 그래서 도박의 '도賭'자를 써서 도조賭租라 하는 거예요.

병작반수는 양반과 농민의 신분제가 그대로 반영된 방법이에요. 지주가 양반이란 신분을 앞세워 무조건 수확량의 절반을 가져갔으니까요. 하지만 도조는 계약의 성격이 강해요. 양반과 농민이 계약을 한 셈이에요. 이 또한 신분제가 흔들리면서 나타난 현상이에요.

최제우는 왜 동학을 창시했을까?
└삼정의 문란과 천주교·동학의 확산

세도 정치에 대해 다시 이야기해 볼게요. 조선 후기 들어 사회가 급변하고 있죠? 하지만 세도가들은 자신의 이익을 챙기는 데 여념이 없었어요. 돈과 뇌물을 주고 관직을 산 탐관오리*들도 백성을 수탈했어요. 각종 세금이 늘어나면서 백성들만 죽을 맛이었죠.

조선 후기에 정부 재정을 충당하는 3대 세금은 전정전세, 군정군역, 환정환곡이었어요. 조선 전기에 있던 공납은 대동법의 시행으로 사라졌는데, 새로이 환곡이 3대 세금 중 하나가 되었지요. 환곡은 정부가 봄에 곡물을 빌려주고 가을에 돌려받는 제도였어요. 취지 자체는 좋지만, 이를 운영하는 관리들이 부패했기에 백성에게는 큰 고통이 되었어요.

세도 정치 체제하에서 특히 이 삼정전정·군정·환정이 문란해졌어요. 일단 전세부터 공평하게 부과되지 않았어요. 세도가의 토지에는 전세를 부과하지 않거나, 혹은 부과하더라도 최소한만 내게 했어

● **탐관오리** 백성의 재물을 탐내어 빼앗고, 행실이 바르지 못한 관리

요. 반면 힘없는 농민들의 토지에는 수확량의 몇 배에 해당하는 세금을 내도록 했지요. 탐관오리들이 세금을 횡령했으니 모자란 돈을 채우려고 농민들만 쥐어짠 거예요. 이러니 토지를 포기하는 농민들이 늘어났어요.

군정에서도 관리들은 횡령을 일삼았어요. 양반과 지주들은 갖은 수를 짜내서 군포를 면제 받았어요. 이번에도 탐관오리들은 부족한 군포를 채우기 위해 농민들을 닦달했지요. 군역의 의무가 없는 갓난아이에게까지 군포를 부과했는데, 이를 황구첨정黃口簽丁이라 했어요. 다섯 살이 되지 않은 어린 아이를 황구라 불렀기 때문에 이런 이름이 붙은 거지요. 심지어 이미 죽은 사람도 살아 있는 것처럼 서류를 위조해 군포를 내도록 했는데, 이것을 백골징포白骨徵布라고 했어요.

백성에 대한 수탈이 가장 심한 분야는 환곡이었어요. 원래 이 제도는 원하는 사람만 이용하는 것이었어요. 하지만 관리들은 농민에게 묻지도 않고 봄에 식량과 씨앗을 무조건 빌려가게 했어요. 때로는 식량과 씨앗을 주지도 않았으면서 준 것처럼 장부를 위조했어요. 그러고는 가을에 곡식을 돌려받았어요. 이때 상상하지도 못할 정도의 높은 이자를 뜯어냈어요. 관청이 고리대금 장사를 한 셈이에요.

삼정의 문란으로 인해 백성의 삶은 고통 그 자체였어요. 백성의 원성이 하늘을 찔렀지요. 정부에서도 나름대로는 이를 해결해 보

려고 노력했어요. 지방에 암행어사를 파견해 실상을 조사
하도록 했지요. 하지만 문제는 전혀 개선되지 않았어요.
설상가상으로 홍수와 가뭄 같은 자연재해와 전염병도 자
주 발생했어요.

이토록 세상살이가 힘들지만 백성은 더 이상 의지할 데
가 없었어요. 관리들의 부정부패를 막지 못하고 백성들의
아픈 마음을 달래지도 못하는 정부를 어찌 믿겠어요? 결
국 농민들은 종교로 눈을 돌렸어요. 이때 백성의 아픈 맘
을 달래 준 게 천주교와 동학이었어요.

마패
지방에 파견된 관리가 공무를 수행하면
서 말을 이용할 때 내보인 일종의 증명서
다. 마패에 새겨진 말의 수에 따라 등급
이 매겨지는데, 1~5마패까지 있었다. 그
리고 마패는 암행어사의 신분증으로도 활
용되었다.

17세기 이후 중국에 간 사신들이 서양 문물을 접한 뒤 국내로 그
것들을 가지고 왔어요. 그중 하나가 《천주실의》였는데, 천주교 교
리를 담은 서적이었어요. 천주교는 이때 수입됐어요. 처음에는 학
문으로 받아들여졌기에 서양 학문이란 뜻의 서학이라 불렀죠.

조선 사람들이 천주교를 종교로 받아들인 것은 18세기 후반이었
어요. 이승훈이 청에서 프랑스 신부로부터 세례를 받고 돌아온 후
국내에서 종교 모임을 가진 게 시작이었죠. 이후 천주교는 남인 계
열의 양반 외에 일반 평민과 부녀자에까지 빠른 속도로 확산했어
요. 천주교가 내세우는 평등사상과 "다음 생에서는 구원받을 수 있
다."라는 내세 사상이 민중의 아픈 맘을 달래 주었기 때문이에요.

사실 정부도 처음에는 학문으로 여겨 천주교를 탄압하지 않았어
요. 정조는 성리학이 올바른 학문이기에 성리학을 권장하면 서학의

김대건 안드레아 흉상
김대건은 우리나라 최초의 천주교 사제다.

위세가 금세 꺾일 거라고 판단했어요. 그러다가 전라도 진산에서 윤지충이란 이름의 선비가 어머니 장례식을 유교식이 아닌 천주교식으로 치른 게 알려졌어요. 그는 제사도 지내지 않았고 조상의 신주까지 태워 버렸어요. 조정의 대신들은 이 사건을 인륜을 저버린 만행으로 규정했어요. 이윽고 관련자를 모두 처형했는데, 이게 최초의 천주교 박해인 신해박해랍니다[1791년]. 이후 조선 정부는 천주교를 탄압하기 시작했어요.

이후 순조 때 노론 벽파가 다시 권력을 잡으면서 대대적인 천주교 박해가 시작됐어요. 19세기 초에는 천주교 금지령이 떨어졌어요. 천주교 신도들을 모조리 체포했지요. 정약용, 정약종, 이승환, 이가환 등 젊은 남인들이 대부분 귀향을 가거나 처형되었어요. 조선에 들어와 전도 중이던 청의 신부 주문모도 처형되었지요. 이때 약 100명이 처형되었고 약 400명이 귀양을 갔어요. 이 사건이 신유박해랍니다[1801년].

신유박해 이후로도 천주교에 대한 탄압이 여러 차례 있었어요. 그때마다 많은 사람들이 목숨을 잃었지요. 조선에서 활동하던 프랑스 신부와 조선인으로는 처음 천주교 사제가 된 김대건 신부도 순교했어요.

19세기 들어 또 하나 두드러진 점은 서양 세력이 본격적으로 조선을 찾았다는 거예요. 영조 통치 시절인 18세기에 서양의 배가 처음으로 조선 해안에 모습을 드러냈어요. 사람들은 서양 배의 생김새가 조선의 것과 다르다고 해서 이양선이라 불렀어요. 이 또한 불안감을 키우는 요소가 됐지요.

18세기 서양의 배

영국 상선 앰허스트호가 가장 먼저 황해도 몽금포 해안에 나타나 통상을 요구했어요. 얼마 후에는 프랑스 군함이 와서 조선 정부가 프랑스 신부를 처형한 점을 사과하라고 요구했지요. 또 다른 영국 군함은 제주 해안과 서해안을 측량하고 돌아가기도 했어요. 당시 러시아가 남하 정책을 펼치고 있었는데, 영국은 이에 대비해 조선을 방어 기지로 이용하려고 했던 거예요.

이런 와중에도 천주교는 꾸준히 교세를 확장했어요. 팍팍한 현실에서 희망을 찾을 수 없던 민중들이 천주교의 내세 신앙과 평등 사상에 매료되었기 때문이죠. 하지만 농촌 사회까지 이 새로운 종교가 널리 퍼진 건 아니었어요. 오히려 많은 농민들이 이 새로운 종교를 두려워했어요. 그들은 그 대신 동학이라는 새로운 종교에 의지했어요.

동학은 19세기 중반에 경주의 몰락한 양반 최제우가 창시했어요. 천주교를 서학이라 부른다고 했지요? 동학은 천주교를 포함한 서양 세력에 반대한다는 걸 분명히 했어요. 서학에 저항한다는 뜻으로 동학이라 부른 거지요. 동학은 오늘날에는 천도교라 부른답니다.

3대 동학 교주 손병희

최제우는 기존의 종교로는 백성을 구제할 수 없다고 생각했어요. 그는 오랜 수행을 거친 끝에 유교, 불교, 도교의 교리를 종합하고 민간 신앙의 요소까지 가미해 동학을 만들었어요. 최제우는 누구나 마음속에 한울님을 모신다는 시천주侍天主 사상을 주장했어요. 최제우에 이어 2대 동학 교주가 된 최시형은 사람을 하늘처럼 섬기자는 사인여천事人如天 사상을 주장했지요. 이어 나중에 3대 교주가 되는 손병희는 사람이 곧 하늘이라는 인내천人乃天 사상을 완성했어요.

시천주, 사인여천, 인내천 사상에는 모든 사람이 평등하다는 정신이 들어 있어요. 힘든 삶을 살아가는 백성들에게는 큰 위로가 되었지요. 동학은 몰락한 양반과 농민들에게 큰 인기를 얻었어요. 천주교와 마찬가지로 동학도 빠른 속도로 확산되었어요.

정부는 천주교를 탄압했던 것처럼 동학도 탄압했어요. 동학의 창시자인 최제우를 붙잡아 혹세무민한다며 처형했지요. 혹세무민惑世誣民은 세상을 어지럽히고 백성을 속인다는 뜻이에요. 하지만 정부를 비웃기라도 하듯 동학의 교세는 약해지지 않았어요. 특히 전라도와 충청도에서 동학을 믿는 사람이 많았지요.

천주교와 동학 말고도 예언 사상이나 무속 신앙이 조선 후기에 유행했어요. 그만큼 사회가 어수선하다는 뜻이겠죠? 정치가 엉망인 데다 평생 접해 보지 않았던 이양선까지 나타나니 백성들이 불안해하지 않겠어요? 현실에는 기댈 곳이 없으니 새로운 세상이 나

정감록
실존 여부가 불투명한 이심과 정감이 나눈 대화를 수록한 책이다. 《송하비결》, 《격암유록》과 더불어 조선 시대 3대 예언서로 꼽힌다.

타나기를 기다리며 예언에 귀를 기울이는 거지요.

적지 않은 사람들이 세상이 종말을 향해 가고 있다며 한탄했어요. 이런 상황에서 이씨의 조선 왕조가 멸망하고 정씨의 새 왕조가 들어선다는 내용을 담은 《정감록》이 전국적으로 크게 유행했어요. 물론 근거는 없었어요. 하지만 조선 지배층에 대한 백성의 반발이 아주 컸기에 《정감록》은 확실한 예언으로 받아들여졌지요.

《정감록》과 함께 유행한 또 하나의 예언 사상은 미륵 신앙이었어요. 당시 사회가 혼란하니 미래의 부처인 미륵이 나타나 세상을 평정하고 새로운 세계를 건설한다는 거지요. 이와 함께 무속 신앙도 크게 유행했어요. 믿을 곳 없는 백성들은 이렇게 억지로라도 희망을 만들어 내려고 애쓰고 있었어요. 안타깝기 그지없는 19세기 조선의 모습이랍니다.

모든 농민 반란이 실패한 이유는 무엇일까?

└ 홍경래의 난과 임술 농민 봉기

천주교, 동학, 예언 사상이 유행하는 것은 그만큼 조선 후기의 사회가 혼란스러웠다는 증거예요. 이미 몇 차례 말한 대로 삼정은 극도로 문란했어요. 농민은 고향을 떠나 전국을 떠돌거나 산으로 들어가 화전을 일구었어요. 도시나 광산, 포구 같은 곳에서 품을 팔면서 간신히 생계를 이어 가는 이들도 많았어요. 심지어 모든 것을 포기하고 도적이 되는 농민도 적지 않았어요.

많은 농민이 종교에서 위안을 찾으려 했어요. 하지만 종교가 현실을 개선해 주지는 못했어요. 결국 농민들은 저항하기 시작했어요. 19세기 초반부터 전국적으로 저항 운동이 시작되었지요.

처음에는 소극적인 방식으로 저항했어요. 지주가 과도하게 소작료를 요구하면 시간을 끌면서 주지 않거나 군역을 피하기 위해 달아나는 식이었지요. 하지만 이런 방식으로는 사회를 바꿀 수가 없어요. 시간이 흐르면서 저항은 조금 더 적극적으로 변했어요. 지방 관청이나 장터 같은 곳에 관리의 비리를 고발하거나 봉기를 촉구하는 벽서*가 나붙기 시작했지요. 일부 지방에서는 관청의 경비가 허술한 틈을 타 기습적으로 시위를 벌이기도 했어요. 부패한 관리나 양반의 집을 약탈하는 사건도 심심찮게 발생했지요.

저항이 계속되면서 규모가 점점 커졌어요. 그러다가 대규모 봉기

● **벽서** 부당한 일을 널리 알리기 위해 벽에 쓰거나 써 붙이는 글씨와 글

가 일어났어요. 가장 대표적인 것이 홍경래의 난이에요.[1811년]

홍경래는 평안도 출신의 몰락한 양반이었던 것으로 알려지고 있어요. 평안도는 조선이 건국된 이후 줄곧 차별을 받았어요. 정조가 북서 지방의 인재를 등용할 것을 지시했지만 큰 효과를 거두지는 못했어요. 평안도 사람으로 중앙 정부의 요직에 기용되는 사례는 아주 드물었지요. 게다가 평안도로 부임한 수령들은 대부분 백성을 가혹하게 수탈했어요.

이 무렵 조선에서는 상공업과 광업이 발달하고 있었어요. 평안도 지방에는 청과의 무역으로 큰돈을 번 거상들이 많았지요. 광산촌도 많아서 갈 곳이 없는 농민들이 몰려들었어요. 홍경래는 상인, 몰락한 양반, 농민, 광산 노동자 등과 함께 10여 년간 봉기를 준비했어요.

마침내 홍경래가 북서 지방에 대한 차별을 철폐하고 탐관오리를 처벌할 것을 주장하며 봉기했어요. 봉기군은 순식간에 곽산, 정주 등 청천강 이북의 여러 지역을 점령했어요. 하지만 정부가 전열을 가다듬고 진압에 나서자 더 이상 세력을 확대하지는 못했어요. 봉기군은 정주성에 들어가 농성하면서 관군과 맞섰어요. 관군은 정주성을 함락시키려고 여러 차례 공격했어요. 처음에는 봉기군이 잘 막아 냈지만 시간이 흐를수록 상황이 좋지 않게 흘렀어요. 결국 5개월 만에 봉기군은 진압되고 말았지요.

홍경래의 난은 양반부터 천민까지 모든 신분이 참여한 대규모 항쟁이었어요. 홍경래의 난은 조선을 들썩이게 했어요. 그 영향으로 전국에서 반란이 잇달아 일어났어요. 한양에서도 소론을 중심으로 한 일부 양반이 반란을 시도하려다 붙잡혔지요.

홍경래의 난은 당시의 민심이 얼마나 악화했는지 보여 주는 사건이에요. 하지만 정조 이후의 왕들은 허수아비에 불과했어요. 여전히 세도 정치는 끝나지 않았어요. 그러니 민란이 더 많이 일어날 수밖에 없었어요. 특히 삼남 지방^{충청도·전라도·경상도}에서 민란이 많이 일어났어요. 그러다가 경상도에서 대형 봉기가 터졌지요.

당시 경상 우병사[●]는 농민들을 악독하게 수탈한 탐관오리였어요. 농민뿐 아니라 양반들도 참지 못할 정도였지요. 결국에는 몰락 양반 유계춘이 농민들을 이끌고 봉기했어요. 이것이 진주 농민 봉기예요.

농민군은 관청을 습격하고 불을 질렀으며 진주성을 점령하기도 했어요. 이 진주 농민 봉기를 시작으로 삼남 지방 전역에서 잇달아 봉기가 일어났어요. 그러다가 나중에는 평안도에서 제주까지 전국 70여 곳에서 농민들이 들고 일어났지요. 이때가 임술년이라서 이무렵의 봉기를 통틀어 임술 농민 봉기라고 한답니다^{1862년}.

임술 농민 봉기는 지금까지의 그 어떤 반란보다 규모가 큰 대형 항쟁이었어요. 정부는 상당히 당황했어요. 부랴부랴 암행어사를 보내 탐관오리를 처벌하도록 했어요. 동시에 봉기를 주도한 사람들도 붙잡아 처형했지요.

● 우병사 경상 우병사의 정식 명칭은 '경상우도 병마절도사'이다. 경상도의 서쪽 지역인 경상우도의 군사 업무를 담당한 종2품의 무관 벼슬이다.

166

이어 정부는 삼정을 바로잡겠다며 이를 실행할 관청인 삼정이정청을 만들었어요. 삼정이정청은 곧 개선안을 발표했는데, 환곡을 철폐하고 전세와 군포 징수를 개선한다는 내용이 들어 있었어요. 하지만 안타깝게도 이 개선안은 지켜지지 않았어요.

요약하자면 많은 농민 봉기는 모두 실패했어요. 도대체 이 봉기는 왜 실패한 걸까요? 이유야 많겠지만 많은 학자들은 봉기 지도자들이 새로운 사회에 대한 구체적인 개혁안을 내놓지 못했기 때문이라고 분석하고 있어요. 저항의 규모는 커졌지만 아직 체계적이지 못했다는 뜻이지요. 하지만 성과가 없는 것은 아니었어요. 사회 문제에 대한 백성들의 문제의식이 커졌거든요. 농민들의 사회의식이 성장하면서 조선이 근대 사회로 도약하는 계기가 만들어졌어요.

★ 단원 정리 노트 ★

1. 조선 후기 사회의 모습

① 부농의 탄생

조선 후기에 이르러 농사법이 발달하면서 생산량이 늘고 작물의 종류도 다양해졌다. 이런 과정을 거쳐 농사를 통해 부자가 된 사람이 나타났는데, 이들을 부농이라고 한다. 이들은 경제력을 바탕으로 조금씩 땅을 사들였고, 땅을 잃은 농민들은 소작농이 되거나 도시로 진출했다.

② 상공업의 발달과 거상의 출현

화폐 경제가 자리 잡고 금난전권이 폐지되면서 시장이 활발해지고 경제가 활성화되었다. 관이 주도하던 수공업을 민간에서 운영하면서 수공업도 더욱 발전했다. 그리고 물건을 여러 지역으로 가지고 다니며 팔아서 돈을 모으는 상인들도 나타났다. 이들 중에는 외국과 교역을 하면서 큰돈을 벌어들여 사회적 지위를 누리는 거상이 되기도 했다. 또한 대형 민간 상단이 형성되었는데, 경강상단(경상)은 한양 일대의 상권을 장악했고, 동래상단은 일본과의 무역을 활발히 펼쳤으며, 개성상인(송상)은 청과의 교역을 거의 독점하면서 큰 이익을 챙겼다.

③ 무너지는 신분 제도

붕당의 대결과 환국 등의 권력 다툼에서 밀려나 지방으로 내려온 향반들 가운데에는 가난한 이들이 많았다. 이들은 입에 풀칠을 하기 위해 양반 호적을 상민들에게 팔고는 했다. 또 정부에서는 국가 재정을 확충하기 위해 공식적으로 신분을 판매하는 공명첩을 발행했다. 이에 따라 양반의 비율이 높아지면서 결과적으로 세금을 내는 양인이 줄어드는 폐단이 발생했다. 그래서 순조 때는 세금을 내는 대상을 늘리기 위해 6만 6,000여 명의 공노비를 양인으로 풀어 주었다.

2. 세도 정치의 폐해와 농민 봉기

① 세도 정치의 발생과 과정

임진왜란과 병자호란으로 피폐해지고 붕당과 환국을 거치면서 정치적 혼란을 겪었던 조선은 영조와 정조, 두 임금이 강력한 왕권을 구축하면서 어느 정도 진정 국면으로 들어서는 듯했다. 하지만 정조가 사망한 뒤 그의 어린 아들(순조)이 왕위에 오르고 수렴청정이 시작되면서 다시 조선 정치는 어지러워졌다.

수렴청정을 하던 정순 왕후가 죽었다. 마침 순조는 나이가 15세를 넘기면서 직접 통치를 하게 되었다. 하지만 순조의 장인인 김조순 일가가 권력을 장악했다. 안동 김씨의 세도 정치가 시작된 것이다. 세도 정치하에서 왕은 허수아비에 불과했다.

순조는 안동 김씨 세력을 견제하기 위해 아들인 효명 세자의 비를 풍양 조씨에서 골랐다. 이로써 풍양 조씨가 새롭게 세도 가문으로 진입했다. 안동 김씨와 풍양 조씨가 세력 다툼을 벌이는 가운데 세도 정치가 계속 이어졌다.

효명 세자가 젊은 나이에 죽고 순조마저 세상을 떠났다. 결국 효명 세자의 아들이자 순조의 손자가 여덟 살의 나이에 헌종에 올랐다. 순조의 부인인 안동 김씨 출신의 순원 왕후가 수렴청정을 하고, 풍양 조씨의 조만영은 외손자인 헌종을 보필하겠다고 나

서며 다시 두 세도 가문 사이의 세력 다툼이 벌어진다. 세도 가문들의 다툼이 치열할

수록 정치는 더욱 어수선해졌다.

헌종은 아들을 두지 못한 채 세상을 떠났다. 순원 왕후와 안동 김씨는 강화 도령 이원

범을 왕위 계승자로 지목한다. 바로 철종이다. 철종 역시 있으나마나 한 왕이었다.

② 세도 정치의 폐해

권력을 장악한다는 것은 곧 관리 임명권을 장악한다는 것이다. 나라의 관리를 선출

하고 관직에 임명하는 권한을 공직 인사권이라고 한다. 공직 인사권을 가지면 정치를

좌지우지할 수 있고, 정계에 진출하려는 사람들을 마음껏 부릴 수 있다.

세도 가문들은 공직 인사권을 나누어 가진 뒤 중요한 자리에 자기 사람을 심고, 뇌물

을 받고 관직을 팔기도 했다. 그러면 뇌물을 바치고 관직을 얻은 사람은 뇌물로 쓴 돈

을 충당하기 위해 일반 백성들을 쥐어짰다. 뿐만 아니라, 승진하기 위해서는 더 큰

뇌물을 바쳐야 했다. 돈을 모으기 위해 탐관오리들은 더욱 악랄한 방법으로 백성을

착취했다.

결국 국가와 백성을 위한 충정을 가진 실력 있는 인재는 관리로 등용되지 못하고 정

부는 부패한 관리로만 채워졌다. 정치가 혼란스러운 것이 당연하다. 백성들은 백성들

대로 탐관오리 밑에서 신음했다. 더욱 안타까운 일은 세계의 많은 나라들이 근대화

의 길로 들어선 시기에 우리는 부패한 정치로 인해 더욱 후퇴하고 있었다는 사실이

다. 그 결과는 오래지 않아 엄청난 비극으로 이어진다.

③ 서민들의 봉기

청을 통해서 들어온 천주교는 평등사상을 내세웠다. 그리고 살아생전에 선한 일을 하면 죽은 뒤에 복을 누린다고 가르쳤다. 천주교가 부당한 현실에 고통을 당하던 몰락한 양반과 일반 백성들의 마음을 사로잡은 것은 당연한 일이었다. 비슷한 시기에 탄생한 동학 역시 사람이 곧 하늘이라고 말하며 인간은 누구나 본래부터 존엄성을 지닌다고 강조했다. 아울러 영조와 정조 시대부터 퍼지기 시작한 실학 역시 서민들의 의식을 일깨웠다.

탐관오리들의 폭정을 견딜 수 없었던 백성들 중 많은 사람이 봉기했다. 몰락한 양반과 탐관오리들에게 땅을 빼앗긴 농민이 주축이 되었다. 조선 정부에서는 이들을 역적과 폭도로 매도했지만, 사실상 그들은 조금이나마 나은 삶을 바랐던 소박한 사람들이었다.

봉기는 모두 실패로 끝났다. 하지만 많은 서민들이 봉기에 참여하고 지켜보는 과정을 통해 현실을 개혁하고자 하는 사회의식을 갖게 되었고, 이러한 인식은 조선이 근대 사회로 나아가는 발판이 되었다.

18

학문과 예술의
새로운 경향

: 조선 후기, 독자적 문화를 추구하다

- 통신사 및 연행사를 파견한 후 얻은 과학의 성과를 설명해 보세요.
- 실학을 중농학파와 중상학파로 나눠 각각의 특징을 이야기해 보세요.
- 조선 후기에 편찬된 역사서의 종류와 특징은 무엇인가요?
- 조선 후기에 양반 문화가 어떻게 바뀌었는지 설명해 보세요.

일본은 왜 조선에 사절단 파견을 요청했을까?
└통신사와 연행사 파견

임진왜란과 병자호란이 끝나고 난 후 조선 사회의 변화에 대해
살펴볼게요. 이 무렵은 상당히 빠른 속도로 조선이 변하고 있었어
요. 이미 말한 대로 상품 경제도 발달했고, 곧 말하겠지만 서민 문
화도 발전했죠. 일본 및 중국과의 문화 교류도 활발했어요. 두 나
라와 전쟁까지 치렀는데, 이게 가능했냐고요? 이웃 국가들끼리 언
제까지 문을 닫아걸 수는 없잖아요? 그러니 국교를 곧 회복했답
니다.

일본을 방문한 조선 통신사의 모습을 그린 17세기의 그림. 대영박물관에서 소장 중이다.

　일본에는 문화 사절단인 통신사를 정기적으로 파견했어요. 사실 통신사는 임진왜란 이후 보내지 않았어요. 그러다가 국교를 회복하고, 기유약조[1609년]를 체결한 이후 교류를 재개한 거죠. 임진왜란 이후 일본에는 새로운 정권이 들어섰어요. 바로 에도 막부죠. 에도 막부의 일인자인 쇼군이 바뀌면 성대한 행사를 가졌어요. 에도 막부는 이 쇼군의 권위를 높이기 위해 조선에 통신사를 파견해 달라고 요청했던 거예요. 19세기 초까지 약 200년 동안 12회에 걸쳐 통신사를 보냈답니다.

　통신사는 규모가 300~500명에 이르는 대규모 사절단이었어요. 통신사는 인삼이나 비단을 선물로 주었어요. 에도 막부는 은이나 무기 같은 것을 답례품으로 주었지요. 통신사 사절단에는 관리, 문인, 무사, 악사, 기예인 등 다양한 직업의 사람들이 참여했어요. 이들을 통해 조선의 학문과 과학, 예술이 일본에 전파됐지요. 당시 일본에서는 서예, 그림 등 조선에서 건너온 작품이 상당히 비싼 값에 팔렸다고 해요.

통신사가 한성을 출발해 일본 도쿄를 방문했다가 돌아오는 데 소요되는 기간은 1년 정도였어요. 상당히 규모가 컸다는 것을 짐작할 수 있겠죠? 통신사 행렬을 보려는 사람들로 에도 거리는 인산인해를 이루었어요.

청에는 연행사라는 사절단을 파견했어요. 사실 청에 대해서도 조선 정부는 처음에 교류를 상당히 꺼렸어요. 비록 청에 항복하긴 했지만 여전히 조선 성리학자들에게 청은 오랑캐의 나라였거든요. 조선 성리학자들은 명이 멸망했으니 조선이 중국을 계승했다는, 이른바 소중화 사상*을 외치기도 했어요.

하지만 청의 세력은 갈수록 커졌어요. 조선이 계속 거부할 수만은 없는 상황이 된 거예요. 결국 조선은 청과 사대 관계를 이어갈 수밖에 없었어요. 그러면서 정기적으로 사절단인 연행사를 보낸 거죠.

연행사는 연경을 다녀오는 사절단이란 뜻이에요. 연경은 청의 수도인 베이징을 가리켜요. 연행사의 규모는 대략 200~300명이었어요. 사실 조선만 청에 사절단을 보낸 건 아니었어요. 당시 아시아의 여러 나라에서 사절단을 베이징에 보냈답니다. 오늘날로 치면 베이징에서 국제 외교가 펼쳐진 거예요.

연행사에는 학자와 관료들이 다수 포함됐어요. 그들은 중국뿐 아니라 베이징에 온 여러 나라의 사신들과 교류했어요. 더불어 그들 나라와 서양에 대한 정보도 많이 습득했죠. 돌아올 때는 서양 문물

• 소중화 사상 중국에 사대하던 조선 사람들이 한족 국가인 명이 몰락한 뒤 스스로 중국을 계승했다고 여기던 생각이다. 중국을 세상의 중심으로 여기는 중화사상에서 비롯되었다.

과 서적들을 가지고 오기도 했어요. 상인들도 연행사를 따라 다니며 무역을 했어요. 중국 정부의 허가를 받고 무역을 하기도 했지만 상인들끼리의 사무역도 활발하게 벌어졌어요. 이 무역을 통해서도 상인들은 꽤 많은 돈을 벌었답니다.

화성 건설 기간을 크게 단축시킬 수 있었던 비결은?
└서학의 전래와 과학 발전

16세기에 과학은 학문이라기보다는 잡다한 기술, 즉 잡학으로 여겨졌어요. 하지만 17세기부터는 이런 시선이 달라졌어요. 과학 기술을 발전시켜야 한다는 여론이 높아진 거예요. 상황이 왜 이렇게 바뀐 걸까요? 연행사로 중국에 다녀온 학자들 덕분이랍니다.

우선 그들이 서양 문물을 접하면서 조선 학자들의 세계관이 넓어졌어요. 조선에 전래된 서양 문물과 학문, 종교를 통틀어 서학이라고 한다고 그랬죠? 그들이 가지고 온 자명종, 천리경^{망원경}, 안경, 지구의와 같은 서양 문물을 접한 조선의 학자들은 상당히 큰 충격을 받았어요. 또 17세기 이후 조선 경제가 빠른 속도로 발전하면서 "농업, 어업 등 여러 분야에서 발전을 이루려면 과학 기술을 연구해야 한다."는 목소리가 커졌어요. 그 결과 조선 후기에는 여러 분야에서 과학의 발전이 이루어졌지요.

18세기 이후 조선의 사신과 학자들이 청에 가면 꼭 들르는 곳이 있었어요. 바로 청의 수도 베이징에 있는 천주교 성당이었어요. 그곳에 있는 서양 선교사들과 직접 교류하면서 서양의 과학 기술을 배우려는 목적에서였지요.

그곳을 찾는 조선 학자들이 특히 관심이 많았던 분야는 천문학이었어요. 서양 역법이 일식과 월식을 정확하게 계산했기 때문에 직접 서양 선교사들에게 배우려는 것이었죠. 실제로 대동법의 시행을 주장했던 개혁가 김육은 중국으로부터 시헌력을 도입했어요. 시헌력은 청에 머물던 서양 선교사들이 서양의 과학 기술을 바탕으로 만든 역법이었답니다.

이익은 《성호사설》에서 서양의 과학 기술에 대해 높은 평가를 내리면서 "지구는 둥글고, 위성인 달보다 크다."라고 했어요. 북학파*의 대표적 학자인 홍대용이나 김석문은 지구가 자전한다고 주장하면서 그 이유를 논리적으로 설명했어요.

세계 지도 또한 중국을 통해 조선으로 유입되었어요. 18세기 초에 국내에 들어온 〈곤여만국전도〉가 대표적이에요. 이 지도는 원래 중국에 있던 서양 선교사 마테오 리치가 17세기 초에 제작한 거예요. 약 100년의 시차를 두고 조선에서 〈곤여만국전도〉를 다시 만든 셈이지요.

〈곤여만국전도〉는 조선의 지도 만드는 기술을 발전시키는 데 큰 도움을 주었어요. 덕분에 이후 조선의 지도가 훨씬 과학적이고 정

• **북학파** 실리적인 학문인 실학을 받아들일 것을 주장한 학자들의 무리다. 실학을 우리나라의 북쪽에서 들여온 학문이라는 뜻으로 '북학'이라 부르고, 박제가가 북학을 정리한 《북학의》를 펴낸 데서 비롯되었다.

교해졌어요. 또한 〈곤여만국전도〉는 조선 사람들의 세계관도 확대시켰어요. 서양에서 만든 세계 지도를 보면서 조선의 실학자들은 중국이 지구의 중심이 아니라는 사실을 다시 한 번 깨달았지요. 덕분에 우리 민족의 독자적인 역사서와 지리서 등이 발달할 수 있었어요.

곤여만국전도와 마테오 리치
〈곤여만국전도〉는 마테오 리치가 1602년에 만든 것을 1708년에 조선에서 모사한 것이다.

서양의 과학 기술을 담은 책이 중국을 거쳐 조선에 수입되기도 했어요. 이런 책 가운데 《기기도설》이란 것이 있어요. 역학의 원리와 응용에 대해 설명한 책이에요. 이 책을 본 정약용은 무거운 돌을 들어 올리는 거중기를 발명해 수원 화성을 쌓는 데 사용했지요.

정약용이 거중기를 발명하기 전까지는 인부들이 일일이 돌을 날라 산성을 쌓았어요. 하지만 수원 화성을 건설할 때는 거중기 덕분에 그럴 필요가 없었어요. 이 거중기는 도르래의 원리를 활용해 8분의 1의 힘으로 돌을 들어 올릴 수 있었지요. 덕분에 공사 기간과 노동력, 경비를 줄일 수 있었어요. 정조는 "거중기 덕분에 4만 냥을 절약할 수 있었다."라고 했답니다.

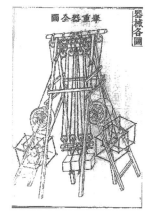

거중기

서양인이 직접 국내에서 서양의 과학 기술을 선보인 적도 있어요. 17세기 초 바다에서 표류하다 조선에 도착한 네덜란드인

벨테브레이가 대표적이에요. 그는 조선의 군사 조직인 훈련도감에서 서양식 대포를 만드는 기술을 전수했어요. 그는 조선에 정착해 조선 여성과 결혼하고 박연이라는 조선 이름도 가졌답니다.

지금까지는 서양의 과학 기술이 조선에 전파되면서 달라진 상황을 살펴보았어요. 이와 별도로 조선 내부에서도 실학자를 비롯한 여러 학자들이 과학 기술을 발전시키기도 했어요. 그 내용도 함께 살펴볼까요?

우선 의학 분야에 주목할 필요가 있어요. 이 무렵 서양 의학이 아직 조선으로 전파되지는 않았어요. 서양 의학은 19세기 후반에 가서야 국내에 들어온답니다. 그러니 조선 후기까지는 여전히 우리가 한의학이라 부르는 전통 의학으로 사람을 치료했지요. 조선 후기에는 이 한의학에서 큰 발전이 이루어졌어요. 허준이 전통 의학을 체계화해 《동의보감》을 쓴 거예요. 《동의보감》은 오늘날까지도 한의학에서 가장 많이 참고하는 한의학 서적이랍니다.

다산 정약용 초상

19세기에는 정약용이 천연두를 예방하기 위해 접종하는 종두법에 대해 연구한 뒤 《마과회통》을 펴냈어요. 이처럼 정약용은 농업, 건축, 의학, 정치 등 미치지 않은 영역이 없을 정도로 다양한 분야에서 활동했답니다.

비슷한 시기에 이제마는 사람의 체질에 따라 치료를 달리 해야 한다는 내용을 담은 《동의수세보원》을 펴냈어요. 이제마는 사람의 체질을 크게 태양인, 태음인, 소양인, 소음인 등 네 유형으로 나누었어요. 이 때문에 이제마의 의학을 사상 체질 의학이라고 하지요.

농업 국가답게 조선 후기에도 농업 기술을 개선하고, 이와 관련한 서적이 꾸준히 만들어졌어요. 17세기 중반 신속은 《농가집성》을 펴냈어요. 이 책에서는 모내기를 자세하게 소개하고 있어요. 덕분에 모내기가 전국으로 확산될 수 있었지요. 박세당은 《색경》에서 채소나 화초 등 상업 작물을 재배하는 법을 자세히 소개했어요. 실학자 서유구는 《임원경제지》에서 조선 농업의 문제점을 비판하며 자급자족을 주장했죠.

어업 분야에서도 놀랄 만한 발전이 있었어요. 정약용의 형인 정약전이 귀양지인 흑산도에서 해양 생물을 연구한 뒤 《자산어보》를 펴낸 거예요. 자산은 흑산도를 뜻해요. 이 책에서 정약전은 무려 227종의 생물에 대한 정보를 정리해 놓았답니다.

실학 개혁이 성공하지 못한 까닭은?
└실학의 발전과 한계

조선 후기가 되자 상품 화폐 경제가 빠른 속도로 발달했고, 신분제는 동요하기 시작했어요. 곧 살펴보겠지만 서민 문화도 이 무렵에 크게 발달했죠. 다만 여전히 힘없는 백성의 고통은 컸어요. 하

지봉유설

지만 정부의 실력자들은 도덕과 명분을 중요하게 여기는 성리학만이 옳다고 여겼어요. 그러니 현실에서 나타나는 다양한 문제에 관심을 가지지 않았어요. 오히려 실용적인 기술을 천하다고 무시했지요.

젊은 유학자들의 생각은 달랐어요. 그들은 성리학이 이론과 형식에 너무 치우쳐 있다고 비판했어요. 젊은 유학자들은 중국을 통해 들어온 서양 학문과 과학 기술에 큰 관심을 보였어요. 또 양명학이나 고증학과 같은 새로운 유학을 연구하기도 했죠. 양명학은 이론보다 실천을 중요하게 여겼고, 고증학은 실제로 입증할 수 있는 것을 중요하게 여겼어요. 이런 학문을 연구하다 보니 조선에도 개혁적인 유학이 등장했어요. 바로 실학이에요.

실학의 선구자는 이수광이에요. 이수광은 17세기 초 중국에 사신으로 갔다가 서양 문물을 접했어요. 이수광은 당시에 습득한 지식과 견문을 영역별로 나누어 정리했는데, 그 책이 자신의 호를 딴 《지봉유설》이에요. 총 20권으로 되어 있는 조선 최초의 백과사전이랍니다. 이수광의 이 업적을 토대로 후배 학자들은 본격적으로 실학을 발전시켰지요.

실학자들이 가장 먼저 관심을 가진 분야는 토지 제도였어요. 토지가 일부 부농에게 집중되는 바람에 대다수의 농민이 땅이 없어 농촌을 떠나고 있었거든요. 그러니 조선이 부강해지려면 토지 제도부터 개혁하자는 거였지요. 이처럼 농업 중심의 사회 개혁을 주장한 실학자를 중농학파라고 해요. 대표적인 학자들을 살펴볼까요?

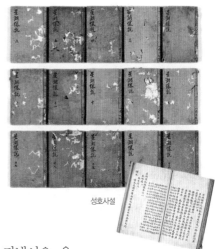

성호사설

유형원은 직접 시골에서 20년 넘게 농사를 지으면서 농촌의 현실을 몸소 체험했어요. 그 결과 부농이나 양반이 토지를 독점하는 것을 막아야 하며 관리, 선비, 농민 등 신분에 맞게 토지를 분배해야 한다는 결론을 내렸어요. 이런 토지 제도를 균전제라고 해요. 유형원은 이런 주장을 담은 《반계수록》을 펴냈어요. 유형원은 이 책에서 노비 제도도 비판했어요.

유형원의 뒤를 이어 이익은 한전제를 주장했어요. 이는 농민들이 생계를 유지하는 데 필요한 최소한의 토지는 영원히 팔지 못하는 영업전永業田으로 정하자는 거였어요. 어떤 일이 있더라도 토지를 못 팔게 하면 농민을 보호할 수 있다고 생각한 거죠. 이익은 특이하게 중농학파이면서도 서양의 지식과 제도를 적극 받아들여야 한다고도 했어요. 이런 그의 주장을 담은 책이 《성호사설》이에요.

정약용은 여전제를 주장했어요. 여전제는 마을 단위로 농민들이 공동으로 토지를 소유하고 공동으로 경작해서 수확물을 분배하자는 거예요. 상당히 이상적이지요? 정약용은 토지 제도 외에도 여러 분야의 개혁을 주장한 대표적인 실학자예요. 정약용은 무려 18년간 유배 생활을 하면서 《경세유표》, 《목민심서》, 《흠흠신서》 등 정

박제가

치와 경제 분야의 개혁 내용을 담은 책들을 집필했어요. 그래서 정약용을 실학, 특히 중농학파 실학을 집대성한 인물로 꼽는답니다.

지금까지 중농학파에 대해 살펴봤어요. 이보다는 조금 늦은 18세기에 또 다른 실학 학파가 등장했어요. 이때 조선에서는 상공업이 발달하고 있었는데, 새로운 실학 학파는 이 상공업을 중심으로 개혁해야 한다고 주장했어요. 이들을 중상학파라고 하지요. 중상학파는 대부분 중국을 왕래한 경험이 있었어요. 그래서 이들을 북학파라고도 하는데, 박제가가 쓴 《북학의》에서 비롯된 말이에요. 대표적인 중상학파 학자들도 살펴볼까요?

박제가는 소비를 더 촉진해야 한다고 주장했어요. 성리학자들은 물건을 아끼는 검약 정신을 강조했는데, 박제가는 정반대로 소비를 자극해 경제를 발전시키자고 한 거예요. 발상이 확 바뀌었죠? 박제가는 또 청을 배격하는 것은 옳지 않으며 오히려 통상을 더 늘려야 한다고도 했어요.

유수원은 모든 직업이 평등하다고 주장했어요. 그는 전문 직업인을 양성함으로써 상공업을 장려하고 사농공상*의 낡은 신분제를 폐지해야 한다고 주장했어요. 그는 이런 주장을 《우서》라는 책에서 펼쳤어요.

박지원도 상공업을 적극 육성해야 한다고 주장했어요. 그는 중국에 가 보니 조선과 달리 수레가 널리 사용되고 있는 점을 발견했어요. 이런 유통 수단의 중요성을 깨달은 박지원은 수레, 선박, 화폐

• 사농공상 백성을 나눈 네 가지 등급이다. 학문을 하는 선비[士]를 최고로 쳤고, 농사짓는 사람[農]을 두 번째로 여겼으며, 기술이 뛰어난 장인[工]이 세 번째였고, 상업에 종사하는 사람[商]이 네 번째였다.

를 적극 도입해야 한다고 주장했어요. 박지원은 청에 다녀온 후 보고 들은 것을 담은 《열하일기》를 남겼어요. 또한 〈양반전〉, 〈허생전〉, 〈호질〉 등 많은 문학 작품을 남기기도 했지요.

홍대용은 기술을 혁신하고 문벌제도˚를 폐지할 것을 주장했어요. 선비들도 생산 활동에 나서야 한다는 것이지요. 홍대용은 성리학적 질서를 강조하는 세계관에서 벗어나는 것이야말로 부국강병을 이루는 첫 번째 요소라고 생각했어요.

중농학파든 중상학파든 그들의 개혁이 제대로 실행되었다면 조선 사회는 크게 바뀌었을 거예요. 두 학파는 서로 의견을 공유하기도 했어요. 중농학파인 정약용이 상공업에 관심을 보였고 중상학파인 박지원이 토지 개혁을 주장하기도 했죠.

이 개혁이 그대로 추진되었다면 얼마나 좋았을까요? 그랬다면 조선의 근대화가 빠른 속도로 진행되었을 거예요. 산업이 발달하고 자본주의가 성큼 다가왔을 수도 있지요. 하지만 실학자들의 개혁안은 정부 정책에 거의 반영되지 못했어요. 도대체 왜 그런 걸까요?

우선 중농학파는 대부분 남인이었어요. 당시 정부를 장악한 붕당은 서인, 그중에서도 노론이었지요. 남인은 권력으로부터 멀어져 있었어요. 정약용을 비롯해 많은 남인이 귀양을 갔어요. 이러니 중농학파가 개혁안을 만들어도 정부 관리들은 관심을 보이지 않았어요. 그 결과 중농학파의 개혁안은 학문의 수준에 머물 수밖에 없었던 거예요.

˚ 문벌제도 출신 가문에 따라 사람의 신분에 제한을 두는 제도

중상학파는 좀 달랐어요. 노론이 많았지요. 다만 홍대용과 박지원을 제외하면 대부분이 서얼이었어요. 설령 서얼이 아니라 하더라도 권력에서 멀어진 가문 출신이 많았지요. 그러니 중상학파의 개혁안도 정치에 반영되지 않았던 거예요.

중농학파와 중상학파의 개혁 방안이 정책에 반영되지 못한 점은 정말로 안타까워요. 하지만 실학의 영향이 전혀 없었던 것은 아니에요. 실학자들의 노력으로 우리 민족 문화에 대한 관심도 커졌어요. 현실에 도움이 되는 학문을 연구하다 보니 우리 민족의 역사를 살펴보게 되고, 우리 영토에 대해서도 관심을 가졌으며, 우리말을 연구하기 시작한 거지요. 뿐만 아니라 실학의 정신은 19세기 후반의 개화* 사상가들에게 큰 영향을 미쳐 우리나라의 근대화에 기여한답니다.

조선 전기에 발해를 연구하지 않은 까닭은?
└국학의 발달과 백과사전의 편찬

현실을 개혁하다 보면 우리 문화에 대한 관심이 커질 수밖에 없어요. 우리 문화를 연구하면 자부심도 커지지요. 이처럼 실학의 영향으로 조선 후기에는 국학이 크게 발달했어요. 국학은 한국학의 줄임말로, 우리 민족의 역사와 언어, 철학, 문학, 법학, 농학, 의학

● **개화** 새로운 문물과 제도를 받아들임으로써 근대적 개혁을 이루는 일

등을 가리켜요. 먼저 역사부터 살펴볼게요.

실학자들은 중국 중심의 세계관을 거부했어요. 그
대신 우리 민족의 독자적인 역사를 강조했지요. 병자
호란이 왜 일어났는지 생각해 보세요. 당시 집권 붕당
인 서인이 명을 상국으로 받들고 청을 오랑캐라 부르
며 낮추어 본 것이 가장 큰 원인이에요. 당시 서인이
왜 명만 받들었을까요? 명을 천하의 중심이라 생각했
기 때문이에요.

이런 역사관에 실학자들이 정면으로 맞섰어요. 중농
학파 실학자인 이익은 중국 중심에서 벗어나 독자적으
로 우리 역사를 연구하려고 시도했어요. 다른 실학자
들도 마찬가지로 기존 성리학자들의 중국 중심 역사관
을 반박했지요.

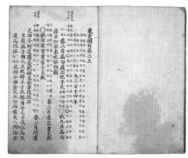

동사강목 ⓒ국립중앙박물관

독자적으로 우리 역사를 정리한 대표적인 책이 안
정복의 《동사강목》이에요. 안정복은 이 책에서 중국에
대한 사대주의를 철저히 배격하고 고조선에서 고려에
이르는 우리 역사를 체계적으로 정리했어요.

유득공은 《발해고》를 썼어요. 사실 이 책이 나오기
전까지 성리학자들은 발해가 우리 민족의 국가라는 사
실에 전혀 관심을 두지 않았어요. 이 《발해고》는 발해
가 우리 민족의 역사임을 처음으로 밝힌 책이랍니다.

발해고 ⓒ국립민속박물관

대동여지도

유득공은 "발해는 우리 역사이며, 따라서 발해의 영토였던 만주 땅도 우리 민족의 영토다."라고 주장했어요. 19세기 초반의 실학자 이종휘는 《동사》를 통해 고구려의 역사를 부각시켰어요. 이 책은 고조선에서부터 부여, 고구려를 거쳐 발해에 이르는 고대사를 다루고 있어요. 고구려, 백제가 모두 단군의 후예이며, 발해는 고구려의 후계자라는 점을 명확하게 밝힌 게 이 책의 특징이에요.

우리 영토에 대한 관심도 커졌어요. 그 결과 각종 지리지와 지도가 만들어졌어요. 대표적인 것이 이중환의 《택리지》와 정상기의 〈동국지도〉, 김정호의 〈대동여지도〉이지요.

《택리지》는 전국의 각 지방별로 자연환경과 풍속은 어떤지, 어떤 물품이 많이 나는지, 어떤 역사적 인물이 있는지를 정리한 지리서예요. 〈동국지도〉는 처음으로 축적이란 개념을 도입해 만든 지도였어요. 정상기는 〈동국지도〉를 만들 때 100리를 1자로 축소한 축적을 사용했지요. 덕분에 지도가 훨씬 정확해졌어요. 〈대동여지도〉는 산맥과 하천, 각 고을의 경계, 도로, 역참 등을 상세하게 표시해 놓은 지도예요. 물론 그전에도 전국 지도가 없었던 것은 아니었어요. 하지만 〈대동여지도〉만큼 정확하고 체계적이지는 않았어요. 이와 별도로 신경준은 조선의 산맥 분류 체계를 정리해 〈산경표〉를 만들기도 했어요.

역사, 영토에 이어 우리의 독창적 언어인 한글에 대한 연구도 활발하게 이루어졌어요. 신경준은 한글 음운 연구서인 《훈민정음운

해》를 썼어요. 유희는 한글과 한자음의 관계를 연구해 《언문지》를 썼지요.

조선 후기에는 다양한 정보를 두루 담은 백과사전도 여러 차례 편찬되었어요. 이 백과사전들은 실학자들의 세계관을 넓히는 데 큰 도움을 주었어요. 대표적인 백과사전으로는 《지봉유설》과 《성호사설》이 있어요. 정부가 출간한 《동국문헌비고》도 넓은 의미에서는 백과사전이라고 할 수 있지요.

18세기 후반에는 영조가 홍봉한 등에게 왕명을 내려 역대의 문물과 제도를 정리하도록 했어요. 그 결과 100권짜리 대작이 만들어졌는데, 이것이 바로 《동국문헌비고》예요. 영조는 국가 통치 체제를 정비하기 위해 이 책을 만들도록 했어요. 역대로 내려오는 제도를 체계적으로 정리하면 아무래도 통치에 활용할 자료가 많아지니까요.

앞에서 말한 대로 양명학과 고증학도 활기를 띠었어요. 하지만 성리학자들은 이 두 학문을 모두 배척했어요. 성리학자들은 성리학에서 추종하는 주자를 따르지 않는 학자들은 모두 사문난적이라며 탄압했어요. 사문난적은 유교의 교리를 어지럽히는 적이란 뜻이에요. 윤휴와 박세당, 두 학자가 사문난적으로 몰렸는데, 이 가운데 윤휴는 처형되었답니다.

허생이 번 돈을 모두 버린 이유는?
└조선 후기의 문학과 예술

이번에는 조선 후기의 문학과 예술을 살펴볼까요? 서민 문화에 대해서는 뒤에서 다시 다룰 거예요. 일단 양반들의 문화 위주로 짚어 볼게요.

일단 문학부터 보자면, 조선 전기와 많이 달라졌어요. 조선 전기에는 사대부의 풍류를 다루는 작품들이 꽤 있었는데, 17세기 무렵부터는 사회의 모순을 지적하는 작품이 속속 나왔지요.

북학파인 박지원은 〈양반전〉, 〈허생전〉, 〈호질〉과 같은 한문 소설을 통해 조선 사회의 구조적 모순을 날카롭게 비판했어요. 〈양반전〉에서는 무능하고 위선적인 양반 사회를 꼬집었고, 〈허생전〉에서는 당시 경제 체제의 허점을 날카롭게 지적하기도 했습니다. 〈허생전〉의 이야기를 조금만 더 해 볼까요?

허생은 책만 읽는 선비였어요. 생활고에 시달리던 아내가 돈을 벌어 오라고 하자 부자를 찾아가 만 냥을 빌렸지요. 허생은 그 돈으로 과일과 말총을 모두 사들였어요. 그러자 시장에서 과일과 말총이 부족해져 가격이 크게 뛰어올랐어요. 그제야 허생은 사들였던 과일과 말총을 내다 팔았어요. 이처럼 특정 상품을 미리 많이 사들여 가격을 오르게 한 후 내다 파는 것을 매점매석이라고 해요. 오늘날에는 불법 행위로 처벌을 받아요. 이 매점매석을 통해 큰돈을 번

박지원 초상

허생은 부를 누리지 않았어요. 조선에서 그 돈이 제대로 유통되지 않는다는 점을 한탄하며 바다에 버렸지요. 허생은 자신의 돈이 조선에 모두 풀리면 물가가 크게 오를 것이란 점을 염려했어요.

이 소설을 통해 박지원은 부자들에 의한 매점매석이 성행하는데도 정부가 아무런 조치를 취하지 않는 점, 많은 돈이 시장에 풀려도 정부가 조절할 수 없는 점 등을 비판했어요. 당시 조선 경제가 제대로 돌아가고 있지 않다는 사실을 이 소설을 통해 풍자한 것이에요.

서예에서도 변화가 나타났어요. 중국에서 벗어나 우리만의 독창적인 글씨를 쓰려는 운동이 일어났지요. 대표적인 인물이 김정희와 이광사예요. 김정희는 그전까지의 여러 필체를 연구한 후에 자신만의 필체를 완성했어요. 이 필체가 바로 추사체이지요. 김정희보다 다소 앞서 활동했던 이광사는 원교체라는 독특한 필체를 완성해 유명세를 탔답니다.

회화에서는 풍경화의 변화가 두드러져요. 우리만의 독창적인 작품을 만들려는 시도가 잇달아 나왔지요. 우리나라 풍경을 있는 그대로 그리는 진경산수화가 유행한 거예요. 진경은 진짜 풍경이란 뜻이에요.

조선 전기의 풍경화를 보다 보면 어딘가 우리나라의 풍경 같지 않은 느낌을 강하게 받게 돼요. 당시 화가들이 우리나라의 실제 풍경이 아니라 중국의 풍경을 그렸기 때문이에요. 역사나 지리서에서 볼 수 있듯이 그림 분야에서도 조선 후기에는 우리만의 독창적인 것을 찾기 시작했어요. 그 결과 많은 화가들이 우리 자연을 사실에 가깝게 그렸지요.

대표적인 작가로는 정선을 들 수 있어요. 정선이 그린 〈금강전도〉는 하늘에서 금강산을 내려다본 듯한 풍경이 잘 묘사되어 있어요. 정선이 그린 또 다른 진경산수화 〈인왕제색도〉는 비가 내렸다가 그친 후에 안개가 자욱하게 낀 인왕산의 풍경을 묘사했지요. 이 밖에도 풍속화를 주로 그렸던 김홍도의 〈사군첩〉도 대표적인 진경산수화로 꼽혀요.

금강전도

공예는 실용적으로 변했어요. 장롱이나 책상, 소반과 같은 목공예 작품이 많이 만들어졌어요. 그 외에도 대나무를 잘게 썰어서 만든 죽세공품이나 조개껍데기 같은 걸로 장식하는 나전칠기도 꽤 인기를 끌었지요. 자기 분야에서는 16세기 이전에 유행하던 분청사기가 거의 사라지고 여러 모양의 청화 백자가 만들어졌어요. 청화 백자는 흰색 바탕에 푸른 색깔로 다양한 무늬를 넣은 자기랍니다. 단순하고 꾸밈이 없는 게 특징인데, 주로 문방구나 제사용 그릇으로 사용되었죠.

청화 백자 ©국립중앙박물관

건축 분야에서는 불교 건축물이 많이 지어진 게 특징이에요. 조선 후기로 갈수록 양반과 부농, 거상들이 돈을 내 규모가 꽤 큰 사찰을 많이 지었어요. 대표적인 것이 구례 화엄사 각황전, 보은 법주사 팔상전, 김제 금산사 미륵전이에요. 이 중에서 팔상전은 현재까지 남아 있는 유일한 5층 목탑이랍니다.

이와 별도로 정조 때 만든 화성도 기억할 만해요. 화성은 최초로 근대적 과학 기술을 동원해 만든 건축물이지요. 앞에서 이야기했죠?

★ 단원 정리 노트 ★

1. 지도와 새로운 문물에 따른 인식의 변화

우리 민족은 대대로 중국의 영향을 많이 받았다. 우리 민족이 형성되던 초기의 국가인 고조선과 고구려는 중국과 대결하는 양상을 보이기도 했지만, 이후에는 한족이 세운 중국의 국가를 상국으로 여겼다. 이처럼 생각한 이유는 중국을 세상의 중심으로 여겼기 때문이다.

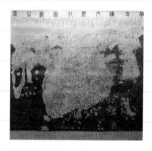

이 지도는 <혼일강리역대국도지도>다. 오른쪽에 우리 나라가 있고 가운데에 중국이 있다. 유럽과 아프리카는 아주 조그맣게 그려져 있다. 세상의 중심이 중국이라는 사상이 지도에서 드러난다. 그런데 이 지도는 중국 사람이 만든 것이 아니라 우리나라 사람이 만들었다. 중국이 세계의 중심이라는 중화사상이 담겨 있다.

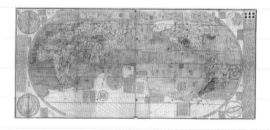

위의 지도는 이탈리아의 천주교 선교사인 마테오 리치가 만든 세계 지도를 모사해서 만든 <곤여만국전도>다. 이 지도에서 중국의 땅덩어리가 크기는 하지만, 중국은 드넓은 세

계의 일부에 지나지 않는다. 이 지도를 본 조선 사람들은 어떤 생각을 가졌을까? 중국이 이 세상의 중심이라는 믿음에 의심을 품지 않았을까? 이외에도 뛰어난 서양 문물과 과학 기술을 접하면서 조선 사람들은 새로운 세상에 눈을 떴다. 이에 따라 과거의 성리학적 질서에 반발하는 마음이 싹텄고, 폐쇄된 사회에서 기존의 질서에 순응하며 살아가던 조선 후기의 사람들 사이에 비로소 시민의식이 싹트기 시작했다.

2. 실학이란 무엇인가?

① 의미

실학(實學)은 실생활에 유용하게 쓰이는 지식을 추구하는 학문이다. 17세기부터 18세기까지 융성했다. 실학자들은 성리학자들에 의해 '잡다한 학문'으로 취급되었던 과학 기술과 의학, 천문학, 지리학뿐 아니라 상업과 수공업을 장려했고, 농업의 발전을 추구했으며, 토지 제도 개혁과 신분제 폐지 등을 주장했다.

② 중농학파와 중상학파

- 중농학파 : 농촌 사회와 농업을 중심으로 사회를 개혁해야 한다는 실학자들을 일컫는다. 이들은 농법을 개량하여 곡물 생산량을 늘리는 방법을 소개했고, 다양한 상품 작물을 재배할 것을 독려했다. 그리고 농민들이 혜택을 입는 토지 제도 개혁을 주장했다. 대표적인 학자로는 유형원, 이익, 정약용 등이 있다.

- 중상학파 : 중농주의보다 늦게 등장한 중상주의를 추구한 실학자들을 일컫는다. 이들은 상공업을 중심으로 개혁을 추진해서 문명을 발달시키고 경제를 일으켜야 한

다고 주장했다. 그리고 직업에는 귀천이 없다고 여겨 사농공상의 인식을 부정했고, 신분제를 철폐해야 한다고 주장하기도 했다. 대표적인 학자로는 박제가, 유수원, 박지원, 홍대용 등이 있다.

③ 실학 개혁이 실패한 이유

실학을 추구한 학자들 대부분이 당시 권력 다툼에서 밀려난 남인이거나 신분이 낮은 서얼 출신이었기에 이들의 이론과 주장이 정부 정책에 반영될 수 없었다. 권력층이 었던 서인(노론)은 여전히 성리학 질서를 추구했고 중화사상을 신봉했다.

④ 실학의 의의

실학자들이 추구한 사회 개혁은 결국 실현되지 않았지만, 중국 중심의 세계관에서 벗어나 우리나라의 독자적인 문화와 역사에 대한 연구가 거듭되면서 민족의식이 싹 트는 결과를 낳았다.

19

생활과 문화의 새로운 양상

: 서민 문화가 활짝 피어나다

• 조선 후기 가족 제도의 변화를 조선 전기와 비교해서 설명해 보세요.
• 조선 후기 향촌 사회는 어떻게 변했는지 이야기해 보세요.
• 조선 후기에 서민 문화가 발달하게 된 배경에 대해 설명해 보세요.
• 조선 후기에 발달한 대표적 서민 문화에 대해 이야기해 보세요.

장남이 재산 대부분을 상속받은 이유는?

└가족 제도 및 풍속의 변화

조선 후기의 가족 제도에 대해 살펴볼게요. 앞에서 15~16세기의 모습은 살펴봤어요. 17세기가 되면 또다시 큰 변화가 나타난답니다. 이 변화에 가장 큰 역할을 한 것은 《주자가례》와 《소학》이었어요. 《주자가례》는 유교 예법을 담은 서적이고 《소학》은 기본 유학 서적이었어요. 이 두 서적이 전국에 보급되면서 성리학적 질서가 완전하게 자리 잡은 거지요.

17세기 이후에는 양반들이 집안의 조상에게 제사를 지내기 위한 가묘나 사당을 만들었어요. 가문의 족보가 중요해진 것도 이 무렵부터이지요. 또한 신분 구분이 명확해지고 사회 분위기도 엄격해졌어요. 여성의 지위가 떨어진 것도 이때부터였고, 양반이 평민을 쥐 잡듯이 몰아붙인 것도 이때부터였지요. 적자*와 서얼의 차별도 심해졌어요. 고려 시대, 조선 전기까지 이어지던 평등이 차별로 바뀐 거예요.

이런 차별에 대해 성리학자들은 지극히 당연한 것이라 여겼어요. 사람은 지위에 따라 서로 다른 역할을 수행해야 한다고 믿었거든요. 남자와 여자, 적자와 서얼을 차별하는 것 또한 아무런 문제가 되지 않았어요. 오히려 그렇게 하는 것이 각자 자신의 위치에서 제 역할을 하는 거라 여겼죠. 그러니 여자가 남자의 지위를 넘보거나 서얼이 적자와 똑같이 행동하면 처벌을 한 거예요. 이처럼 성리학 질서가 확산되면서 신분제도 더욱 굳어지게 되었지요.

어떻게 달라졌는지 혼인, 재산 상속, 제사의 세 분야로 나눠 살펴볼게요.

고려 시대에는 처가살이가 일반적이었어요. 조선 초기와 중기까지도 이런 풍속은 크게 바뀌지 않았어요. 혼례를 하고 난 후에 신랑이 신부의 집에서 1~5년을 살았지요. 조선 초기부터 성리학자들은 이 풍속을 바꾸려고 꽤 노력했어요. 남자가 더 중요하니 신부가 신랑의 집으로 와서 혼인식을 올려야 한다는 거지요. 이 혼인 제도를 친영제라고 했어요.

● **적자** 양반 가문의 본처가 낳은 아들

하지만 친영제는 정착되지 않았어요. 처가살이 풍습이 그토록 오래 지속됐는데, 한꺼번에 바꾸는 게 어디 쉽겠어요? 특히 양반이 아닌 평민의 경우 16세기까지도 처가살이가 꽤나 보편적이었어요. 하지만 《주자가례》나 《소학》이 보급되고 성리학적 질서를 강요하다 보니 17세기 중반부터는 이런 풍속도 서서히 바뀌기 시작했어요. 신랑이 신부의 집에 가서 혼례를 치르되 잠시만 머문 뒤 함께 신랑의 집으로 돌아간 거예요. 절반만 친영제를 따른다고 해서 이 제도를 반친영제라고 했어요.

이때부터 점차 신부가 신랑의 집에서 사는 쪽으로 풍속이 바뀌었어요. 남성의 처가살이가 여성의 시집살이로 바뀐 거지요. 결혼한 여성을 '출가외인˚'이라고 부른 것도 이 무렵부터예요. 물론 요즘에는 남녀 차별적 표현이기 때문에 사용해서는 안돼요.

이미 짐작했겠지만 조선 후기로 갈수록 남녀의 차별이 더 심해졌어요. 족보에 이름을 올릴 때도 아들부터 모두 올리고, 그 후에 딸의 이름을 올렸어요. 여성은 일상생활을 마음껏 누릴 수도 없었어요. 고려와 조선 전기까지만 해도 남녀는 동등하게 재산을 상속받았어요. 하지만 조선 후기에는 여자는 아예 재산을 상속받을 수 없었어요. 아들, 그중에서도 장남에게 거의 모든 재산을 물려주었거든요.

여성은 아버지에게 의지하고, 결혼하면 남편에게 의지하며, 남편이 사망하면 아들에게 의지하는 게 당연하다고 여겨졌어요. 이

<hr>

• 출가외인 시집간 딸은 친정 사람이 아니라 남이나 마찬가지라는 뜻으로 이르는 말

를 삼종지도라고 해요. 이러니 이혼이나 재혼 같은 것은 감히 상상하지도 못했어요. 특히 양반 집안은 더욱 더 그랬지요. 외출할 때는 얼굴이 드러나지 않도록 장옷이란 것을 뒤집어써야 했어요.

유교 사회에서 제사는 무척 중요한 행사였어요. 그러니 아들 딸 차별 없이 지내는 게 옳을 것 같은데, 그러지 않았어요. 딸은 제사를 지낼 수 없었어요. 아들만 제사를 지냈지요. 만약 아들이 없다면 친족 중에서 양자를 들였어요.

굳이 양자를 들여야 할 정도로 아들이 없으면 집안일이 돌아가지 않았을까요? 네, 조선 후기에는 그랬어요. 아들만이 가문의 대를 이을 수 있다고 생각했으니까요. 아들이 여러 명 있으면 장남이 대를 이었어요. 장남은 집안의 대소사를 모두 챙기는 대신 거의 모든 재산을 물려받았어요.

향촌 사회에도 변화가 나타났어요. 조선 중기까지만 해도 향촌의 중심은 양반들이었어요. 하지만 후기로 가면서 부농이 향촌의 중심으로 떠오르기도 했어요. 경제적으로 넉넉해진 부농의 입김이 커진 거예요. 신분제가 동요하는 사실을 여기서도 확인할 수 있죠?

양반들은 한 마을에 모여 사는 경우가 많았어요. 그 가문을 보통은 문중이라고 했지요. 문중의 중심이 되는 집을 종가라고 불렀어요.

왜 민화에는 호랑이가 많이 등장할까?
└ 서민 문화의 발달

조선 전기만 해도 문화는 양반만이 누릴 수 있는 특권이었어요. 농민을 비롯한 상민은 열심히 일하고 세금을 낼 의무밖에 없었지요. 문화를 즐긴다는 것은 상상할 수도 없는 일이었어요. 조선 후기로 접어들면서 이런 분위기가 바뀌었어요. 여러 이유로 인해 신분제가 크게 동요했기 때문이에요.

경제적으로 넉넉해지고 서당에서 글자를 배우게 된 서민들이 꽤 많아졌어요. 이런 사람들이 문화에 관심을 가지기 시작했어요. 그 결과 조선 후기로 접어들면서 문화를 만들고 누리는 주체가 양반을 넘어 서민으로 확대되었어요. 이른바 서민 문화가 본격적으로 발달하기 시작한 거예요.

"서민이 주인이다."라는 서민 의식을 바탕으로 창작 활동을 벌이는 서민들이 늘어났어요. 작품의 내용도 다양해졌어요. 양반 중심의 사회를 신랄하게 비판하는 작품이 있는가 하면 남녀의 사랑을 다룬 작품도 있었지요. 또는 일반 서민의 풍류를 작품으로 표현하기도 했어요. 서민 문화로는 어떤 것이 있었는지 살펴볼까요?

대표적인 것이 판소리 작품이에요. 판소리는 창작자 한 명이 만든 것이 아니에요. 한 소리꾼이 만들면 다른 소리꾼이 보태고, 후세의 소리꾼이 다시 보태면서 오랜 세월에 걸쳐 완성된 것이지요. 판소리에서는 작품을 '마당'이라 불러요. 원래 열두 마당이 있었다고 하는데, 지금은 〈춘향가〉, 〈흥부가〉, 〈심청가〉, 〈수궁가〉, 〈적벽가〉 등 다섯 마당만 전해진답니다. 이 판소리는 한글 소설 형식으로도 만들어져 서민들에게 널리 읽혔어요.

판소리를 공연하는 장면

판소리의 가장 큰 특징은 서민의 감정이 그대로 드러난다는 데 있어요. 성리학자들은 유교적 이상이나 이념을 담은 작품을 만들었어요. 하지만 서민들은 그런 이념이나 이상에는 관심이 없었어요. 평범한 일상의 이야기에 더 흥미를 가졌지요.

판소리 작품은 남녀의 애정을 다루는 것처럼 보이지만 실제로는 사회를 비판하는 것들이 꽤 많았어요. 대표적인 것이 〈춘향가〉예요. 이 작품은 춘향과 이몽룡의 사랑이 주된 이야기지요. 하지만 자세히 들여다보면 사회 고발 작품이라는 사실을 알 수 있어요. 〈춘향가〉에는 변사또라는 악덕 수령이 등장해요. 이 인물은 당시의 탐관오리가 그랬듯 백성을 수탈해요. 양반 사회의 폐해를 상징하는 인물인 셈이지요. 춘향의 신분이 기생이라는 점, 기생과 양반의 불가능한 사랑이 맺어지는 점 등은 〈춘향가〉가 당시 사회 제도의 모순을 비판하고 있다는 점을 증명하는 장면이지요.

판소리와 함께 서민들이 특히 즐긴 문화는 탈춤이에요. 대표적인

탈춤

탈춤으로는 송파 산대놀이와 봉산 탈춤이 있어요. 이 탈춤과 판소리는 모두 서민들이 많이 모인 장시에서 주로 공연되었어요. 양반을 풍자하는 춤꾼의 익살스러운 몸짓과 대사를 따라 하며 서민들은 쾌감을 느꼈지요. 이와 별도로 농촌에서는 농민 공동체인 두레를 통해 농악을 즐기기도 했어요.

소설에서도 변화가 나타났어요. 17세기경 쓰인 것으로 추정되는 최초의 한글 소설인 〈홍길동전〉이 대표적이에요. 이 소설의 주인공 홍길동은 서얼이에요. 허균은 이 홍길동의 활약을 통해 서얼을 차별하는 당시의 사회상을 비판했지요. 이 소설을 쓴 허균은 명문 집안에서 태어나 과거 시험에도 합격한 전형적인 지식인이었어요. 하지만 정치 쪽으로는 소질이 없었는지, 아니면 개혁가로 너무 급진적이었는지 여러 차례 탄핵을 당하다가 결국에는 반역 혐의로 처형되었답니다.

양반들만 즐기던 시조 분야에서도 서민들이 즐기는 새로운 시조가 등장했어요. 보통 시조는 초장, 중장, 종장의 3장에 전체 글자는 45자 내외로 되어 있어요. 조선 후기에는 이런 형식을 무시한 사설시조를 서민들이 창작했어요. 보통 본론으로 들어가지 않고 말이 많을 때 "사설이 길다."라고 하지요? 그 사설을 생각하면 크게 틀리지 않아요. 형식에 얽매이지 않고 원하는 대로 시조를 읊으면 그게 사설시조였거든요. 사설시조에서 다룬 내용은 주로 서민들의 생활이나 감정과 관련된 것이 많았어요. 남녀 간의 애정, 재미있는 세상 이야기, 심지어 욕설까지 담은 사설시조도 있었지요. 일부 서민들은 동호회 같은 것을 만들어 활동하기도 했어요.

김홍도의 단원풍속도첩 중 빨래터
ⓒ국립중앙박물관

그림 분야에서도 서민 문화가 반영되어 풍속화와 민화가 유행했어요. 조선 후기를 대표하는 화가는 김홍도와 신윤복이었어요. 김홍도는 정조 어진을 그리거나 풍경화도 그렸지만 아무래도 서민의 삶을 화폭에 담은 것으로 유명해요. 장터에서 씨름하는 모습이나 서당에서 훈장에게 혼나서 울고 있는 아이의 모습, 춤을 추는 무동의 모습이 대표적이지요. 신윤복은 부녀자들의 생활을 화폭에 담거나 양반들이 풍류를 즐기는 모습을 그렸지요. 조선 전기였다면 신윤복의 그림은 망측하다는 평가를 받았을 거예요. 시대가 많이 달라진 것 같지요?

신윤복의 풍속산수화 ⓒ국립중앙박물관

이 밖에 수많은 서민 화가들이 창작 활동을 벌였어요. 서민 화가들은 복을 기원하고 나쁜 기운이나 귀신을 몰아내기 위한 그림을 많이 그렸는데, 이런 그림을 민화라고 해요. 민화 중 유명한 것이 까치와 호랑이 그림이에요. 호랑이는 액운을 막는 힘이 있다고 믿어져 민화의 주된 소재가 되었지요. 이 밖에도 문자를 그림의 소재로 삼기도 했어요. 충, 효, 신, 예와 같은 글자는 뜻이 좋기 때문에 글자를 그림처럼 그리면 좋은 일이 생길 거라 믿었던 거지요. 이런 민화는 조선 전기의 그림이나 양반의 그림과 달리 서민의 소박한 삶과 정서를 고스란히 보여 주고 있어요.

★ 단원 정리 노트 ★

1. 조선 후기의 가족 제도와 사회의 모습

① 고려 시대와 조선 전기의 결혼 풍습

- 고려 시대는 신부의 집에서 혼인식을 치른 뒤 신랑이 처가에 머무르는 처가살이
  가 일반적이었다.
- 고려 시대의 결혼 풍습은 조선 전기까지 이어졌으나, 조선을 건국한 유학자들은 중
  국의 관혼상제를 정리한 《주자가례》에 근거하여 부계 중심인 친영제를 도입하려
  했다. 하지만 오랫동안 이어져 온 결혼 풍습은 쉽게 바뀌지 않았다.
- 임진왜란(1592년)과 병자호란(1636년) 이후 유학이 국가 체제를 회복하고 사회
  질서를 유지하는 기준으로 뿌리내리면서 남성과 여성의 역할을 구분하기 시작했
  다. 17세기 중엽 이후에는 혼인식은 신부 집에서 올리되 신부가 시집살이를 하는
  반친영 제도가 점차 자리 잡았다.

② 제사와 상속

- 17세기 중엽까지는 제사를 지내는 데 있어 아들과 딸의 역할 구분이 없었다. 아들
  과 딸이 차례로 돌아가면서 제사를 지냈기 때문에 부모의 재산을 상속하는 데 있
  어서도 아들과 딸에 차별을 두지 않았다.
- 17세기 중엽 이후 조선 사회에 성리학이 확고하게 자리 잡으면서 사회 전반에 걸쳐
  가부장적 질서를 강요하게 되었다. 18세기 중엽 이후에는 제사의 책임이 아들(장
  남)에게만 돌아갔고, 따라서 재산 상속에 있어서도 아들과 딸에 차별을 두었다.

③ 여성의 사회적 지위

- 가족 내의 제사와 상속뿐 아니라 여성은 대체로 남성에 의존하는 존재로 지위가 떨어졌다. 족보에 이름을 올릴 때도 아들을 먼저 올리고 난 뒤 딸을 올렸으며, 시집간 딸은 '출가외인'이라 하여 친정의 집안일에 참여할 수 있는 기회가 극히 적었다.

- 양반 가문의 여성은 바깥에 다닐 때는 장옷으로 얼굴을 가려야 했고, 이혼이나 재혼을 할 수도 없었다.

2. 조선 후기의 서민 문화

조선 후기에는 성리학이 사회 체제를 통제하는 수단으로 작용하면서 대체로 사회가 경직되었으나, 상공업이 발달하고 서민 계층의 사회활동이 활발해진 한편 교육 수준이 높아지면서 양반 문화와는 다른 서민들만의 문화가 발달하기 시작했다.

① 문학

조선 시대 양반들이 즐기던 시조의 격식과 형식을 파괴한 사설시조가 등장했다. 허균이 지은 <홍길동전>을 비롯한 한글소설이 등장했고, 판소리를 글로 옮긴 소설들도 서민의 사랑을 받았다. 서민 문학은 대체로 양반의 잘못을 풍자하거나 남녀 간의 사랑을 소재로 다루었다.

② 공연 예술과 음악

사람이 많이 모이는 장시(시장)에서는 서민을 대상으로 공연이 펼쳐지고는 했는데, 대표적인 것이 판소리와 탈춤이었다. 판소리 열두 마당 중 오늘날에는 <춘향가>, <흥부가>, <심청가>, <수궁가>, <적벽가>만 전한다. 판소리와 탈춤은 서민의 애환과 남녀의 애정을 주로 다루면서도 양반 중심의 사회를 비판하고 풍자하는 내용이 담겨 있었다. 판소리와 탈춤 공연과 함께 북, 장고, 피리 등의 악기로 추임새를 넣으면서 서민 음악도 발달했다.

③ 회화

선비의 지조를 나타내는 매화, 대나무, 새 등과 풍경을 다룬 산수화를 주로 그렸던 양반 문화의 회화와 달리 서민 문화가 반영된 풍속화와 민화가 유행했다. 풍속화는 씨름을 하는 모습이나 빨래터에서 빨래를 하는 아낙 등 서민의 일상을 소재로 했다. 민화는 복을 기원하고 액운을 막기 위한 부적 역할을 했는데, 주로 호랑이와 까치 등을 그리거나 충(忠) · 효(孝) · 신(信) · 예(禮) 등의 글씨를 그림처럼 표현하기도 했다.

VI

근·현대 사회의 전개

미래의 영광을 위해

1870년대부터 1910년대까지 우리 민족은 격동의 역사를 맞았어요. 국가의 문호를 개방하고 서양 문물을 받아들였으며 풍요로운 근대적 생활이 시작되었어요. 우리는 우리 손으로 근대화 개혁을 추진하려 했어요. 많은 개혁에 성공했고, 마침내 대한 제국이라는 근대 국가를 수립했지요. 하지만 얼마 후 우리는 국권을 잃었어요.

광복 이후에도 격동의 역사는 계속되었어요. 같은 동포끼리 총을 겨누며 전쟁을 벌여야 했고, 민주주의를 얻기 위해 혁명을 일으켰지요. 눈부신 경제 성장은 전 세계를 깜짝 놀라게 했어요. 최근에는 우리 문화가 해외에서 큰 인기를 얻고 있죠.

이 단원에서는 이 역사를 포함해 우리나라의 근·현대사를 한꺼번에 다룰 거예요. 정치 분야, 경제 분야를 먼저 살펴보고, 이어 민주주의의 발전 과정도 짚어 볼게요. 그리고 나서는 분단 현실을 돌아보고 평화 통일을 위해 어떤 노력을 해야 하는지도 생각해 볼게요.

이 책을 다 읽고 나서 책장을 덮는 순간, 여러분의 '역사 감성'이 더 풍부해졌으면 좋겠어요. 자, 한국사 여행의 마지막 장을 시작해 볼까요?

역사연표

한국사		세계사
고종 즉위 1863년		
흥선 대원군 집권		
		1868년 일본, 메이지 유신
강화도 조약 체결 1876년		
갑신정변 1884년		
동학 농민 운동 1894년		1894년 청일 전쟁 발발
갑오개혁		
대한 제국 수립 1897년		
		1904년 러일 전쟁 발발
을사조약 1905년		
한일 병합 조약, 국권 피탈 1910년		
		1912년 중화민국 성립
		1914년 제1차 세계 대전 발발
		1917년 러시아 혁명
3 · 1 운동 1919년		
대한민국 임시 정부 수립		
봉오동 전투 1920년		
청산리 대첩		
광주 학생 항일 운동 1929년		
윤봉길 의사 의거 1932년		
		1939년 제2차 세계 대전 발발
8 · 15 광복 1945년		1945년 국제 연합(UN) 창설
대한민국 정부 수립 1948년		

한국사		세계사
6·25 전쟁 발발(~1953년) 1950년	○	
4·19 혁명 1960년	○	
5·16 군사 정변 1961년	○	
	○	1969년 닉슨 독트린 발표
10월 유신 헌법 선포 1972년	○	
	○	1975년 베트남 전쟁 종식
10·26 사태 1979년	○	
5·18 민주화 운동 1980년	○	
6월 민주 항쟁 1987년	○	
	○	1990년 독일 통일
	○	1991년 소련 해체
제1차 남북 정상 회담 2000년	○	

• 강화도 조약의 내용과 의의 및 그 이후의 개화 정책에 대해 설명해 보세요.
• 근대적 개혁을 추진한 대표적 사건과 근대 국가 수립 과정에 대해 설명해 보세요.
• 일제의 식민 지배 방식이 어떻게 달라졌고, 우리는 어떻게 투쟁했는지 이야기해 보세요.
• 대한민국 정부 수립 과정에 대해 설명해 보세요.

강화도 조약은 왜 불평등 조약일까?

└흥선 대원군의 통치와 강화도 조약

고종

19세기에는 전 세계에서 근대 국가가 잇달아 세워지고 있었어요. 우리나라에서도 이런 흐름은 어김없이 나타났죠. 개항으로부터 시작된 근대 개혁 운동에서부터 일제 강점기를 거쳐 대한민국 정부가 수립될 때까지의 역사를 정치적 사건 위주로 먼저 쭉 살펴볼게요.

고종이 조선의 26대 왕에 즉위한 이후부터 이야기해 볼게요

1863년.

고종의 아버지인 흥선 대원군이 권력을 잡은 후 대대적인 개혁에 돌입했어요. 대원군은 왕의 아버지를 가리키는 칭호랍니다. 흥선 대원군은 먼저 통치 체제부터 정비했어요. 세도가들이 모여 국정을 농단하는 비변사를 축소하고, 의정부의 권한을 다시 강화시켰죠. 《대전회통》이라는 새로운 법전을 펴내면서 법질서를 바로잡았고, 유능한 인재라면 당파나 붕당을 가리지 않고 등용했어요. 세도가들의 근거지 역할을 하는 서원도 47곳을 빼고 모두 철폐했어요.

흥선 대원군 이하응 초상

흥선 대원군은 민생을 안정시키기 위한 개혁에도 착수했어요. 우선 군역 제도를 고쳐 양반, 상민 구분 없이 모든 집에서 군포를 내도록 하는 호포제를 시행했어요. 곡식을 빌려주는 환곡 제도를 개혁해서 향촌의 덕망 있는 지도자가 담당하는 사창제를 실시했어요. 덕분에 탐관오리의 수탈을 줄일 수 있었죠.

하지만 흥선 대원군의 모든 정책이 백성의 지지를 받은 것은 아니었어요. 경복궁 중건 사업은 백성의 큰 원망을 샀어요. 중건은 다시 짓는다는 뜻이에요. 돈이 많이 필요하겠죠? 정부는 동전 하나당 상평통보의 백 배 가치를 지닌 당백전을 발행했어요. 또 원해서 내는 돈이란 뜻의 원납전도 강제로 거두었죠.

상평통보 당백전 ©국립중앙박물관

북악산을 배경으로 경복궁을 그린 안중식의 그림 ©국립중앙박물관

1865년의 프랑스 선박들

병인양요를 묘사한 그림

이번엔 흥선 대원군의 대외 정책을 살펴볼까요? 흥선 대원군은 통상 수교 거부 정책을 추진했어요. 통상은 국가들끼리 외교 관계를 맺고 무역과 교류하는 것을 뜻해요.

러시아가 함경도까지 들어와서 조선과의 통상을 요구한 적이 있었어요. 흥선 대원군이 고민하는데 프랑스 선교사들이 접근해 왔어요. 프랑스 선교사들은 조선과 프랑스가 동맹을 맺으면 러시아를 견제할 수 있다고 했어요. 실제로는 성사되지 않았고, 흥선 대원군이 천주교도들과 접촉한다는 비판만 커졌지요.

위기를 맞은 흥선 대원군은 마음을 바꾸어 천주교를 탄압했어요. 당시 국내에 있던 프랑스 선교사들과 조선인 천주교 신도 8,000여 명을 처형했어요. 천주교 박해 중 가장 피해 규모가 컸던 이 사건이 병인박해예요[1866년]. 병인년에 일어난 박해란 뜻이지요. 이에 항의하며 중국에 있던 프랑스 함대가 강화도로 쳐들어왔어요. 조선군의 피해가 꽤 컸지만 그래도 프랑스군을 몰아내는 데는 성공했어요. 이 사건이 병인양요랍니다[1866년].

병인양요가 일어나기 3개월 전에는 미국 상선 제너럴셔먼호가 대동강에 나타나 통상을 요구하며 횡포를 부렸고, 조선 민중이 맞서 싸웠어요. 이 과정에서 배가 불에 타 버렸어요. 이와 별도로 독일 상인 오페르트가 홍선 대원군의 아버지인 남연군의 묘를 도굴하려다 적발되는 일도 발생했어요[1868년]. 3년 후에는 미국이 제너럴 셔먼호 사건의 책임을 묻겠다며 침략했는데, 그게 신미양요예요[1871]. 신미양요 때도 조선군 피해가 컸지만 미군을 격파하는 데는 성공했지요.

홍선 대원군은 이어 "서양 오랑캐가 침략했는데 싸우지 않으면 화의*하는 것이고, 화의를 주장하는 것은 나라를 파는 행위다."라는 내용의 척화비를 전국에 세웠어요[1871년]. 서양과는 통상이나 수교를 하지 않겠다는 뜻을 천명한 거예요.

이 무렵 고종의 왕후인 명성 왕후는 시아버지인 홍선 대원군과 권력을 놓고 경쟁했어요. 명성 왕후는 홍선 대원군을 몰아내기 위해 양반 유생*들과 힘을 합쳤어요. 양반 유생들은 고종의 직접 통치를 촉구하는 상소를 잇달아 올렸어요. 결국 홍선 대원군은 정계를 떠나야 했어요[1873년].

고종이 직접 통치하면서 대외 정책에 변화가 생겼어요. 새 정부는 통상 수교를 무조건 거부하는 것이 옳지 않다고 생각했어요. 이때부터 외국과 통상을 맺고 개화하자는 주장이 힘을 얻기 시작했지요. 일본은 곧바로 강화도에 군함 운요호를 보냈어요. 일본 병사들이 조선의 해안가를 측량하는 것을 조선 병사들이 제지하는 과정에서 사소한 충돌이 있었어요. 일본은 이를 구실 삼아 조선에 통상 수

• 화의 화해하고자 하는 의견
• 유생 유학을 공부하는 선비

운요호 사건을 묘사한 일본의 그림

교를 요구하며 함포 사격을 가했어요. 결국 이듬해에 조선은 일본과 강화도 조약을 체결하고 문호를 개방했어요[1876년].

강화도 조약은 조선의 문호를 개방한 조약이자, 조선이 외국과 맺은 최초의 근대적 조약이었어요. 하지만 그 내용은 조선에 상당히 불리한 불평등 조약이었어요. 조약의 내용을 볼까요?

강화도 조약의 제1조는 '조선은 자주국이며, 일본과 평등한 권리를 누린다.'였어요. 내용은 그럴싸하지만 실제로는 조선과 청의 관계를 끊으려는 속셈이 숨어 있어요. 조선이 자주국이니 청은 조선에서 손을 떼라는 뜻이지요.

조약에서는 부산, 원산, 제물포[인천] 세 항구를 개방하고, 항구에는 개항장*을 두도록 했어요. 개항장에 머무는 일본인에게는 치외 법권[영사 재판권]을 허용했어요. 치외 법권은 외국인이 범죄를 저질러도 그 나라의 법이 아닌 본국의 법을 따르도록 하는 규정이에요. 일

• 개항장 외국인이 머물며 무역을 하도록 허용한 항구

216

본인이 개항장에서 범죄를 저질러도 조선은 처벌할 수 없는 거예요. 또 일본이 마음대로 조선의 해안을 측량할 수 있도록 허용해야 했어요.

이후 조선에는 개화파 정부가 꾸려졌어요. 김옥균, 박영효, 김홍집 등이 여기에 참여했죠. 개화파 정부는 일본에 이어 미국과 조미 수호 통상 조약을, 청과는 조청 상민 수륙 무역 장정을 체결했어요 1882년. 미국과의 통상 조약은 서양 열강과 체결한 첫 번째 조약이었어요. 중국과 체결한 조약에 따라서 청 상인이 한양에서 장사를 하기 시작했죠. 이후 나머지 외국 상인들도 개항장을 떠나 한양에 와서 장사하기 시작했답니다.

구식 병사들은 왜 반란을 일으킨 걸까?
└개화 정책의 추진과 임오군란

강화도 조약을 체결한 후 조선의 개화파 정부는 일본에 수신사를 파견했어요. 수신사는 일본의 관청, 공장 등을 돌며 선진 문물을 견학했어요. 이어 개화파 정부는 개화 정책을 총괄할 기구인 통리기무아문을 만들었어요 1880년. 이 이름은 당시 청의 정치 기구인 총리기무아문에서 따왔다고 해요. 통리기무아문 밑으로는 국정을 담당할 12사를 두었어요.

조미 수호 통상 조약을 체결한 뒤 미국을
방문한 외교 사절단(보빙사)

정부는 곧바로 근대화 개혁에 돌입했어요. 첫 목표는 군대였어요. 당시 조선 군대는 임진왜란과 병자호란 무렵에 만든 5군영 체제였어요. 정부는 이 5군영을 무위영과 장어영, 2영으로 축소했어요. 그 대신 신식 군대인 별기군을 창설했지요 1881년. 또 근대 무기를 제조하기 위한 관청인 기기창도 세웠어요.1883년.

정부는 1880년대 초반에 또다시 일본에 사절단을 보냈어요. 수신사에 이은 이 사절단을 조사 시찰단이라고 해요.1881년. 조사 시찰단의 목적은 일본의 제도를 직접 현장에서 보고 조사하는 것이었지요. 정말로 일본이 우리가 모델로 삼을 만큼 개화가 잘 되어 있는지, 얼마나 발전해 있는지 등을 알아보자는 취지였어요.

같은 해에 정부는 청에도 유학생을 보내 선진 문물, 그중에서도 무기 제조법을 배워 오게 했어요. 이들을 영선사라고 했지요1881년. 미국과 조미 수호 통상 조약을 체결한 이듬해에는 미국에도 첫 사절단을 보냈어요. 이 사절단을 '알리고 방문한다.'라는 뜻의 보빙사라고 했어요1883년.

이런 노력 덕분에 여러 근대적 기관이 들어섰어요. 인쇄를 담당하는 박문국, 화폐 제조를 담당하는 전환국, 무기를 제조하는 기기창이 모두 이때 만들어진 거예요.1883년.

무위영과 장어영의 병사

조선이 착착 근대화의 길을 밟고 있는 것 같지요? 하지만 양반 유생들은 개화 정책을 반대했어요. 특히 영남 유생들은 집단 상소까지 올렸는데, 1만 명이 참가했다고 해서 이 상소를 만인소라고 해요.

이처럼 양반 유생을 중심으로 서양을 반대하는 모든 운동을 통틀어 위정척사 운동이라고 해요. 올바른 것ᵃ을 지키고 사악한 것ᵇ을 배척하는 운동이란 뜻이에요. 여기에서 말하는 올바른 것은 성리학, 사악한 것은 서양의 문물과 사상을 가리켜요. 따라서 위정척사 운동은 외세의 침략에 맞서 우리의 것과 성리학 질서를 지키려는 운동으로 이해하면 돼요. 위정척사 운동의 반외세 민족정신은 1890년대 이후 항일 의병 투쟁으로 이어진답니다.

양반 유생 말고도 정부의 개화 정책에 반대하는 이들이 또 있었어요. 대표적인 사람들이 무위영과 장어영 군인들과 도시에 사는 하층민들이었어요.

별기군의 병사

정부가 별기군이라는 신식 군대를 설립했다고 했죠? 정부는 별기군 병사에게는 신식 무기를 지급하고 높은 급료를 줬어요. 반면 무위영과 장어영 병사들에게는 1년이 넘도록 급료를 주지 않았어요. 궁핍하기는 하층민도 마찬가지라서 돈이 없어 곡물을 사지 못할 정도였어요.

이런 상황에서 구식 군인들을 크게 자극하는 사건이 일어났어요. 밀린 급료의 일부를 쌀로 지급했는데, 모래와 겨를 잔뜩 섞은 거예요. 분노한 구식 군인들이 폭동을 일으켰고, 하층민들도 속속 가담했어요. 이들은 별기군 창설을 주도했던 개화파 관료의 집을 습격한 뒤 일본 공사관으로 진격했어요. 이 과정에서 여러 명의 정부 관리와 일본인 교관이 살해되었지요. 구식 군인들의 폭동으로 시작된 이 반란이 임오군란이에요.[1882년]

조선 정부는 청에 지원을 요청했어요. 조선에 대한 지배력을 강화하려는 청이 이 기회를 놓칠 리 있겠어요? 청은 즉각 조선에 군대를 파견해 구식 군인들이 따르는 흥선 대원군을 붙잡아 중국으로 끌고 갔어요.

이후 청은 조선의 내정에 더욱 깊숙이 개입했어요. 아예 한반도에 청의 군대를 주둔시키기도 했지요. 청과의 통상 조약이 조청 상민 수륙 무역 장정이었지요? 그 조약이 바로 이 임오군란을 빌미로 체결된 거예요.

일본은 조선에 있는 자기 나라의 공사관이 습격을 당한 데 대한 배상을 요구했어요. 이에 조선 정부는 일본과 제물포 조약을 체결하고 막대한 배상금을 지불했어요. 일본은 공사관을 보호하겠다며 경비병을 주둔시켰지요. 이로써 임오군란의 사후 처리가 모두 끝났어요.

갑신정변은 왜 농민의 지지를 받지 못했을까?
ㄴ개화파의 분열과 갑신정변

임오군란 이후 국내 개화파는 두 개의 파벌로 나뉘었어요. 도대체 무슨 일이 있었던 걸까요?

임오군란이 일어나자 조선 정부는 청의 도움을 받아 사태를 해결했어요. 당시 청은 근대화 개혁을 위한 양무운동을 벌이고 있었는데, 조선도 이를 본떠 개혁을 단행하려 했어요. 양무운동은 제도와 사상은 그대로 두고 서양의 과학 기술만 받아들이자는 운동이었어요. 조선도 우리의 전통 질서를 기본 골격으로 하고 서양의 기술만 받아들이자고 했어요. 이 정신을 동도서기東道西器*라고 해요. 청에 영선사로 다녀온 개화파들이 이런 주장을 했죠. 이들을 온건 개화파라고 하는데, 김홍집, 어윤중, 김윤식 등이 있었어요.

김홍집

이 온건 개화파에 맞선 개화 세력이 급진 개화파예요. 급진 개화파는 온건 개화파가 청에 사대하는 것이 옳지 않다며 일본의 메이지 유신과 같은 근본적 개혁이 필요하다고 주장했어요. 서양의 기술뿐 아니라 제도와 사상까지 모두 받아들여야 한다는 거지요. 이들의 주장을 문명개화文明開化라고 해요. 급진 개화파에는 수신사나 조사 시찰단으로 일본에 다녀온 사람들이 많이 포함되어 있었어요. 김옥균, 박영효, 서광범, 서재필, 홍영식 등이 대표적인 급진 개화파죠.

● 동도서기 전통적인 사상과 제도는 그대로 유지하면서 외국의 근대적인 기술을 수용하자는 입장

임오군란 이후 청의 간섭이 심해지자 개화 정책이 많이 후퇴한 것처럼 보였어요. 정부의 재정 상태도 좋지 않았죠. 급진 개화파는 이 모든 책임이 청을 모델로 삼자는 온건 개화파에 있다고 보았어요. 급진 개화파의 지도자인 김옥균은 일본으로부터 재정과 군대를 지원해 주겠다는 약속을 받았어요. 마침 청이 프랑스와 베트남에서 전쟁을 시작하면서 한반도에 주둔해 있던 군대의 일부를 베트남으로 보냈어요. 급진 개화파는 권력을 장악하기에 이보다 좋은 기회는 없을 거라고 생각했어요.

우정총국^{우체국} 개국 축하 연회가 열리는 날이었어요. 급진 개화파는 별관에 화재를 일으킨 후 모두가 우왕좌왕할 때 정변*을 일으켰어요. 이어 온건 개화파에 속하는 정부 요인들을 암살하고 정권을 장악했죠. 이 사건이 갑신정변이에요.^{1884년}

다음 날 급진 개화파는 새 정부를 구성했고, 그 다음 날에는 14조로 된 개혁 정강*을 공표했어요. 대표적인 내용만 추려 보면, 우선 청에 대한 사대를 폐지했어요. 청에 잡혀간 흥선 대원군을 빨리 귀국시키라고 요구했고, 청에 대해 공물도 보내지 않겠다고 했죠. 문벌을 폐지하고 모든 백성을 평등하게 대하며 능력에 따라 관리를 임명한다는 내용, 조세 제도를 개혁한다는 내용, 호조가 재정을 관할하는 내용, 의정부가 국정을 관장하는 내용도 포함되어 있었어요. 이 정강에는 입헌 군주제를 도입하고 신분제를 폐지하려는 급진 개화파의 이념이 고스란히 들어 있었지요.

- 정변 쿠데타 등의 비합법적인 수단으로 정치적 변동을 일으키는 것
- 정강 정부나 정당 등의 정치 집단이 국민을 대상으로 공약하는 정책의 큰 흐름

김옥균과 그의 효수된 머리 김옥균은 일본에서 상하이로 망명했다가 그곳에서 조선이 파견한 홍종우에 의해 암살되었다. 조선으로 옮겨진 그의 시체는 능지처참되고, 머리는 서울의 저잣거리에 효수되었다.

갑신정변은 성공했을까요? 아니에요. 청이 다시 군대를 투입하는 바람에 급진 개화파의 새 정부는 단 3일 만에 해체되었답니다. 김옥균, 서재필, 박영효, 서광범 등은 황급히 일본으로 망명할 수밖에 없었지요.

갑신정변은 근대 국가를 건설하기 위한 최초의 정치 개혁 운동이라고 할 수 있어요. 하지만 백성들에게는 외면을 받았어요. 왜 그럴까요?

우선 농민들이 그토록 원했던 토지 개혁에 대한 내용이 전혀 없었어요. 게다가 청을 몰아내는 혁명을 한다면서 일본을 끌어들인 것도 잘못이에요. 그러니 백성들이 갑신정변을 좋지 않은 시선으로 본 거예요. 오히려 개화사상에 대한 반감만 더 커졌지요.

임오군란 때 그랬던 것처럼 이번에도 일본은 자국 공사관이 불에 탔으니 배상하라고 요구했어요. 조선은 일본과 한성 조약을 체결해 배상금과 공사관 복구 비용을 줄 수밖에 없었지요.

일본은 청과 별도로 톈진 조약을 체결했어요. 이 조약에 따라 앞으로 두 나라는 조선에 군대를 보낼 때 사전에 서로에게 알리기로 합의했어요. 조선을 놓고 두 나라가 치열하게 신경전을 벌이고 있다는 점을 알 수 있겠지요? 훗날 이 조약에 따라 두 나라가 한반도에 군대를 보내면서 터진 전쟁이 바로 청일 전쟁이랍니다[1894년].

이 무렵 러시아가 적극적으로 남하 정책을 폈어요. 그러자 러시아의 팽창을 저지한다며 유럽의 최고 강대국인 영국이 한반도로 달려왔어요. 사실 영국은 흑해와 아프가니스탄 등 여러 지역에서 러시아와 전쟁을 치렀어요. 영국은 러시아의 남하를 저지하겠다며 전남 지역의 거문도를 점령해 버렸어요[1885년]. 이후 영국 함대는 2년 동안 거문도에 머물렀어요. 조선 정부가 항의했지만 들은 척도 하지 않았지요. 청이 중재에 나선 후에야 영국은 거문도에서 철수했답니다.

1880년대에도 정말 많은 사건이 발생했지요? 이처럼 국민 국가를 수립하기까지 수많은 난관을 뚫어야 했어요. 1890년대에도 굵직굵직한 사건이 많이 터진답니다.

농민의 자치를 실현한 조직의 이름이 뭘까?
└동학 농민 운동과 청일 전쟁

개항 이후 조선 사회는 상당히 혼란스러웠어요. 우선 일본을 비롯해 외국 열강들의 경제적 침략이 시작됐어요. 개화 정책을 추진하는 데에도 많은 돈이 필요했어요. 정부는 이 돈을 어디에서 충당했을까요? 바로 세금이에요. 결국에는 조선의 농민들만 이중삼중의 고통을 겪게 된 것이지요. 이러니 조선 농민들은 일본뿐 아니라 조선 정부에 대해서도 불만이 많았어요.

그러다가 1894년이 되었어요. 바로 이 해에 동학 농민 운동, 갑오개혁, 청일 전쟁 등 우리 근대사를 결정짓는 대형 사건이 연속적으로 터졌어요. 세 사건은 실타래처럼 서로 얽혀 있어요. 그 실타래를 하나씩 풀어 가면서 역사를 살펴볼까요?

동학교도들은 1860년대부터 공주, 삼례, 한양 등에서 동학 창시자인 최제우가 억울하게 죽었다며 명예를 회복시켜 달라는 신원 운동을 벌였어요. 정부는 꿈쩍도 하지 않았어요. 동학 지도부는 충청북도 보은으로 장소를 옮겨 집회를 열었어요. 이 집회에서 동학교도들은 외세를 배척하고 탐관오리를 처벌하라고 촉구했어요¹⁸⁹³
년 3~4월.

이즈음 전라북도 고부^{오늘날의 정읍} 군수 조병갑의 학정*은 악명이 높았어요. 농민을 동원해 만석보라는 저수지를 쌓고는 물 사용료를

• **학정** 포악하고 가혹한 정치

동학 농민 운동을 묘사한 그림

내라며 세금을 거두었어요. 아버지의 공을 새긴 공덕비를 세우겠다며 백성들에게 돈을 거두기까지 했어요. 참다못한 고부의 동학 접주지역 책임자 전봉준이 농민군과 함께 봉기했어요1894년 1월.

농민들은 고부 관아를 접수한 뒤 곳간의 쌀을 농민과 빈민에게 나누어 주었어요. 그제야 사태의 심각성을 깨달은 정부가 조병갑을 파면했어요. 하지만 얼마 뒤 정부가 봉기 지도자들을 탄압하기 시작했어요. 결국 전봉준과 동학 지도부가 전라도 무장에서 다시 봉기했어요. 동학 지도부는 보국안민나라를 돕고 백성을 편안케 한다, 제폭구민폭정을 없애고 백성을 구제한다, 진멸권귀권세를 누리는 부패 관리를 모두 없앤다, 축멸왜이일본과 서양 세력을 모두 쫓아낸다를 구호로 내세웠어요. 이와 함께 사람을 죽이거나 물건을 훔쳐서는 안 된다는 등의 농민군 4대 강령도 발표했어요. 비로소 본격적인 동학 농민 운동이 시작된 거예요1894년 3월.

농민군의 기세는 강했어요. 전봉준이 이끈 농민군은 곧 다른 지역의 농민군과 합세해 고부 관아를 점령했어요. 이어 황토현과 황룡촌에서 잇달아 관군을 격파했고, 그 기세를 몰아 호남의 중심지인 전주성까지 점령했어요1894년 4월.

정부는 다시 청에 도움을 요청했어요. 그러자 텐진 조약에 따라 일본도 군대를 보냈어요. 농민군은 조선 땅에서 청과 일본이 전쟁을 벌이는 것을 원하지 않았어요. 농민군은 12개 폐정 개혁안을 정부에 제출하면서, 개혁안이 받아들여지면 해산하겠다고 했어요. 폐정 개혁안에는 노비 문서를 불태워 신분 차별을 철폐하고 토지 제도를 개혁해 토지를 공평하게 배분하며, 조세 제도를 개혁하자는 내용이 들어 있었어요. 탐관오리를 처벌하고, 과부의 재혼을 허가하라는 내용도 담겨 있었지요. 이 중에서 토지를 공평하게 배분하자는 조항은 갑신정변 때는 볼 수 없었던 내용이에요.

　정부는 농민군의 요구를 받아들였어요. 농민군은 정부와 전주 화약을 체결하고 해산했어요. 그 대신 전라도 전역에 농민의 자치 조직인 집강소를 설치해 치안을 담당하면서 폐정 개혁안을 하나씩 실천해 나갔어요.^{1894년 5월}.

　이제 청과 일본 군대는 자기 나라로 돌아가야 돼요. 하지만 일본은 오히려 경복궁을 무단 점령한 뒤 조선의 정치에 간섭하기 시작했어요. 동시에 청으로 눈을 돌려 전쟁을 일으켰어요. 이것이 바로 청일 전쟁이에요.^{1894년 6월}. 이 전쟁은 일본의 승리로 끝났어요. 일본은 시모노세키 조약을 체결하고 랴오둥반도, 펑후 제도, 타이완을 빼앗았지요.

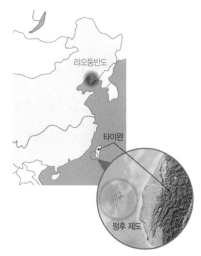

라오둥반도와 타이완, 펑후 제도 위치

　이제 다시 시선을 한반도 남부로 돌려볼까요? 청일 전쟁이 터진 후에 동학 농민군이 다시 봉기했거든요. 이것이 제2차 봉기예요.^{1894년 9월}. 수만 명의 농민군은 일본을 몰아내자며 서울로 진격했지요.^{1894년 10월}.

체포된 동학 농민 운동 지도자 전봉준

서울로 가는 길목인 공주 우금치 고개에서 일본군과 관군이 막아섰어요. 이 우금치 전투에서 안타깝게도 농민군이 크게 패했어요^{1894년 11월}. 이어 지도자인 전봉준마저 체포되고 말았어요^{1894년 12월}. 이어서 다른 동학 지도자들도 붙잡히고 전봉준이 처형됨으로써 동학 농민 운동은 결국 실패로 끝나고 말았답니다.

비록 동학 농민 운동은 실패로 끝났지만 의미가 없는 것은 아니에요. 동학 농민 운동은 우리 근대사에서 아주 중요한 사건이에요. 첫째, 이 운동은 봉건적 질서를 극복해 탐관오리를 처벌하고 토지와 조세 정책을 개혁하려 한 반봉건 운동이었어요. 둘째, 청일 전쟁 후에 민중이 중심이 되어서 일본의 침략을 물리치려는 반외세 민족 운동으로 발전했어요. 셋째, 이때의 개혁 내용은 갑오개혁 때 일부 반영되어 조선의 근대화에 기여했어요. 넷째, 반외세 투쟁 정신은 항일 의병 운동으로 이어졌어요. 동학 농민 운동의 의의가 꽤 크지요?

이번에는 눈을 돌려 경복궁으로 가 볼까요? 거기에서는 무슨 일이 벌어지고 있었을까요?

양반과 천민의 신분 차별은 언제 철폐됐을까?
└ 갑오개혁과 을미개혁의 추진과 의의

동학 농민 운동 중에 일본 군대가 경복궁을 점령했죠? 사실 조선 정부는 이미 교정청이란 기관을 설치해 근대화 개혁을 추진하고 있었어요. 하지만 일본은 이를 무시하고 김홍집을 앞세워 내각^{행정부}을 꾸리고는 강제로 개혁을 추진하도록 했어요.

김홍집 내각은 근대적 개혁을 주도할 새로운 정부 기구를 만들었는데, 바로 군국기무처예요. 이 군국기무처가 중심이 되어 단행한 근대적 개혁이 갑오개혁이죠^{1894년 7월}. 개혁 내용을 살펴볼까요?

우선 조선이 중국과 대등한 나라라는 사실을 공식적으로 밝혔어요. 국정과 왕실의 일을 분리한 점도 눈에 띄어요. 국정은 내각 역할을 하는 의정부에서 맡고, 왕실 사무는 궁내부에서 처리하도록 했지요.

경제 분야도 개혁했어요. 세금을 여러 관청이 걷어서 국가 재정을 마음대로 꺼내 쓰지 못하도록 탁지아문이란 관청으로 재정 업무를 일원화했어요. 또 당시 전 세계적으로 쓰고 있던 은 본위 화폐 제도*를 조선에도 도입했어요.

사회 분야에서도 많은 개혁이 이루어졌어요. 바로 이때 과거 시험이 폐지되었어요. 또한 신분제도 법적으로 완전히 사라졌지요. 과부가 다시 결혼하는 것도 허용되었어요. 어린 나이에 강제로 결

* **은 본위 화폐 제도** 일정량의 은이 갖는 가치를 기준으로 화폐의 가치를 매기는 제도

혼시키는 조혼을 금지했고, 죄가 없는데도 죄인의 친척이란 이유로 함께 처벌받는 연좌제를 폐지했죠.

이 무렵 일본은 청일 전쟁의 승리를 눈앞에 두고 있었어요. 자신감을 얻은 일본은 더 심하게 조선 내정에 간섭했어요. 일본은 군국기무처를 없애고 해외에 있던 박영효를 불러들여 김홍집과 함께 내각을 꾸리도록 했어요. 김홍집·박영효 연립 내각이 추진한 이 개혁이 제2차 갑오개혁이에요.1894년 12월.

이때 의정부를 내각으로 개편했어요. 조선 창건 이후 지속된 의정부가 바로 이 제2차 갑오개혁 때 폐지된 거예요. 내각은 개혁 방안을 담은 홍범 14조를 만들었고, 고종이 이를 반포했어요. 홍범 14조에는 제1차 갑오개혁의 내용이 대부분 담겨 있어요. 우선 조선이 자주국임을 선포했어요. 또 사법부를 독립시킴으로써 행정과 사법을 완전히 분리시켰어요. 그전까지 8도였던 지방 행정 조직은 23부로 개편했죠.

이 제2차 갑오개혁이 진행되는 동안 고종은 교육입국 조서를 발표했어요1895년 2월. 교육입국 조서는 근대 교육에 맞는 학제를 확립하기 위해 수립된 것이었어요. 이에 따라 전국에 소학교, 중학교, 사범 학교, 외국어 학교 등을 세웠지요.

개혁은 계속되고 있었지만 일본의 간섭이 갈수록 심해지는 것은 큰 문제였어요. 고종은 러시아를 이용하기로 했어요. 친일 내각을 이끈 박영효를 쫓아내고 친러파를 등용해 내각을 새로 꾸렸죠. 그러자 일본이 조선과 러시아 사이의 관계를 끊으려고 명성 왕후를 시해했어요. 이 사건이 을미사변이에요.[1895년 8월]

명성 왕후를 시해한 사건인 을미사변을 일으킨 일본의 낭인들

일본은 김홍집을 다시 불러들여 친일 내각을 끌어들였어요. 이때 추진된 개혁을 을미개혁이라고 해요. 갑오개혁의 연장선에 있어서 제3차 갑오개혁이라고도 하지요. 이때 단발령을 단행하고 태양력[양력]이 사용되었어요. 소학교를 설치하고, 종두법을 시행하는 조항도 개혁 내용에 들어 있어요. 갑신정변 때 중단되었던 우편 업무도 이때 다시 시작되었지요.

조선 백성들은 을미사변과 단발령에 분노했어요. 단발령은 상투를 자르라는 명령이었어요. 조선 사람들은 부모가 물려준 신체를 훼손하는 걸 크나큰 불효라고 여겼어요. 그러니 반발할 수밖에 없죠. 이에 의병 운동이 전국적으로 일어났어요. 양반 유생이 의병 운동에 많이 참여했는데, 이때의 의병을 을미의병이라 부른답니다.

전국에서 의병이 들고 일어나자 일본은 당황했어요. 일본은 의병을 진압하기 위해 한양의 일본군을 지방으로 이동시켰어요. 그 틈을 노려 을미사변 이후 왕궁에 갇혀 있던 고종이 러시아 공사관으로 피신했어요. 러시아 공사관을 한자로 쓰면 아관[俄館]이 돼요. 그래서 이 사건을 아관 파천[俄館播遷]이라고 하죠[1896년]. 파천은 임금이 난리를 피해 다른 곳으로 피신하는 일을 말해요. 러시아 공사관으로 피신한 고종이 개혁의 무효를 선언함으로써 을미개혁은 중단되었어요. 김홍집은 분노한 백성들에게 피살되었답니다.

1·2차 갑오개혁과 을미개혁을 통해 조선은 근대 제도를 시행함으로써 근대 국가로서의 면모를 어느 정도 갖추게 되었어요. 신분제도 사라졌고, 내각이 출범하면서 근대적 정치 체제도 갖추었어요. 다만 이러한 개혁이 일본의 강요와 간섭에 의해 이루어진 것이 한계로 지적돼요. 일본은 조선의 부국강병을 원치 않았어요. 그러니 군사나 토지 개혁과 같은 중요한 개혁이 이뤄지지 못했어요.

갑오개혁의 정신은 이후 독립 협회로 이어졌어요. 독립 협회를 만든 사람들이 모두 개화파 출신이었거든요. 또한 갑오개혁 정신은 1900년대 초의 애국 계몽 운동으로 이어지기도 했답니다. 그러니 갑오개혁은 나름대로 꽤 성공을 거두었다고 할 수 있겠지요?

영은문 자리에 독립문을 지은 까닭은?
ㄴ대한 제국의 탄생과 독립 협회의 활동

아관 파천 이후 러시아는 조선에 많은 이권을 요구했어요. 공짜로 고종을 보호해 준 게 아니었던 거예요. 러시아가 이권을 요구하자 나머지 서양 열강들도 이권을 달라고 아우성이었어요. 열강들과 조약을 체결할 때 포함했던 최혜국 대우 조항 때문이었지요.

이 조항에 따라 한 열강이 조선에서 이권을 가져가면 다른 열강들도 그 이권을 요구할 수 있었으니까요.

서재필과 부인인 뮤리엘 암스트롱

러시아는 두만강, 압록강, 울릉도의 삼림을 채벌할 수 있는 권리를 가져갔어요. 미국은 한양의 전차·전화·전등 부설권과 경인선서울-인천 부설권을 가져갔고, 프랑스는 경의선서울-신의주 부설권을 가져갔죠. 일본은 경부선서울-부산과 경원선서울-원산 부설권을 가져갔고, 나중에는 미국과 프랑스로부터 경인선과 경의선 부설권도 샀어요. 그 결과 조선의 모든 철도 사업은 일본이 장악하게 되었어요.

1890년대 후반에는 전국의 광산도 잇달아 열강의 손에 들어갔어요. 하지만 정부는 제대로 대응하지 못했어요. 그 대신 정부의 지원을 받은 한 민간단체가 본격적으로 활동을 시작했어요. 바로 독립 협회예요.

독립 협회를 만든 인물은 서재필이었어요. 갑신정변에 실패한 후 미국으로 망명을 떠났던 급진 개화파 인사였지요. 서재필은 먼저 정부로부터 4,400원을 지원받아 〈독립신문〉을 창간했어요. 〈독립신문〉은 최초의 민간 신문이자 한글로 된 첫 신문이랍니다. 이어 이상재, 이승만, 윤치호 등 개화파 인사들과 함께 독립 협회를 세웠지요1896년.

실제 영은문 모습(위)과 영은문에서 중국
사신을 접대하는 모습을 담은 그림

독립문

독립 협회의 첫 사업은 독립문을 만드는 것이었어요. 독립 협회는 영은문이 있던 자리에 독립문을 짓기 시작했어요. 영은문은 중국 사신을 맞던 곳이었어요. 조선이 더 이상 중국을 사대하지 않으며 엄연한 독립국임을 만방에 알리려고 이곳을 선택했던 거예요.

독립 협회는 고종의 환궁을 끈질기게 요청했어요. 결국 고종은 1년 만에 경운궁지금의 덕수궁으로 환궁했어요. 이어 추락한 조선의 위신을 높일 방안을 고심했어요. 그 결과 대한 제국의 건국을 선포하고 황제에 등극했어요1897년. 연호를 광무로 정했기에 고종을 광무 황제라고도 해요.

대한 제국은 대대적인 개혁에 돌입했어요. 이 개혁을 고종의 연호를 따서 광무개혁이라고도 해요1897년. 광무개혁은 러일 전쟁이 터지는 1904년까지 7년 동안 이어졌답니다. 이 개혁에 대해서는 곧 다루기로 하고, 다시 독립 협회의 활동을 살펴볼게요.

이 무렵 열강의 침탈이 심했다고 했죠? 독립 협회는 서울 종로에서 만민 공동회를 열고 러시아를 비롯한 열강들을 규탄했어요1898년. 이 만민 공동회는 누구나 참여할 수 있는 최초의 근대적 민중 집회였어요. 독립 협회는 이 집회를 통해 열강을 규탄함과 동시에 언론·출판·집회·결사의 자유, 신체의 자유, 재산권 보호 등과 같은 근대적 자유 민권 운동을 전개했어요.

나중에는 이 만민 공동회에 정부 관리들도 참석했어요. 이를 관민 공동회라 부르지요. 관민 공동회를 통해 독립 협회는 헌의 6조라는 개혁안을 제시했어요. 이 개혁안은 열강에 휘둘리지 않는 자주적 외교를 펼치고, 예산을 공개해 국정을 투명하게 하며, 내각의

고종이 대한 제국의 건국을 선포한 환구단

자문 기구인 중추원을 개편하자는 등의 내용을 담았어요. 고종 황제도 이 헌의 6조를 받아들였어요.

하지만 얼마 지나지 않아 고종 황제는 독립 협회를 탄압하기 시작했어요. 보수 세력이 독립 협회가 황제를 끌어내리고 공화정을 실시하려고 한다며 모함했기 때문이에요. 결국 고종 황제는 보부상들의 단체인 황국 협회를 동원해 만민 공동회 현장을 쑥대밭으로 만들었고, 이어 독립 협회를 해체시켰어요^{1898년 11월}.

황제의 의복인 황룡포를 입은 고종 어진

독립 협회의 활동에 대해 평가해 볼까요?

독립 협회는 '아래로부터의 근대화 개혁'을 추구했어요. 이를 위해 민중을 상대로 계몽 활동을 펼쳤어요. 매주 토론회와 강연회를 열어 자유 민권 사상을 확산시켰지요. 위정척사 운동이 의병 운동으로 이어졌듯 독립 협회의 정신은 훗날 애국 계몽 운동으로 이어졌답니다.

자, 다시 대한 제국의 이야기를 해 볼까요?

독립 협회를 해산시킨 후 고종 황제는 광무개혁에 더욱 속도를

오늘날의 탑골 공원

냈어요. 광무개혁의 기본 이념은 구본신참舊本新參이었어요. 옛 제도가 근본이며 새 제도는 참고한다는 뜻이지요. 대한 제국 정부는 이 이념에 충실하면서 통치 체제를 정비했어요. 최초의 근대적 헌법도 반포했어요. 그것이 바로 대한국 국제이지요.[1899년]

광무개혁에 따라 경제 분야에서도 변화가 나타났어요. 섬유, 운수 등 민간 회사들이 생겨났고, 관료와 상인이 함께 은행도 만들었어요. 또한 토지 소유권을 인정하는 문서인 지계를 발급했어요. 지계를 가진 사람이 토지의 주인임을 명확히 해 근대적 토지 소유권을 확립했고, 조세 수입도 늘릴 수 있었지요.

지금의 서울 광장이나 탑골 공원, 독립문 주변 공원이 이때 만들어졌어요. 또 전차와 철도, 전화 등 서양의 통신 수단도 적극 받아들였어요. 본격적으로 외국에 유학생을 보내 근대 산업 기술을 배우도록 했어요. 정부가 주도해 학교를 세우기도 했어요.

꽤 성과가 있는 것 같죠? 하지만 열강들은 대한 제국 정부가 개혁을 추진하는 것을 내버려두지 않았어요. 뿐만 아니라 국가 재정도 넉넉하지 않았어요. 이 개혁이 '위로부터의 개혁'이었다는 점도 한계로 지적돼요. 그 결과 국민의 삶을 크게 개선시키지는 못했지요.

한일 합병 조약이 무효인 까닭은?
└대한 제국의 위기와 강제적 한일 병합

아관 파천 이후 대한 제국에 대한 러시아의 영향력이 커졌어요. 러시아는 만주에서도 세력을 키우고 있었어요. 일본은 만주와 한반도를 러시아에 빼앗길까 봐 위기감을 느꼈어요. 일본은 유럽과 아시아에서 러시아와 대결을 벌이고 있던 영국과 영일 동맹을 체결했어요[1902년]. 이어 러시아 함대가 있는 뤼순항을 기습 공격했어요. 이렇게 해서 러일 전쟁이 시작됐어요[1904년].

러일 전쟁을 묘사한 그림

당시 고종 황제는 일본과 러시아, 어느 쪽의 편도 들지 않겠다며 중립을 선언했어요. 하지만 일본은 뤼순을 공격함과 동시에 서울로 군대를 보내 경복궁을 점령했어요. 이어 대한 제국 정부를 위협해 한일 의정서를 체결했어요[1904년]. 일본의 군사 작전상 필요하다면 조선의 영토를 마음대로 써도 된다는 내용이었어요. 대한 제국을 후방 기지로 활용하면서 쥐고 흔들겠다는 뜻이었죠.

당시 국제 사회에서는 러시아가 승리할 것이란 관측이 많았어요. 하지만 일본이 러시아를 일방적으로 몰아붙였어요. 전쟁에서 승리할 게 확실해지자 일본은 다시 대한 제국을 압박해 추가로 외

일본에 의해 대한 제국의 외교 고문에 임명된 더럼 화이트 스티븐스

국인 용빙 협정을 체결했어요. 외국인 고문을 대한 제국 정부에 두는 내용이었어요. 일본인 메가타 다네타로가 재정 고문, 미국인 스티븐스가 외교 고문에 임명되었죠. 이 조약을 제1차 한일 협약이라고도 해요.[1904년 8월]

이후 일본은 미국과 가쓰라-태프트 밀약을 체결했어요. 일본이 미국의 필리핀 지배를 인정하는 대신 미국도 일본의 한반도 지배를 묵인한다는 내용이었지요. 영국과는 2차 영일 동맹을 맺었어요.

얼마 지나지 않아 러시아가 항복했고, 두 나라는 미국 포츠머스에서 회담을 가졌어요.[1905년] 이때 체결한 포츠머스 조약에서 러시아는 일본이 한반도에서 우월적 지위를 가지는 것을 인정했어요. 사실상 일본의 한반도 지배를 러시아가 인정한 거예요.

대한 제국의 재정 고문이었던 메가타 다네타로

이후 일본은 대한 제국을 경제적으로 지배하기 위해 대한 제국의 화폐 개혁을 추진했어요. 또 차관도 제공했어요. 대한 제국이 막대한 빚을 지게 함으로써 일본에 종속하도록 하려는 의도였어요. 나중에 이 차관을 갚자는 국민 저항 운동이 일어나는데, 그게 국채 보상 운동이에요.

이어 일본은 이토 히로부미를 대한 제국에 파견했어요. 이토 히로부미는 친일파 대신들을 포섭한 뒤 군대를 동원해 황궁을 포위했어요. 이어 고종 황제가 끝까지 반대했음에도 불구하고 강제로 제2차 한일 협약을 체결했어요. 을사년에 체결되었기에 을사조약이라고도 해요.[1905년]

대한 제국 통감 시절의 이토 히로부미

을사조약은 을사늑약이라고도 해요. 늑약은 강압적으로 체결한 조약을 가리키는 말이에요. 실제로 고종 황제는 을사조약에 동의하지 않았어요. 문서에는 외부 대신이 자기 도장을 찍었지요. 그러니 을사늑약은 국제법상 효력을 발휘할 수 없다는 의견이 많아요. 그렇다면 이후 강제로 체결된 모든 조약도 당연히 무효가 되지요.

어쨌든 이 을사늑약을 통해 일본은 대한 제국의 외교권을 빼앗았어요. 대한 제국은 국제 사회에서 독립국의 지위를 잃게 되었어요. 일본은 통감부를 설치해 통감부의 우두머리인 통감이 대한 제국을 통치하도록 했어요.

민영환. 을사조약 체결의 폐기를 주장하다가 뜻을 이루지 못하자 국민과 외교 사절, 고종 황제에게 보내는 유서 3통을 남기고 자결하였다.

을사늑약을 체결했다는 소식이 알려지자 각계각층에서 저항 운동이 거세게 일어났어요. 언론인 장지연은 〈황성신문〉에 '이날을 목 놓아 통곡한다.'는 뜻의 〈시일야방성대곡〉이란 사설을 실었어요. 고종 황제의 호위 업무를 맡고 있던 민영환, 조병세를 비롯해 많은 대신이 조약의 파기를 주장하면서 자결했어요. 유생들은 조약을 파기해야 한다는 상소를 올렸어요. 서울에서는 민중들이 시위를 벌였고, 학생들은 수업을 거부했으며, 상인들은 가게 문을 닫았지요. 또한 전국적으로 항일 의병 운동이 일어나기도 했어요. 그야말로 모든 민족이 항일 투쟁을 벌인 거예요.

헤이그에서 열린 만국 평화 회의에 특사로 파견되었던 밀사. 왼쪽부터 이준, 이상설, 이위종이다.

고종 황제는 을사늑약이 무효란 점을 국제 사회에 호소하기로 했
어요. 먼저 미국에 도움을 요청했고, 이어 네덜란드 헤이그에서 열
리는 만국 평화 회의에 특사를 파견했지요[1907년]. 안타깝게도 헤이그
에 특사로 파견된 이준, 이상설, 이위종은 일본의 반대로 만국 평
화 회의에 참석하지도 못했어요. 설상가상으로 일본은 이 일에 대
한 책임을 물어 고종 황제를 강제로 끌어내렸어요. 이어 순종[용희 황제]
을 왕위에 올렸지요[1907년]. 이 순종이 조선의 마지막 왕이자 대한 제
국의 마지막 황제랍니다.

일본은 순종을 협박해 한일 신협약을 체결했어요. 정미년에 체결
했기 때문에 정미 7조약이라고도 하고, 1·2차에 이어 체결한 협약

이니 제3차 한일 협약이라고도 하지요[1907년]. 일본은 이 조약을 통해 일본 통감의 권한을 더욱 강화했어요. 한국인 대신 밑에는 일본인 차관을 두는 차관 정치를 시행했어요. 한국인 군대를 해산한 데 이어 대한 제국의 경찰권, 사법권까지 빼앗았어요. 신문법과 보안법을 만들어 언론·출판·집회·결사의 자유도 빼앗았지요.

1910년대의 순종(융희 황제)

일본은 이어 대한 제국을 병합하는 작업에 착수했어요. 친일파 대신들을 앞세워 한일 합병 조약을 체결하자고 억지 주장을 폈죠. 하지만 융희 황제는 끝까지 이 조약에 서명하지 않았지요. 그러자 총리대신 이완용이 황제를 대신해 조약에 서명했어요.

을사늑약에는 고종 황제가 서명을 하지 않았어요. 한일 합병 조약에도 융희 황제가 서명하지 않았어요. 최고 통치권자가 서명하지 않고 강압에 의해 다른 신하가 서명을 했다면 국제법상 이 조약은 법적 효력이 없어요. 쉽게 말하자면 이 모든 조약은 무효가 되는 거예요.

하지만 당시에는 이를 따질 수 없었어요. 이 조약에 따라 융희 황제는 황제 칭호를 빼앗겼고, 다시 왕으로 강등되었어요. 8월 29일, 강제적 한일 병합이 선포되었어요[1910년 8월 29일]. 이로써 우리 민족은 일제 강점기라는 긴 암흑기로 접어들게 되었어요.

대표적인 친일파인 이완용(위)과 송병준

항일 의병이 만주로 이동한 까닭은?
└항일 무장 투쟁과 애국 계몽 운동

지금까지 우리나라가 일본에 강제 병합되기까지의 역사를 살펴
봤어요. 우리 민족은 아주 거세게 저항했어요. 일본의 침략에 맞
서 일어난 항일 투쟁을 정리할게요. 우선 무력 투쟁부터 짚어 볼
까요?

대표적인 것이 항일 의병 운동이에요. 의병 운동은 크게 세 차례
에 걸쳐 전국적으로 일어났어요.

첫 번째가 을미사변과 단발령에 반발해 일어난 을미의병이었어
요^{1895년}. 을미의병은 고종이 아관 파천 이후에 단발령을 철회하면서
해산을 권하자 자진 해산했지요.

두 번째 일어난 의병은 을사조약 이후에 일어난 을사의병이에요
^{1905년}. 을미의병은 주로 양반 유생이 중심이었지만 을사의병은 다양
한 계층이 참여했어요. 양반 유생 최익현은 전라도에서, 평민 의병
장 신돌석은 태백산맥 일대에서, 관리 출신 민종식은 충청도에서
의병 부대를 지휘했어요. 특히 신돌석은 태백산 호랑이라고 불릴
만큼 용맹했어요. 신돌석이 이끈 의병 부대는 한때 3,000명에 이르
렀다고 해요. 산을 타고 유격 전술을 펼치는 바람에 일본군이 꽤 애
를 먹었지요. 최익현은 일본군에 체포된 후 쓰시마섬에 유배되었
지만 끝까지 단식 투쟁으로 맞서다 순국했어요.

최익현

고종이 강제 퇴위하고 군대까지 해산되자 다시 항일 의병 운동이 시작되었어요. 세 번째 일어난 이 항일 의병을 정미의병이라고 해요[1907년]. 이 정미의병에는 해산된 군인들까지 가세했어요. 대한 제국의 군대가 해산하던 날, 시위대 대대장인 박승환이 권총 자결하는 사건이 발생했는데, 이를 신호탄으로 해산 군인들이 무장해 일본과 싸웠지요.

의병 운동이 전국적으로 확산되면서 의병장들이 모여 통일된 항일 조직을 만들기도 했어요. 이 조직이 바로 13도 창의군이에요[1907년]. 경상북도에서 활동하던 의병장 이인영이 총대장으로 추대되었어요. 허위가 이끈 13도 창의군의 선발대는 통감부를 공격하기 위해 서울로 진격했지만 목적을 이루지는 못했어요.

1909년부터는 일본이 대대적인 토벌 작전을 시작하면서 더 이상 국내에서 투쟁할 수 없게 되었어요. 의병들은 만주와 연해주^블라디보스토크로 이동해 투쟁했어요. 이들이 나중에 독립군으로 활동한답니다.

이 밖에도 우리 민족의 목숨을 건 투쟁이 끊이지 않았어요. 나인영^{나철}과 오기호는 을사오적[*] 암살단인 자신회를 조직했어요[1907년]. 전명운과 장인환은 제1차 한일 협약 때 일본이 외교 고문으로 임명했고, 일본의 지배를 옹호한 미국인 스티븐스를 저격해 사살했어요[1908년].

안중근은 초대 통감이자 침략의 원흉인 이토 히로부미를 중국 만

* 을사오적 을사조약을 체결하는 데 가담한 다섯 명의 매국노를 일컫는다. 외부대신 박제순, 내부대신 이지용, 군부대신 이근택, 학부대신 이완용, 농상공부대신 권중현이다.

안중근 의사. 손가락을 자른 직후의 모습
이다.

주 하얼빈 역에서 사살했어요[1909년]. 안중근은 옥살이를 하
면서도 당당했어요. 오히려 일본이 제국주의적 속성을 버
리고 한·중·일 삼국이 평화롭게 공존해야 한다는 동양
평화론을 주장했답니다.

꼭 총과 칼로만 투쟁을 해야 할까요? 아니에요. 총과 칼
대신 붓과 펜을 들어 국민의 민족의식을 깨우거나 근대 사
상을 심어 주며 교육과 산업을 육성해서 우리의 실력을 키
우는 것 또한 훌륭한 항일 투쟁이 될 수 있지요. 이런 투쟁
을 통틀어 애국 계몽 운동이라고 한답니다. 이를 수행한
대표적인 비밀 결사가 신민회예요[1907년].

신민회는 독립 협회를 계승했어요. 안창호, 양기탁, 장지연, 신
채호 등 대부분이 독립 협회의 회원이었지요. 신민회의 목표는 크
게 두 가지였어요. 첫째가 국권을 회복해 독립을 이루는 것. 둘째
가 공화정을 수립하는 것이었지요. 이를 위해 신민회는 우선 애국
계몽 운동에 힘썼어요. 전국을 돌며 애국 강연회를 열거나 책과 잡
지를 발행했지요.

신민회는 우리 민족 자본을 육성하려고 태극 서관이라는 출판 회
사도 운영했어요. 민족 교육을 실시하기 위해 안창호는 평양에 대
성 학교를 세웠고, 이승훈은 평안북도에 오산 학교를 세웠죠. 하지
만 일본의 탄압이 더 심해졌어요. 결국 신민회는 만주 삼원보로 옮
겨 독립운동 기지를 만들었어요. 대표적인 것이 이회영이 만주 삼

원보에 세운 신흥 강습소랍니다.

일본은 한국을 병합한 후 신민회 회원들이 총독을 암살하려 했다며 잡아들이기 시작했어요. 이때 105명이 징역형을 받았는데, 이 사건을 105인 사건이라고 해요. 이 사건으로 신민회는 해체되고 말았어요[1911년].

105인 사건으로 체포된 인사들

독도의 날이 10월 25일인 까닭은?
ㄴ일본의 독도 영유권 주장과 역사 왜곡

일본은 러일 전쟁 도중에 독도를 강탈했어요. 일본은 지금도 독도를 '다케시마'라 부르며 일본 영토라고 주장하고 있어요. 물론 사실이 아니지요. 독도는 우리 정부가 당당히 주권을 행사하고 있으며 역사적으로나 국제법상으로 명백한 우리 영토예요. 이 점에 대해서는 꼭 짚고 넘어가야 할 것 같아요.

러일 전쟁이 터지자마자 일본이 한일 의정서를 강요했지요? 이 조약에 보면, 일본은 군사적으로 필요할 경우 우리 땅을 언제든지 사용할 수 있다는 조항이 있어요. 일본은 이 조항을 악용해 러시아 함대를 감시하기 위한 망루를 울릉도에 설치했고, 독도에도 망루를 설치한다는 계획을 세웠어요. 이때 일본은 "독도는 주인이 없는 땅

독도. 우리나라의 수비대가 지키고 있다.

이다."라며 시마네현에 편입시켰어요[1905년].

하지만 대한 제국 정부는 이미 5년 전에 독도가 우리 땅임을 분명히 밝히는 칙령 제41호를 반포하고 정부 문서인 대한 제국 관보에도 실었어요[1900년 10월 25일]. 일본은 이 사실을 알면서도 버젓이 독도를 자기네 영토라며 시마네현에 편입시킨 거예요. 국제법상 명백한 불법 행위죠. 오늘날 10월 25일은 독도의 날이에요. 칙령 제41호의 발표를 기념하기 위해서 이날로 정한 거랍니다.

사실 독도가 우리 땅이라는 사실을 입증하는 역사 기록은 많아요. 《삼국사기》에 따르면 신라 지증왕의 명령을 받은 이사부가 우산국을 정벌했어요[512년]. 우산국은 신라에 조공을 바쳤는데, 오늘날의 울릉도와 독도를 포함한 주변의 섬을 아우르는 나라였어요.

15세기에 편찬된 《고려사》, 16세기에 편찬된 《신증동국여지승람》에도 울릉도와 독도에 대한 기록이 있어요. 특히 《신증동국여지승람》은 한반도의 지역별 정보를 담은 지리서예요. 만약 울릉도와 독도가 우리 영토가 아니라면 이 책에 수록할 이유가 없지요.

지도에서도 똑같은 점을 확인할 수 있어요. 16세기의 〈팔도총도〉와 18세기의 〈동국지도〉에는 울릉도와 독도가 우리 영토로 표시되어 있어요. 18세기에 유럽 사람들이 그린 〈조선왕국전도〉나 〈일본전도〉에도 울릉도와 독도는 조선의 영토로 표기되어 있어요. 심지어 18세기 중반 일본의 학자 하야시 시헤이가 만든 〈삼국접양지도〉에도 울릉도와 독도가 조선의 영토로 되어 있어요.

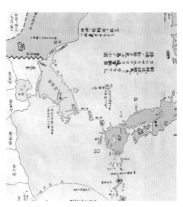

1785년 일본에서 만든 〈삼국접양지도〉. 울릉도와 함께 독도를 조선 영역으로 표시하고 있다.

조선 후기의 외교 관계에서도 주목할 만한 내용이 좀 있어요. 당시 일본의 에도 막부는 독도가 조선의 영토라는 사실을 공식으로 인정했어요. 숙종 시절이었어요. 어부 안용복은 독도 주변에서 고기잡이를 하는 일본 어선을 붙잡고 "왜 남의 나라 바다에 와서 어업을 하느냐."라고 따졌어요. 안용복은 이윽고 일본으로 건너가 울릉도와 독도가 우리 땅임을 당당하게 주장했어요. 그때 에도 막부는 안용복의 주장에 동의하며 "독도는 조선 땅이다."라는 사실을 문서로 공식 인정했답니다.

내친 김에 20세기 이후의 상황도 한꺼번에 살펴볼게요. 국제 사회는 독도를 어느 나라의 영토로 봤을까요? 물론 대한민국의 영토로 봤어요. 이를 입증하는 국제 기록이 많이 남아 있어요. 제2차 세계 대전에서 패망한 일본은 한동안 미군의 통치를 받았어요. 당시 일본의 군정 사령관인 맥아더는 일본 어선들이 조업할 수 있는 영역을 정했는데, 이게 '맥아더 라인'이에요.[1945년 9월] 독도는 이 맥아더 라인 밖에 있었어요. 맥아더가 독도를 한국의 영토로 봤다는 뜻이지요.

연합국 최고 사령부도 맥아더와 같은 생각이었어요. 연합국 최고 사령부는 '연합국 최고 사령관 지령 677호'를 통해 "울릉도와 제주도, 독도를 일본 영토에서 제외한다."라고 발표했어요[1946년 1월]. 연합국은 나아가 '지령 1033호'를 통해 "일본의 선박은 독도의 12해리* 이내에 접근할 수 없다."라며 다시 독도가 한국 영토임을 명확히 했어요[1946년 6월]. 이승만 대통령 또한 '해양에 대한 주권 선언'을 통해 독도가 우리 영토임을 분명히 밝혔지요[1952년 11월].

독도가 한국 영토라는 명백한 근거들이 이렇게 많은데 일본은 아직까지도 독도 영유권을 주장하고 있어요. 영유권은 영토를 관리할 수 있는 권리를 뜻해요. 뿐만 아니라 시마네현 의회는 독도를 시마네현에 편입한 날을 기념해 '다케시마의 날'을 제정하기도 했어요[2005년]. 중학교 교과서에도 일본에 독도 영유권이 있다는 주장을 실었고, 이런 내용을 교사들이 지도하도록 학습 지도 요령도 발간했지요[2008년].

사실 일본의 역사 왜곡은 독도에 국한된 게 아니에요. 문제는 이런 역사 왜곡을 청소년들이 배우는 교과서에도 그대로 싣고 있다는 데 있어요. 역사를 왜곡한 일부 교과서에는 태평양 전쟁을 '대동아 전쟁'이라며 이 전쟁의 목적을 '아시아를 서양으로부터 해방시키는 것'이라고 서술하고 있어요.

이런 교과서들은 일본의 침략 전쟁을 미화하거나 고대 역사를 과장하면서도 일본군 위안부 문제와 같은, 정말로 반성해야 할 부분은 아예 수록하지도 않았어요. 일본 우익*들은 이런 교과서를 통해

● **해리** 거리를 재는 단위로, 바다 위나 공중에서 긴 거리를 나타낼 때 쓴다. 1해리는 1,852미터에 해당하지만 나라마다 약간씩 다르다. 배의 속도를 표시할 때는 시속 1해리를 1노트(knot)로 한다.
● **우익** 한 국가 내에서 보수적인 성향을 가지거나, 자기 나라만이 가장 뛰어나다고 믿으며 다른 나라를 배척하는 태도나 경향

공부하면 청소년들이 일본에 대해 자긍심을 가질 거라고 말해요.
정말 그럴까요? 왜곡된 역사를 통해 형성된 비뚤어진 민족의식은
다른 나라와의 갈등만 부추길 거예요.

일제는 왜 한국인의 교육 기회를 박탈했을까?
└무단 통치와 3·1 운동

일제는 대한 제국을 강제로 병합한 후 조선 총독부를
설치했어요. 총독은 입법, 사법, 행정 등 삼권을 모두 장
악했어요. 초대 총독에는 일본 육군 대장 출신 인사가
임명되었어요. 이후로도 육군이나 해군 대장 출신이 총
독에 임명되었어요. 일제 강점기 내내 군인이 한국을 식
민 통치한 셈이지요.

조선총독부 건물. 광화문과 근정전 사이
에 있던 것을 1995~1996년에 해체했다.

치안은 일본 경찰이 담당했어요. 그런데 이 경찰이 보
통 경찰과 조금 달라요. 이름부터가 헌병 경찰이었어요.
헌병 경찰은 치안 업무만 담당한 게 아니에요. 한국 독
립운동가와 의병을 색출해 내는 게 더 중요한 업무였지
요. 조선 총독부는 한국인의 언론·출판·집회·결사의
자유도 박탈했어요. 민족의식을 꺾기 위해 제대로 된 교
육 기회도 주지 않았어요.

일본의 헌병 경찰들

일본 유학생들이 2·8 독립 선언을 했던
도쿄 히비야 공원

제1차 세계 대전이 막바지로 치달을 무렵이었어요. 미국의 윌슨 대통령이 전쟁을 끝내기 위해 총 14개 조항으로 되어 있는 '14개조안'을 미국 의회에서 발표했어요.[1918년] 이 '14개조안'의 핵심은 민족 자결주의*였어요. 이 민족 자결주의에 맞춰 국내외에서 독립 투쟁이 본격화했답니다.

먼저 중국 상하이에 있던 신한청년당은 우리 민족의 독립 의지를 전 세계에 알리기 위해 파리 강화 회의에 김규식을 파견했어요. 만주에서는 독립운동 지도자 39명이 모여 독립 선언을 했어요. 이것이 바로 대한 독립 선언서예요.[1919년 2월] 이 선언에서 독립운동 지도자들은 한일 합방 조약은 협박과 사기로 이루어졌기에 무효라면서 총궐기하자고 촉구했어요. 일본 도쿄에서도 한국인 유학생 600여 명이 독립 선언서를 발표했어요. 바로 2·8 독립 선언이죠[1919년 2월].

해외에서 잇달아 독립 선언 운동이 일어나자 국내에서도 독립 선언 움직임이 나타나기 시작했어요. 천도교, 기독교, 불교 등 종교계 인사들을 중심으로 한 민족 대표들은 고종 황제의 인산일[장례일]인 3월 3일에 거사하기로 했어요. 천도교 대표인 손병희가 거사를 주도했고, 그를 포함해 33명의 민족 대표가 독립 선언서에 서명했지요. 하지만 독립 선언서를 인쇄하는 현장을 경찰에게 들키고 말았어요. 결국 거사 날짜를 3월 1일로 당겼어요.

• 민족 자결주의 한 민족이 다른 민족이나 국가의 간섭을 받지 않고 스스로 나아갈 방향을 결정하는 것이 옳다는 생각. 미국의 윌슨 대통령이 1918년에 주장한 것으로, 식민지 국가의 독립운동에 큰 영향을 미쳤다.

3월 1일이 되자 민족 대표들은 서울 종로의 태화관에 모여 독립 선언서를 낭독한 뒤 스스로 경찰에 출두했어요. 이와 별도로 탑골 공원에서는 학생들이 독립 선언서를 낭독하고 "대한 독립 만세."를 외치며 시위를 벌이기 시작했죠. 시민들도 시위에 가세했어요. 이렇게 해서 3·1 운동이 본격적으로 시작되었어요 1919년 3월 1일.

광화문 부근에서 만세를 외치고 있는 민중들

시위대는 서울 전역에서 "대한 독립 만세.", "독립 정부 수립.", "일본은 돌아가라." 등의 구호를 외쳤어요. 만세 시위는 전국으로 확산했어요. 시골, 도시 할 것 없이 만세 시위가 일어났지요. 농민, 상인, 노동자, 학생, 노인, 어린이 구분할 것 없이 모든 계층, 모든 연령대가 시위에 참여했어요. 3·1 운동은 만주, 연해주, 일본, 미국 등 해외로도 확산했어요. 전 세계에 있던 동포들이 일제히 "대한 독립 만세"를 외치며 시가행진을 벌였어요.

해외 언론에 실린 3·1 운동 당시의 사진 기사에는 '무장한 사람은 아무도 없었다.' 라고 적혀 있었다.

시위대는 일절 폭력을 쓰지 않았어요. 하지만 일제는 헌병 경찰과 군대를 투입해 무자비하게 진압했어요. 일제는 평안도 정주군에서 만세 시위에 참여한 100여 명을 체포해 절반 정도를 고문해 죽였어요. 충청도 천안 아우내 장터에서는 이화 학당 출신의 유관순이 만세 시위를 주도했어요. 유관순은 서울 서대문 형무소로 끌려갔다가 나중에 고문 후유증으로 숨졌답니다. 경기도 화성 제암리에서도

만세 시위를 진압하기 위해 무장한 채 도열해 있는 일본 경찰들

시위가 일어났는데, 일제는 마을을 불태우고 주민들을 교회에 감금해 학살했어요.

3~5월에 전국적으로 1,500회 이상의 만세 시위가 발생했고, 200만 명 이상이 여기에 참여했어요. 이 기간 일제에 학살된 사람만 무려 7,500여 명이었어요. 옥에 갇힌 사람은 4만 5,000명이 넘어요. 얼마나 일제가 잔학했는지 알 수 있겠지요? 하지만 조선 총독부의 기록에는 일제의 진압 과정에서 사망한 사람은 553명에 불과하다고 적혀 있어요. 일제가 의도적으로 피해자의 숫자를 축소한 거예요.

일제가 이처럼 살인적으로 만세 시위를 진압하자 시위 양상이 조금 달라졌어요. 처음에는 비폭력 시위였지요? 나중에는 진압하는 경찰을 공격하거나 경찰서, 면사무소 같은 식민 통치 기관을 습격했어요. 친일파를 처단하는 비밀 결사도 활발하게 활동했지요.

3·1 운동은 전 세계에 우리 민족의 독립 의지를 알린 쾌거였어요. 약 두 달 후 중국에서 일어난 항일 저항 운동인 5·4 운동에도 큰 영향을 미쳤지요. 당시 5·4 운동 격문*에는 한국의 3·1 운동을 언급하면서 중국인의 총궐기를 호소하는 내용이 들어 있어요. 훗날 인도의 독립운동가 네루는 옥중에서 딸에게 편지를 보낼 때 3·1 운동의 위대함을 언급하기도 했답니다.

또한 3·1 운동은 신분이나 계층, 남녀 관계없이 우리 민족 모두가 나선 항일 운동이었어요. 이 3·1 운동은 우리 민족이 각성하는

* **격문** 어떤 일을 급히 알리기 위해 여러 곳에 보내는 글

계기가 되기도 했어요. 이후 다양한 분야에서 사회 운동과 민족 운동이 활발하게 벌어진답니다.

왜 임시 정부는 상하이에 있었을까?
└대한민국 임시 정부의 수립

3·1 운동은 범민족 저항이었지만 독립으로 이어지지는 못했어요. 희생자도 적지 않았지요. 여러 이유가 있겠지만 3·1 운동을 체계적으로 지휘한 지도부가 없었다는 점도 중요한 이유일 거예요. 평화적 시위로는 독립을 쟁취하기 어렵다는 비판도 나왔어요. 이에 독립운동가들은 일제와 지속적으로 싸우려면 국내외에서 벌어지는 독립운동을 지휘할 지도부가 필요하다는 사실을 깨달았어요.

먼저 연해주로 가 볼까요? 3·1 운동이 끝난 직후 연해주 블라디보스토크에 대한 국민 의회가 세워졌어요 1919년 3월. 대한 국민 의회는 임시 정부 역할을 하겠다고 선언했어요. 얼마 후에는 중국 상하이에서 또 다른 임시 정부가 탄생했어요. 바로 상하이 임시 정부이지요. 같은 달 서울에서도 전국 13개 도의 대표가 모여 한성 정부를 만들었어요 1919년 4월.

종합하자면, 3·1 운동 이후 서울과 상하이, 연해주

연해주 위치

대한민국 임시 정부의 국무원들
앞줄 왼쪽부터 신익희, 안창호, 현순. 뒷줄
왼쪽부터 김철, 윤현진, 최창식, 이준숙.
1919년 10월 11일에 촬영한 사진이다.

이승만
대한민국 임시 정부의 초대 대통령이다.
그는 임시 정부 시절 지나치게 외세에 의
존하는 방향으로 독립운동을 전개해 결국
탄핵되었다.

세 곳에서 거의 동시에 임시 정부가 세워진 거예요. 독립운동가들이 지도부의 필요성에 상당히 공감했다는 사실을 알 수 있겠지요? 하지만 우리 민족을 대표할 임시 정부가 이렇게 많아서도 곤란해요. 결국 독립운동가들은 여러 임시 정부를 하나로 통합하기로 했어요.

이 논의 과정에서 가장 주목 받은 곳이 상하이였어요. 일단 중국에 임시 정부를 두면 일제의 감시를 어느 정도 피할 수 있어요. 또 상하이에는 영국, 미국 등 서양의 외교관들이 많이 드나들었어요. 그러니 상하이에 임시 정부를 두면 외교 활동이 훨씬 수월해질 수 있지요. 최종적으로 13개 도 대표가 참여한 한성 정부를 계승하되 상하이에 통합 임시 정부를 두는 걸로 결정되었어요. 이렇게 해서 탄생한 것이 대한민국 임시 정부예요^{1919년 9월}.

대한민국 임시 정부는 우리 역사상 첫 민주 공화제 정부예요. 입법^{임시 의정원}, 행정^{국무원}, 사법^{법원} 등 삼권 분립을 철저히 따랐어요. 대한민국 임시 정부의 초대 대통령에는 이승만, 국무총리에는 이동휘가 선출되었어요.

대한민국 임시 정부는 여러 단체들을 통합하면서 독립운동을 체계적으로 지휘했어요. 이를 위해 여러 조직도 만들었는데, 대표적인 것이 연통제와 교통국이었어요.

연통제는 국내외 독립운동가 및 단체와 연락하기 위한 비밀 행정 조직이었어요. 이 조직을 통해 정부의 명령을 전달하고, 정보를 취합했으며, 독립운동에 쓸 군자금을 모았어요. 교통국은 대한민국 임시 정부 교통부 산하에 둔 비밀 연락 조직으로, 국내 독립운동가 및 단체들과 연락을 많이 했지요. 이 밖에 미국 워싱턴에는 구미 위원부*, 프랑스 파리에는 파리 위원부를 두었어요.

대한민국 임시 정부는 독립운동 소식을 전하기 위해 〈독립신문〉을 간행했어요. 1890년대에 독립 협회가 발간한 신문과 이름이 같아요. 하지만 이름만 같지 내용은 달라요. 이 점 혼동하지 마세요. 대한민국 임시 정부는 이 밖에도 정부 이름으로 독립 공채*를 발행해 독립운동 자금을 모으기도 했어요.

대한민국 임시 정부 초기에는 서양에 우리 독립의 필요성과 정당성을 알리는 외교전에 특히 주력했어요. 이 무렵 프랑스에는 파리 강화 회의에 참석하기 위해 김규식이 건너가 있었어요. 대한민국 임시 정부는 김규식을 외교에 있어 모든 권력을 행사할 수 있는 전권 대사로 임명해 독립 청원서를 제출하도록 했어요. 스위스 만국 사회당 대회에는 조소앙을 보내 한국 독립 승인 결의안을 통과시키도록 독려했지요.

임시 정부의 활동이 꽤 활발한 것 같지요? 하지만 실제로는 임시 정부의 활동이 수월하게 이루어지지 못했어요. 무엇보다 일제의 감시와 탄압이 심했기 때문이에요. 얼마 후에는 연통제와 교통국까지

- 위원부 대한민국 임시 정부 산하의 외교 담당 기관. 미국 워싱턴과 프랑스 파리에 있었다.
- 공채 국가나 지방 단체가 일정한 재정을 모을 목적으로 민간에게 빚을 지면서 발행하는 채권이다. 임시 정부가 발행한 공채는 독립 자금을 모금하기 위한 것이었다.

김구
대한민국 임시 정부의 국무령을 지냈다.
국무령은 오늘날의 대통령에 해당한다.

발각되어 버렸지요. 그러다 보니 국내외 독립운동가들과의 연락도 쉽지 않았어요.

외교 활동도 큰 성과를 보지 못했어요. 강대국이 우리를 외면했기 때문이에요. 바로 이런 점 때문에 임시 정부가 지나치게 외교 활동에만 신경 쓴다는 비판이 나왔어요. 결국 임시 정부 안에서 독립운동 방법을 둘러싸고 갈등이 커졌어요. 이 갈등을 없애기 위해 국민 대표 회의가 열렸어요[1923년]. 하지만 의견 차이를 좁히지 못했지요. 결국 무장 투쟁을 주장하는 운동가들이 먼저 떠났어요. 이승만 대통령은 국제 사회에 한국을 위임 통치해 달라는 탄원서를 제출했다가 탄핵되었지요.

그래도 대한민국 임시 정부는 무너지지 않았어요. 김구와 이시영, 이동녕 등이 주축이 되어 굴하지 않고 투쟁했어요. 일제의 탄압을 피해 정부 청사를 무려 여섯 번이나 옮겨야 했지요. 오늘날 대한민국 정부는 이 대한민국 임시 정부를 계승하고 있다는 사실, 잊어서는 안 되겠죠?

광주 학생들은 어떤 구호를 외쳤을까?
└1920년대 국내 민족 운동

3·1 운동은 일제의 간담을 서늘하게 했어요. 일제는 한국인을 무단 통치*하는 게 쉽지 않다는 사실을 깨달았어요. 게다가 국제 여론도 일제에 나빠졌어요. 결국 일제는 식민 지배 방식을 문화 통치*로 바꿨어요.

그런데 일제가 정말로 우리 민족을 문화적으로 통치한 걸까요? 겉으로는 그렇게 보여요. 헌병 경찰도 없앴고, 언론·출판·집회·결사의 자유도 일부 허용했어요. 하지만 실제로는 흉내만 냈을 뿐 바뀐 것은 거의 없었어요. 오히려 일제는 친일 단체를 적극 지원하고 지식인들을 꼬드겨 친일파로 만들려 했어요. 우리 민족을 이간질하려 한 거죠. 그래서 민족 분열 통치라 부르는 게 더 진실에 가까워요. 자, 이제 1920년대의 민족 운동에 대해 살펴볼까요?

우선 민족주의* 계열이 여러 민족 운동을 펼쳤어요. 우리 민족 기업을 육성하자는 물산 장려 운동을 비롯해 민족주의 계열의 지식인이 주도한 이런 운동을 통틀어 실력 양성 운동이라고 해요. 우리 힘을 키워 독립을 이루자는 것이죠. 물산 장려 운동에 대해서는 뒤에서 경제 분야를 다룰 때 이야기할게요.

민족주의 계열은 이것 말고도 또 다른 실력 양성 운동인 민립 대학 설립 운동을 벌였어요.^{1922년}. 일제가 조선 교육령을 개정함으로써

* **무단 통치** 군대나 경찰 등의 무력을 동원하여 행하는 정치
* **문화 통치** 어느 정도 자유를 허용하면서 비교적 억압적이지 않은 방식으로 행하는 정치. 3·1 운동 이후 일제는 무단 통치의 한계를 인식하여 문화 통치로 지배 방식을 바꾸었다. 하지만 1930년대에 일제는 우리 민족의 민족성을 없애려는 민족 말살 통치로 다시 방향을 바꾼다.
* **민족주의** 한 민족의 독립과 통일을 가장 중시하는 사상이다. 분열된 민족의 정치적 통일을 이루며, 외국의 지배로부터 벗어나 독립을 이루고자 한다.

한국인도 대학을 설립할 수 있게 되자 이상재가 중심이 돼 추진했어요. "1,000만 민족이 한 사람당 1원씩 내자."라는 구호 아래 전국적으로 대학 설립을 위한 모금 운동을 전개했죠. 하지만 일제의 탄압으로 인해 성공하지는 못했어요.

농민, 노동자, 도시 빈민 등을 위한 문맹 퇴치 운동도 활발하게 벌어졌어요. 이들은 야학과 강습소를 만들어 글자를 모르는 사람에게 한글을 가르쳤어요. 이 운동은 농촌 계몽 운동으로도 이어졌지요.

이 무렵 사회주의* 계열도 국내에서 성장하고 있었어요. 조선 공산당이 결성되었고[1925년]. 그 후 사회주의 관련 단체가 300여 개를 넘어설 정도로 세력이 커졌지요. 민족주의 계열과 사회주의 계열이 손을 잡기도 했어요. 바로 6·10 만세 운동이에요[1926년].

6·10 만세 운동은 순종[융희 황제]의 국장일에 맞추어 계획되었어요. 민족주의 계열의 종교 지도자, 사회주의자, 학생 등 각계각층에서 거사를 준비했지만 사회주의 계열도 참여했어요. 일제의 탄압이 심해 6·10 만세 운동은 3·1 운동처럼 전국적으로 퍼지지는 못했어요. 그래도 한동안 침체했던 항일 운동에 불을 지피는 역할을 했답니다.

1920년대에 일제가 문화 통치를 시행했죠? 여기에 일부 민족주의 계열의 운동가들이 동조하기 시작했어요. 그들은 일제 식민 지배를 받아들이고 우리 민족의 역량을 키우자는 자치론을 주장했어

● 사회주의 사유 재산 제도를 부정하고 생산 수단을 공유하여 공평한 분배가 이루어져야 한다고 주장하는 사상이다. 자본주의의 모순을 극복하기 위해 탄생했다. 일제 강점기 시절 우리나라에서의 사회주의는 민족주의와 충돌하고는 했는데, 이는 민족주의 계열 운동가들이 어느 정도 자본주의를 수용한 반면 사회주의 계열 운동가들은 자본주의를 부정할 뿐만 아니라 민중을 지배하는 어떠한 정부도 존재해서는 안 된다는 무정부주의를 따랐기 때문이다. 대체로 독립운동 시기의 민족주의자를 우파, 사회주의자를 좌파로 구분한다.

요. 비타협적 민족주의자들은 그들과 선을 그었고, 사회주의 계열의 운동가들과 손을 잡았어요. 두 운동가 진영은 이념을 넘어 민족의 해방과 독립을 표방하며 신간회를 창립했어요[1927년].

월남 이상재

신간회의 초대 회장은 민족주의 계열의 이상재가 맡았어요. 민립 대학 설립 운동을 주도했던 인물이지요. 신간회가 만들어지고 3개월이 지난 후에는 근우회란 여성 단체도 창립되었어요.

신간회는 전국에 140여 곳의 지회를 둔, 국내 최대 규모의 정치 사회 단체로 성장했어요. 하지만 일제의 탄압이 심해서 대형 집회를 가질 수는 없었어요. 이 때문에 수시로 강연회와 연설회를 열었어요. 이를 통해 일제의 식민 정책을 비판하며 민족의식을 고취시켰지요. 이 무렵 농민 운동과 노동 운동이 꽤 활발했는데, 여기에 대한 지원도 아끼지 않았어요.

그러던 중 광주의 열차에서 일본 남학생이 한국 여학생의 댕기머리를 잡아당기며 희롱한 사건이 발생했어요. 이게 발단이 돼서 한일 학생들 사이에 집단 싸움이 벌어졌어요. 경찰은 대충 수사를 끝내고 한국 학생만 처벌했어요. 이 사실이 광주 전역에 알려졌어요. 광주 지역의 한국 학생들이 결국 봉기했죠. 이것이 광주 학생 항일 운동이에요[1929년 11월 3일]. 오늘날 학생의 날이 11월 3일인 것은, 이 광주 항일 학생 운동을 기념하기 위해서랍니다.

1929년 11월 6일자 동아일보에 실린 광주 항일 학생 운동 관련 기사. 빨간색으로 표시한 부분이다.

일제는 광주에 휴교령을 내렸어요. 하지만 시위는 빠른 속도로 확산했어요. 바로 이때 신간회도 뛰어들어 항일 학생 운동을 적극 지원했어요. 다른 학생 단체와 사회단체들도 뛰어들었어요. 이에 광주 항일 학생 운동은 전국적인 항일 민족 운동으로 확산되었지요.

전국의 학교 대부분이 동맹 휴업을 하거나 시위에 참여했어요. 이 운동에 동참한 학교만 194개였고, 참여 인원은 5만 4,000여 명이었어요. 3·1 운동 이후 최대 규모의 항일 민족 운동이 터진 거예요. 시위대는 식민지 교육 제도를 철폐하고 한국인에 맞는 교육 제도를 확립하라고 외쳤어요. 언론·출판·집회·결사의 자유를 보장하며 민족 차별을 중지하라고 요구했어요. 나아가 일제를 타도하고 대한민국의 독립을 쟁취하자고 주장했지요.

당황한 일제는 시위를 주도한 학생들을 학교에서 내쫓았어요. 약 580명이 퇴학 처분으로 학교를 떠나야 했고, 2,330명이 무기정학 처분을 받았지요. 이렇게 해서 광주 학생 항일 운동은 끝이 났어요. 일제는 신간회 지도부와 핵심 회원들도 대거 체포했어요. 그 결과 신간회는 해체되고 말았어요[1931년]. 이로써 좌우 이념의 합작은 끝이 나고 말았답니다.

일본이 간도 참변을 자행한 까닭은?

└ 1920년대 국외 무장 독립 투쟁

지금까지 1920년대에 국내에서 일어난 독립운동을 주로 살펴보았어요. 국외에서는 어땠을까요?

단재 신채호

만주, 연해주 등에서도 독립운동이 활발히 이루어졌답니다. 다만 분위기는 국내와 사뭇 달랐어요. 3·1 운동 이후 비폭력 투쟁만으로는 독립을 얻을 수 없다며 무장 투쟁을 주장하는 목소리가 커졌거든요. 실제로 3·1 운동 이후 피 끓는 젊은이들이 많이 독립군에 합류했어요. 그 결과 1920년대 이후 무장 독립 투쟁이 본격화했어요. 자세히 살펴볼까요?

3·1 운동이 터진 바로 그해, 만주 지린성에서 김원봉이 의열단이란 항일 무장 독립운동 단체를 설립했어요 1919년. 의열단은 정의를 맹렬히 실행한다는 뜻이에요. 의열단은 민족주의 사학자이자 독립운동가인 신채호가 쓴 〈조선 혁명 선언〉을 활동 지침으로 삼았어요. 이 선언에서 신채호는 "외교를 통해 독립을 얻

의열단 단원들

자는 주장이나 실력을 키워 독립을 준비하자는 주장은 옳지 않다." 라고 했어요. 독립을 얻으려면 목숨을 걸고 싸워야 한다는 것이지요. 의열단 단원들은 이 지침에 따라 조국의 독립을 가장 정의로운 것으로 여기고 목숨을 바치는 것을 당연하게 받아들였어요.

부산 경찰서 폭탄 투척 사건으로 의열단
활동을 본격화한 박재혁

의병장 홍범도. 그는 사냥꾼 출신으로 사
격술에 능했다.

의열단의 주요 임무는 조선 총독부를 비롯한 일제 식민 통치 기관을 파괴하고, 일본인 고위 관료나 친일파를 암살하는 것이었어요. 박재혁, 최수봉, 김익상, 김상옥, 김지석, 나석주 등 많은 의열단 단원들이 목숨을 걸고 싸웠어요.

이번에 살펴볼 단체는 홍범도가 이끈 대한 독립군이에요[1919년]. 우리 독립군 역사에서 최대 전적을 거둔 청산리 대첩이 바로 이 대한 독립군으로부터 시작되거든요.

대한 독립군은 다른 독립군 부대들과 함께 수시로 함경도 지방의 일본 병영이나 순찰소를 기습 공격했어요. 매번 당하기만 하니 약이 오른 일본군은 독립군의 근거지인 만주 봉오동을 치기로 하고 대규모 병력을 보냈어요. 대한 독립군과 독립군 연합 부대는 봉오동 주변에 매복해 있다가 기습 공격을 했어요. 또다시 홍범도의 부대가 대승을 거뒀는데, 이게 봉오동 전투예요[1920년 6월].

독립군의 사기가 크게 올랐겠죠? 반대로 또다시 패한 일본군은 단단히 약이 올랐어요. 일제는 만주 독립군의 씨를 말리겠다며 2만 병력을 만주에 파견했어요.

때는 겨울을 바라보고 있던 10월이었어요. 일본군의 대대적인 독립군 토벌 작전이 시작되었어요. 일본군이 노린 곳은 청산리였어요. 청산리는 오늘날 중국 지린성 허룽현에 있는 두만강 상류 마을로, 산세가 험해 천연 요새와 다름없었어요.

첫 전투는 백운평에서 벌어졌어요. 김좌진이 이끈 북로 군정서가 맞서 일본군 전위 부대 200여 명을 사살했어요. 완루구에서는 홍범도의 대한 독립군이 일본군 400여 명을 사살했죠. 이후 6일 동안 청산리에서는 10여 차례의 전투가 벌어졌어요. 이 전투들을 통틀어 청산리 전투라고 해요.^{1920년 10월 21~26일}

한국 의병 독립군의 모습을 담은 사진

청산리 전투의 결과를 볼까요? 일본군은 1,200명이 죽고 2,100명이 부상을 입었어요. 반면 독립군은 130명이 죽고 220명이 부상을 입었어요. 무기도 변변찮고 병력도 적은 독립군이 일본군을 대파한 거예요. 이 청산리 전투는 우리 독립군의 항일 무장 투쟁 역사에서 가장 큰 승리를 거둔 전투로 기록되어 있답니다.

간도 위치

일제는 치졸하고 야만적으로 복수했어요. 독립군 근거지를 토벌한다는 명목으로 간도의 한인 마을을 습격해 불을 지르고 닥치는 대로 학살했어요. 이때 무려 4,000여 명의 우리 동포가 목숨을 잃었어요. 이 사건을 간도 참변이라고 해요.^{1920년}

독립군은 더 이상 만주에 머물 수 없었어요. 그대로 있으면 앞으로도 더 많은 동포가 학살될 테니까요. 결국 독립군은 만주를 떠나 러시아의 자유시^{오늘날의 스보보드니}로 이동했어요. 하지만 소련 군대의 공격을 받아 많은 독립군이 죽거나 다쳤어요. 이 사건을 자유시 참변이라고 해요^{1921년 6월}.

독립군은 다시 만주로 돌아올 수밖에 없었어요. 독립군은 이어 만주에서 참의부, 정의부, 신민부 등 3부를 조직했어요. 3부는 각 지역별로 한인 사회를 통치하는 자치 정부 역할을 했어요. 하지만 지휘부가 여러 개로 쪼개지면 단합이 어렵겠지요? 이 때문에 조직을 통합해야 한다는 목소리가 나왔어요.

이후 독립군 단체들은 여러 차례 회의를 거듭하며 조직을 통합하려 했어요. 하지만 완전히 통합하지는 못하고 북만주의 혁신 의회와 남만주의 국민부, 2개 조직으로 통합했어요^{1929년}. 이 단체들은 1930년대로 접어든 후 또다시 바뀌게 돼요. 1930년대의 독립운동에 대해서는 조금 있다가 다시 이야기할게요.

국민 학교란 단어가 일제 잔재인 까닭은?
└1930∼1940년대의 국내외 민족 운동

1930년대 들어 일제는 침략 전쟁을 본격적으로 시작했어요. 먼저 만주를 침략해 만주 사변을 일으켰고^{1931년}, 중국 전체와 싸우겠다며 중일 전쟁을 일으켰지요^{1937년}. 나아가 하와이에 있는 미국 함대를 공격해 태평양 전쟁도 일으켰어요[1941년].

일제는 더 이상 한국인을 배려하는 척하지도 않았어요. 문화 통치란 가면도 벗어던졌어요. 그 대신 우리 민족의 전통과 문화를 송두리째 뿌리 뽑으려 했어요. 또 우리 민족성을 개조해 일본인과 똑같이 만들려고 했죠. 이게 바로 민족 말살 통치예요.

이름을 일본식으로 바꾸도록 하는 창씨 개명 공고문

일제는 황국 신민화 정책이란 것을 추진했어요. 한국인도 일본인과 똑같이 일왕의 백성이니 충성하라고 강요하는 정책이었어요. 일제는 한국인에게 "일본과 한국[조선]의 조상은 같다."라는 내용의 일선동조론*과 "일본과 한국은 한 몸이다."라는 내선일체*를 강조했어요. 또 신사를 참배하게 하고 일왕이 있는 도쿄 쪽을 향해 절을 하도록 시켰어요. 어른 아이 할 것 없이 모든 한국인에게 일왕에게 충성하겠다고 다짐하는 황국 신민 서사를 외우게 했지요. 심지어 어린 아이들이 다니는 소학교의 명칭을 황국 신민의 학교란 뜻의 국민 학교로 바꿨어요. 바로 이 때문에 국민 학교라는 명칭이 일제 잔재라는 비판이 많았고, 요즘에는 초등학교라는 용어를 쓰는 거랍니다.

창씨개명을 권고하는 소설가 이광수의 신문 칼럼

일제는 우리 민족성을 말살하려고 우리 역사 교육을 금지했어요. 한글로 된 신문과 잡지도 폐간했죠. 나아가 모든 사람의 한글 이름을 일본식 이름으로 바꾸도록 했어요. 정말 야비하다는 생각을 지울 수 없어요.

- **일선동조론** 일본인과 조선인이 같은 조상을 두었다는 이론이다. 일제가 조선을 통치하는 것에 정당성을 부여하기 위해 꾸며 낸 식민사관이다.
- **내선일체** 내(內)는 식민지를 둔 나라에서 본국을 일컫는 내지(內地)의 준말이고, 선(鮮)은 조선을 뜻한다. 결국 일본과 조선이 한 몸이라는 뜻으로, 조선인을 일본의 2등 시민으로 만들기 위한 구호다.

거사를 일으키기 전 절명사를 가슴에 단 채 태극기 앞에서 사진을 찍은 윤봉길. 절명사는 목숨이 끊어질 때 남긴 말을 가리킨다.

이 무렵 경제적으로도 한국인은 너무 힘들었어요. 일제의 병참 기지화 정책 때문이에요. 중국에서 침략 전쟁을 이어 가기 위해 한국에서 온갖 수탈을 하는 정책이에요. 이에 대해서는 뒤에서 다시 다룰게요.

자, 우리 민족은 이에 어떻게 맞섰을까요? 1930년대 이후의 투쟁에 대해 정리해 볼게요.

1930년대 이후 일제의 탄압이 더 심해지면서 사실상 국내 민족 운동은 상당히 약해질 수밖에 없었어요. 비밀 조직을 만들어 항일 투쟁을 하는 수밖에 없었죠. 국외에서는 한인 애국단의 활동이 두드러졌어요. 한인 애국단은 중국 상하이에 있는 대한민국 임시 정부의 김구가 일제의 요인을 암살하기 위해 만들었어요[1931년]. 1920년대에 활발히 활동했던 의열단과 비슷하지요.

한인 애국단의 이봉창은 히로히토 일본 왕에게 폭탄을 투척했어요[1932년 1월]. 거사는 실패로 끝났지만 이 사건은 일제의 간담을 서늘하게 했죠. 이어 윤봉길은 상하이 훙커우 공원에서 폭탄을 투척했어요. 이 거사로 일본군 대장이 현장에서 폭사했고 많은 일본 고위 인사들이 중상을 입었지요. 윤봉길은 도망가지도 않고 당당하게 현장에서 체포되었어요. 얼마 후 윤봉길은 형장의 이슬로 사라졌지요[1932년 4월].

이 사건은 일본과 한국은 물론 중국까지도 술렁이게 했어요. 이

거사가 성공하기 전까지만 해도 중국 정부는 대한민국 임시 정부에 그리 호의적이지 않았어요. 하지만 이 거사가 성공한 후 중국 정부는 태도를 바꿔 대한민국 임시 정부를 지원하기 시작했어요. 중국의 지도자 장제스는 "중국의 100만 대군이 해 내지 못한 일을 한국의 독립운동가 한 명이 해 냈다."라고 극찬을 했답니다.

청의 마지막 황제였다가 쫓겨난 뒤 만주국의 왕으로 변신한 푸이

윤봉길의 거사가 성공적이기는 했지만 만주에서 독립운동가들이 활동하기는 더욱 어려워졌어요. 일제가 만주 사변을 일으킨 뒤 만주국이란 괴뢰 국가를 세웠기 때문이에요^{1932년}. 괴뢰 국가는 힘 있는 어떤 나라의 꼭두각시 노릇을 하는 나라를 뜻해요. 만주국은 일본이 하라는 대로 움직이는 나라였던 거예요.

이런 이유로 인해 1930년대 이후로는 독립운동의 무대가 주로 중국 본토, 그중에서도 만리장성 남쪽 지역이 된답니다. 아직 이곳에는 일제가 진출하지 못했거든요. 이 지역을 보통 중국 관내라 불러요. 만주 지역에 있던 독립운동 단체들은 어떻게 변했을까요?

만리장성과 1930년대 이후 우리의 독립운동이 펼쳐진 중국 관내 지역 위치

1920년대 후반 만주의 독립군들은 크게 혁신 의회와 국민부로 나뉘었지요? 1930년을 전후해 민족주의 계열인 혁신 의회는 한국 독립군, 사회주의 계열인 국민부는 조선 혁명군으로 다시 정리됐어요. 두 군대는 만주에서 싸우다 중국 관내로 근거지를 옮겨 무장 투쟁을 벌였어요.

김원봉
의열단과 조선 의용대를 이끌며 일제에 무장 항쟁한 독립운동가다.

두 군대는 얼마 후 중국 난징에서 다시 하나로 합쳤어요. 그러면서도 각자 활동하기도 했어요. 의열단을 이끌었던 김원봉은 조선 의용대를 이끌었어요. 조선 의용대는 중국 국민당 군대와 연합해 일본군과 싸웠죠. 하지만 얼마 후 일제가 난징을 점령해 버려요. 그러자 조선 의용대의 일부가 대한민국 임시 정부의 한국광복군에 합류한답니다.

독립군의 고충이 느껴지나요? 이 무렵은 대한민국 임시 정부도 힘든 시기였어요. 윤봉길의 의거가 성공하자 일제의 탄압이 더욱 심해졌거든요. 임시 정부는 더 이상 상하이에 머물 수 없었어요. 항저우, 난징, 류저우, 구이양 등 중국 이곳저곳을 떠돌아다녀야 했지요. 그러다가 중국 내륙의 충칭에 정착하게 되었어요[1940년]. 이곳에서 대한민국 임시 정부는 광복을 본격적으로 준비하기 시작했죠.

한국광복군이 국내 진공 작전을 계획한 까닭은?
└광복과 정부 수립을 위한 노력

이제 일제 강점기의 마지막 순간을 살펴볼 차례예요.

1940년대로 접어든 후 대한민국 임시 정부는 충칭에 정착했어요. 이곳에서 조직을 정비하고 독립 이후를 준비하기 시작했지요.

첫째, 대한민국 임시 정부는 한국광복군을 창설했어요[1940년]. 여기에는 많은 독립운동 부대가 참여했어요. 대표적인 단체가 바로 조선 의용대였지요. 김원봉이 조선 의용대의 일부를 이끌고 한국광복군에 합류했다는 이야기는 앞에서 했지요? 조선 의용대의 또 다른 일부는 화베이 지방으로 건너가 사회주의 계열의 조선 의용군에 합류했답니다.

둘째, 대한민국 임시 정부는 대한민국 건국 강령을 발표했어요 ^{1941년}. 이 건국 강령을 통해 광복 이후에 세울 민주 국가의 건국 원칙과 행동 방침 등을 구체적으로 명시했지요. 건국 강령은 총 3개 장과 22개 조로 구성되어 있어요. 단군의 홍익인간 이념을 이어받으면서도 정치, 경제, 교육의 균등을 뜻하는 삼균주의를 기본 정치 이념으로 했어요. 또한 보통 선거를 통해 새로운 민주 공화국을 건설한다는 점도 분명히 밝혔어요.

일제가 태평양 전쟁을 일으킨 후 임시 정부는 한국광복군을 연합군의 일원으로 참전시켰어요. 한국광복군은 중국군과 함께 전선에 투입되어 일본과 전투를 벌였어요. 영국의 요청으로 인도와 미얀마 전선에도 투입되었는데 이때는 전투보다는 정보 수집이나 암호 번역, 일본인 포로 심문과 같은 일을 수행했어요.

임시 정부는 머지않아 일제가 패망할 거라는 사실을 잘 알고 있었어요. 만약 우리 힘으로 독립을 달성하지 못한다면 광복 후에 강대국에게 휘둘릴 수 있다는 걱정이 들었어요. 이 때문에 우리 군대가 직접 국내로 진격해 일본군을 몰아내고 항복을 받아 내야 한다고 생각했어요. 임시 정부는 특수 요원을 선발해 미국 전략 정보국 OSS과 함께 훈련하도록 했죠.

연합국들도 제2차 세계 대전과 태평양 전쟁이 곧 끝날 것이라고 확신하고 있었어요. 그래서 1943년 무렵부터 전쟁 후의 국제 질서를 바로잡기 위한 국제 회담이 잇달아 열렸죠. 대표적인 것들만 살펴볼게요.

먼저 이집트 카이로에서 미국, 영국, 중국 정상이 모여 회담을 가졌어요. 바로 카이로 회담이지요1943년 11월. 이 카이로 회담에서는 우리 민족의 독립 문제가 처음으로 논의되었어요. 그 결과 우리 민족의 독립을 국제 사회가 인정하기로 하고 이를 카이로 선언을 통해 발표했어요.

제2차 세계 대전이 끝나기 직전 미국, 영국, 소련 정상이 또다시 독일 포츠담에서 모였어요1945년 7월. 회담 결과 카이로 선언의 내용을 그대로 이행하기로 한 포츠담 선언이 발표되었지요. 그러니까 카이로 선언을 통해 우리 민족의 독립을 국제 사회가 약속했고, 포츠담 선언에서 그 점을 다시 확인한 셈이에요.

그렇다면 국내 상황은 어땠을까요? 많은 민족 지도자들이 일제의 패망을 예견해 광복을 준비하고 있었어요. 대표적인 인물이 여운형이에요. 여운형은 비밀리에 단체를 만들었는데, 그게 조선 건국 동맹이었어요1944년 8월.

대한민국 임시 정부가 건국 강령을 만들었듯이 조선 건국 동맹

광복 다음 날인 8월 16일에 군중들과 어울린 여운형. 여운형은 조선 건국 준비 위원회의 전신인 조선 건국 동맹을 조직했다.
ⓒ몽양여운형선생기념사업회

도 강령을 만들었어요. 그 강령의 첫 번째가 일본 제국주의를 몰아
내는 것이었고, 두 번째가 우리 민족의 자유와 독립을 회복하는 것
이었으며, 세 번째가 민주 국가를 건설하는 것이었어요. 대한민국
임시 정부의 건국 강령과 많이 비슷하지요?

드디어 1945년 8월 15일 일본이 항복했어요. 이로써 우리 민족
은 광복을 맞이할 수 있었어요. 다만 대한민국 임시 정부가 그토록
바랐던 국내 진공 작전이 이루어지지 못한 건 아쉬운 대목이에요.
만약 이 작전이 실행되었더라면 우리 민족이 스스로 독립을 쟁취했
을 테니까요. 하지만 연합국에 의해 우리 민족이 거저 독립을 얻은
거라고 생각해서는 안 돼요. 일제 강점기 내내 우리 민족이 꾸준히
독립 의지를 보였고 투쟁했기에 얻어 낸 광복이니까요.

광복을 맞은 이후 조선 건국 동맹은 조선 건국 준비 위원회로 개
편하고 본격적인 활동에 들어갔어요. 하지만 북위 38도 선을 경계

1945년 8월 16일 마포 형무소 앞에서 만
세를 외치는 민중들

1945년 8월 25일 남산에 태극기를 게양
하는 모습

미군을 환영하고 있는 조선 건국 준비 위원회 제물포 지부 회원들

한반도에 들어온 미군

로 북쪽을 소련, 남쪽을 미국이 점령하면서 조선 건국 준비 위원회의 활동은 중단되고 말았어요. 소련과 미국이 각각 자기 나라에 우호적인 정부를 세우려 했거든요.

그해 12월, 소련 모스크바에서 한반도 문제를 논의하기 위한 미국, 영국, 소련의 외무 장관 회담이 열렸어요. 외무 장관을 외상이라고도 해요. 그래서 이 회의를 모스크바 3국 외상 회의라고 하지요_{1945년 12월}. 이 회의에서는 한국에 민주주의 임시 정부를 수립하되 미소 공동 위원회가 이 일을 맡기로 결정했어요. 또 미국, 영국, 중국, 소련 4개국이 최대 5년 동안 신탁 통치를 실시하기로 했지요.

이 결정이 국내에 알려지자 좌익과 우익 진영 모두 크게 반발했어요. 김구를 중심으로 한 우익 진영은 신탁 통치가 식민 통치와 다르지 않다며 강하게 반대했어요. 좌익은 임시 정부 수립이 중요하니 일단 신탁 통치를 받아들이자며 찬성했죠. 이때부터 좌익과 우익의 갈등이 심해지면서 사회적 혼란도 커졌어요. 새 정부를 꾸리기 위한 진통이 꽤나 크죠?

남한에서만 총선거를 실시한 까닭은?
ㄴ 대한민국 정부 수립

1946년이 되자 미소 공동 위원회가 열렸어요
1946년 3월. 하지만 임시 정부에 어떤 단체를 참여시
킬 것이냐를 놓고 미국과 소련이 대립하다 미소
공동위원회는 결렬되고 말았어요.

우리나라 좌익과 우익 진영의 대립은 점점 더
격렬해졌어요. 자칫 민족이 결딴날 수도 있다는
걱정이 커졌죠. 이에 김규식과 여운형을 비롯한

좌우 합작 위원회. 앞줄 가운데가 김규
식이다.

중도 진영이 좌우 합작 위원회를 만들었어요1946년 7월. 좌우 합작 위
원회는 이념을 넘어 남북한의 통일 정부를 세워야 한다고 주장했
지만, 좌익과 우익 양쪽 모두로부터 지지를 받지 못하고 끝나고 말
았어요.

그러는 사이에 해가 다시 바뀌어 제2차 미소 공동 위원회가 열렸
어요1947년 5월. 하지만 이번에도 성과를 내지 못하고 끝났어요. 미국
은 더 이상 미소 공동 위원회에서 한국의 임시 정부 수립 문제를 처
리할 수 없다고 판단하고 이 문제를 국제 연합에 상정했어요. 이에
국제 연합은 "인구 비례에 따라 남북한 총선거를 실시해 통일 정부
를 수립한다."라고 결의했어요. 남한과 북한에서 동시에 선거를 치
러 정부를 구성하라는 거예요.

제주 4·3 사건 당시에 체포된 제주도민
들. 사형을 기다리고 있는 모습이다.

국제 연합의 이 결정을 소련과 북한이 거부했어요. 그러자 국제 연합은 소총회를 열고 "그렇다면 선거가 가능한 남한에서만이라도 총선거를 실시하라."라고 결의했어요. 하지만 남한에서만 선거를 치른다면 한국은 분단될 게 확실해요. 이 때문에 김구와 김규식은 북한의 김일성을 만나 남북 협상을 가졌어요[1948년 4월]. 이들은 민주적 선거를 실시해 통일 정부를 수립하고, 이후 미국과 소련의 군대를 모두 철수시키자고 결의했지만 별 성과를 거두지 못했답니다.

남한 단독 선거 결정의 파장은 컸어요. 가장 먼저 제주에서 이 결정에 반대하는 반란이 일어났어요. 바로 제주 4·3 사건이에요[1948년 4월]. 미군정이 이를 진압하는 과정에서 많은 사람들이 희생되었어요. 게다가 희생자의 대다수가 이념과는 무관한 평범한 국민이었죠.

제주 4·3 사건이 일어나고 얼마 지나지 않아 결국엔 남한에서만 총선거가 실시되었어요[1948년 5월 10일]. 이 선거는 초대 국회 의원을 뽑는 선거였어요. 정부를 수립하려면 우선 헌법이 있어야 해요. 그 헌법을 만드는 기구가 국회이지요. 그러니 국회 의원부터 선출해야 하는 거예요.

이 5·10 총선거는 국제 연합의 감시 하에 치러졌어요. 당시 21세 이상의 성인이면 투표가 가능했는데, 약 80%가 유권자로 등록

하고, 이 중 93%가 투표를 했어요. 우리 정부의 수립을 바라는 국민의 열망이 얼마나 강했는지 알 수 있겠지요?

선거 결과 전국에서 200명의 국회 의원을 선출했어요. 이 국회 의원들은 곧 제헌 국회를 구성했어요. 처음으로 헌법을 만든 국회를 따로 제헌 국회라고 한답니다.

총선거 당시 투표소 모습

제헌 국회는 국호를 대한민국으로 확정했어요. 또 대한민국 임시 정부의 독립 정신을 계승한 헌법제헌 헌법을 만들었어요. 제헌 헌법은 우리나라가 대통령 중심제의 민주 공화정 체제임을 밝혔어요. 이어 제헌 헌법이 선포되었어요1948년 7월 17일. 오늘날 제헌절이 7월 17일인 것이 바로 이날을 기념하기 위한 거랍니다.

헌법이 만들어졌으니 그 다음에는 내각행정부을 구성해야 해요. 국회에서 대통령과 부통령을 뽑는 선거가 치러졌어요. 이 선거에서 이승만이 초대 대통령, 이시영이 부통령으로 선출되었지요. 요즘에는 부통령을 뽑지 않지만 대한민국 정부가 수립될 때는 부통령을 뽑았답니다.

1948년 8월 15일 대한민국 정부 수립 선포식

대한민국 광복절이 8월 15일이지요? 같은 날에 이승만 대통령이 대한민국 정부의 수립을 공식 선포했어요1948년 8월 15일. 그러니 8월 15일은 광복절이기도 하면서 대한민국 정부가 수립된 날이기도 해요. 그로부터 채 한 달도 지나지 않아 북한에서도 조선 인민 민주주의 공화국이 수립되었어요. 북한 이야기는 뒤에서 다시 다룰게요1948년 9월 9일.

대한민국 초대 대통령으로서 취임 선서를 하는 이승만

자, 남한과 북한에 서로 다른 이념을 가진 정부가 수립되었어요. 통일 정부를 세우는 것은 불가능해졌어요. 이로써 남북 분단은 현실이 되어 버렸지요.

다만 확실히 알아 두어야 할 게 있어요. 비록 한 나라에 두 개의 정부가 들어섰지만 국제 사회는 대한민국 정부의 정통성만을 인정하고 있다는 점이에요. 국제 연합이 정한 절차에 따라 합법적으로 수립된 정부였으니까요. 실제로 국제 연합도 대한민국 정부를 한반도의 유일한 합법 정부라고 공식 인정했답니다 1948년 12월.

★ 단원 정리 노트 ★

1. 조선의 개항 과정

실학과 천주교 유입

17세기 초 청에서 서양 문물을 접한 이들이 조선에 실학을 들여왔다. 그리고 비슷한 시기에 천주교 교리를 담은 《천주실의》가 조선에 전해진다. 천주교는 처음부터 종교로 유입된 것이 아니라 '서학'이라는 이름의 학문으로 전래되었다. 실학자들을 중심으로 연구되던 서학은 서서히 민중 속으로 파고들어 종교라는 본래의 위치를 찾아 갔다. 이와 더불어 조선에서는 서양을 향한 동경이 조금씩 자라났다.

천주교 박해와 이양선 출몰

중국인 신부 주문모에 이어 파리 외방 전교회에서 파견한 프랑스 신부들이 조선으로 들어와 천주교의 교세가 확장되었다. 하지만 평등을 내세우는 천주교 교리는 조선의 신분 제도와 우리 민족의 오랜 전통과 맞지 않았다. 18세기 말에서 19세기 초에 조선 정부는 미풍양속을 해친다는 이유와 정치적 문제로 인해 천주교를 탄압했다. 그리고 이 무렵 영국의 앰허스트호가 통상을 요구하고, 프랑스에서는 군함을 보내 프랑스 신부를 처형한 것에 대해 사과를 요구하는 등 서양의 배들이 우리 해안에 출몰하기 시작했다.

거세지는 열강들의 통상 요구와 흥선 대원군

1800년대 중반 한반도 주변의 중국과 일본, 베트남 등이 차례로 영국, 미국, 프랑스에 의해 개항했다. 이제 열강들의 시선은 조선으로 향했다. 하지만 당시 조선의 실권자였던 흥선 대원군은 서양 세력과 손잡을 수 없다고 천명하고 통상 수교를 거부하는 정책을 폈다. 그러던 중 천주교도들을 탄압한 병인박해를 구실로 프랑스 함대가 우리 땅에 침입했고, 미국 군함이 쳐들어오기도 했다. 그때마다 조선은 힘겹게 막아 냈지만, 우리의 피해가 너무나 컸다. 이런 일을 겪으면서 서양 세력에 대한 우리 민족의 거부감이 커졌다. 하지만 한편으로는 서양 문물을 받아들여 조선의 국력을 키워야 한다는 목소리도 높아졌다.

운요호 사건과 강화도 조약

명성 왕후의 여흥 민씨 가문과 유생들에 의해 흥선 대원군이 정계에서 물러난 뒤 조선 정부에는 개화파 인사들이 하나둘 등용되었다. 이때를 놓치지 않고 일본은 운요호라는 군함을 보내 함포 사격을 하고 약탈을 하는 등의 도발을 하고 돌아갔다. 그런데 이후에 일본은 오히려 6척의 군함과 800명의 군인을 파견하여 조선의 사죄를 요구하는 동시에 개항할 것을 강력하게 요구했다. 조선은 결국 강화도 조약을 맺어 일본을 달래야 했다. 이후 조선은 미국, 청과도 통상 조약을 맺으면서 열강들에게 완전히 문을 열어 젖혔다.

선진 문물을 견학하는 조선의 외교 사절단

미국, 일본, 청 등과 통상 조약을 체결한 조선은 각국의 앞선 문물을 배우기 위해 외교 사절단을 보냈다. 미국에는 보빙사를, 일본에는 수신사를 파견했다. 그와 함께 개화 정부는 근대적인 기관을 만들어 운영했다. 하지만 열강들과의 불평등한 조약으로 인해 조선 경제는 차츰 어려워졌다. 특히 하층민들은 하루가 다르게 치솟는 물가 때문에 엄청난 생활고를 치러야 했다.

임오군란과 외국 군대의 주둔

신식 군대인 별기군에 비해 차별을 당하던 장어영, 무위영의 구식 군인들이 내란을 일으켰다. 이 사건이 임오군란이다(1882년). 오랜만에 급료로 받은 쌀에 모래와 겨가 섞여 있었던 것이 군인들의 분노를 촉발한 것이다. 반란을 일으킨 군인들은 흥선 대원군을 추대했다. 사태를 진정시키기 위해 고종 역시 흥선 대원군에게 도움을 요청할 수밖에 없었다. 흥선 대원군은 예전과 마찬가지로 통상 수교 거부 정책을 폈다. 하지만 민씨 세력이 청에게 군대를 요청하면서 흥선 대원군의 재기는 물거품이 되었다. 청은 반란 세력으로부터 조선을 보호한다는 명목으로 조선에 군대를 주둔시켰다. 임오군란 때 피해를 입은 일본 역시 일본 공사관을 방어한다는 이유를 들어 조선에 군대를 파견했다. 이로써 조선은 경제적 침탈에 이어 군사적인 외압을 당하는 처지에 몰리게 되었다.

2. 고종 즉위부터 국권 피탈까지의 주요 사건들

개항 시기

고종 즉위(1863년) → 병인박해(1866년) → 병인양요(1866년) → 신미양요(1871년) → 운요호 사건(1875년) → 강화도 조약(1876년) → 조미 수호 통상 조약(1882년 5월)

외세의 조선 침탈

임오군란(1882년 6월) → 조청 상민 수륙 무역 장정(1882년 8월) → 조일 통상 장정(1883년) → 갑신정변(1884년)

외세에 대한 저항과 근대적 개혁

동학 농민 운동(1894년 1~5월) → 청일 전쟁(1894년 6월) → 제1차 갑오개혁(1894
년 7월) → 동학 농민 운동 2차 봉기(1894년 9~12월) → 제2차 갑오개혁(1894년 12
월) → 삼국 간섭(1895년 5월) → 을미사변(1895년 8월) → 을미개혁(1895년 8월
~ 1896년 2월)

대한 제국 건국

아관 파천(1896년 2월) → 독립 협회 설립(1896년 7월) → 대한 제국 건국(1897년
10월) → 광무개혁(1897년) → 독립 협회 해산(1898년 11월) → 대한국 국제 반포
(1899년)

국권 피탈

러일 전쟁(1904년 2월) → 한일 의정서 체결(1904년 2월) → 제1차 한일 협약(1904
년 8월) → 을사늑약 체결(제2차 한일 협약, 1905년) → 헤이그 특사 파견(1907년 6
월) → 고종 폐위되고 순종 즉위(1907년 7월) → 한일 신협약(정미 7조약, 1907년 7
월) → 일제의 대한 제국 강제 병합(1910년)

3. 3·1 운동의 의의

3·1 운동은 우리의 민족정신과 응집력을 보여 준 역사적인 사건이다. 시위를 주도한 지
도부가 뚜렷하지 않은 상황에서 각계각층의 사람들이 한 마음 한 목소리로 독립을 부르

짖었다. 많이 배운 사람, 덜 배운 사람, 나이 많은 사람, 젊은 사람, 남자, 여자의 구분 없이 하나로 뭉쳐 전국적으로 만세 시위를 이어 나갔다. 3·1 운동은 여러 가지 면에서 의미가 있다. 그중에서 3가지만 추려 보도록 하자.

① 우리나라의 현실을 세계만방에 알리다

한일 병합 조약(1910년)으로 대한 제국의 통치권이 일본에 넘어가면서 공식적인 일제 강점기가 시작되기 전부터 우리나라는 일본의 침탈을 세계에 알리기 위해 노력해 왔다. 하지만 열강들이 식민지를 확대해 나가던 국제 사회의 기류 속에서 우리의 호소는 제대로 먹히지 않았다. 그러던 중 일어난 3·1 운동으로 인해 우리나라의 현실이 세계에 알려지게 되었고, 3·1 운동의 영향을 받아 중국에서도 저항 운동이 일어났다.

② 일제의 지배 정책이 무단 통치에서 문화 통치로 바뀌다

3·1 운동은 비폭력 저항 운동이었다. 그런데도 일제가 무자비하게 탄압하면서 7,500명의 귀중한 생명이 희생되었다. 3·1 운동은 해외 언론에서도 비상한 관심을 기울였고, 일제의 만행에 대한 국제 사회의 비판 여론이 들끓었다. 일제는 3·1 운동을 겪으면서 힘으로만 누르는 식민 지배는 효과적이지 않다는 사실을 깨달았다. 게다가 외국의 비판 여론을 잠재울 필요성도 있었다. 그래서 일제는 우리나라에 대한 지배 정책을 무단 통치에서 문화 통치로 수정한다. 우리나라 사람에 대해 일본인에 준하는 권리를 인정하고 우리의 전통과 관습을 존중하겠다는 것이 일제가 내세운 문화 통치의 골자였다. 이를 실현하겠다며 일제는 즉결 처분권을 가지고 있던 헌병 경찰

을 폐지하는 등 몇 가지 제도를 개선했지만, 여기에는 더욱 교묘한 방법으로 우리 민

족을 옭아매고 분열시키겠다는 의도가 숨어 있었다. 아무튼 3·1운동이 일제의 식민

통치 방식을 수정하게 만든 계기가 되었다는 점만은 분명하다.

③ 민족 운동을 위한 지도부의 필요성을 깨닫다

3·1운동은 우리의 독립운동가들에게도 깨우침을 주었다. 전 국민이 전국적으로 시

위를 벌였음에도 결국에는 일본을 몰아내지 못했다는 사실에서 무장 투쟁의 필요성

을 느꼈고, 한편으로는 우리 민족의 독립운동을 체계적으로 이끌어 갈 지도부가 있어

야 한다는 사실을 깨달은 것이다. 이에 따라 민족 지도자들은 여러 곳에 흩어져 있

던 단체를 규합해 하나의 구심점을 마련한다. 이로써 상하이에 대한민국 임시 정부

가 수립되었다.

4. 우리 민족의 항일 저항 운동

한반도를 둘러싼 강대국들의 식민지 경쟁에서 일본이 주도권을 잡았다. 일본은 열강으

로부터 대한 제국을 보호하고 근대화를 유도한다는 명목으로 대한 제국의 정치에 개입

하고 경제적 수탈을 시작했다. 이에 우리 민족은 항일 운동을 벌였다. 우리의 항일 운동

은 크게 두 가지가 있었다. 하나는 무력 투쟁인 의병 운동과 다른 하나는 비폭력 투쟁인

애국 계몽 운동이었다.

① 의병 운동

처음 일어난 의병 운동은 명성 왕후가 시해 당한 을미사변과 단발령에 반발하여 일어난 을미의병이었다(1895년). 이때는 유학을 공부하는 유생들이 중심이 되었다. 을사조약이 체결된 1905년에 두 번째 의병 운동이 일어났는데, 이때를 을사의병이라고 한다. 유생뿐만 아니라 일반 백성들과 관리 출신 등 각계각층의 사람들이 동참했다. 세 번째는 고종이 일본에 의해 강제로 퇴위되고 대한 제국의 군대가 해산된 뒤에 일어난 정미의병이다(1907년). 해산된 군인들이 합류하면서 의병 운동은 전략과 화력 면에서 이전보다 훨씬 개선되었다. 이때 각 지역의 의병장들이 의기투합하여 항일 군사 조직을 만들었는데, 이것이 13도 창의군이다(1907년). 하지만 이때부터 일본의 대대적인 의병 토벌 작전이 전개되면서 항일 의병 세력은 만주와 연해주로 옮겨가 계속 투쟁을 벌였다. 이외에도 나라를 팔아넘긴 친일파와 일본 정부의 요인을 암살하기 위한 조직인 자신회와 단지회 등도 활동을 벌였다.

② 애국 계몽 운동

우리의 항일 의병 운동이 본격화되던 1904년부터는 보안회, 헌정 연구회, 대한 자강회, 신민회, 독립 협회 등이 조직되어 애국 계몽 운동을 벌였다. 이들은 우리의 민족의식과 근대 의식을 일깨우고 경제적으로 자립하여 스스로 힘을 기르자는 뜻에서 민족 교육과 민족 산업 육성을 목표로 활동했다. 하지만 일본의 압박으로 뜻을 펴기 어려워지자, 이회영을 비롯한 민족 자본가들은 재산을 정리하여 만주와 연해주 등으로 옮겨가 독립운동을 이어 갔다.

③ 국채 보상 운동

이 운동은 일본에서 들여온 차관을 갚고 경제적으로 독립하자는 국민의 뜻이 모여 이루어졌다. 나라의 빚을 갚기 위해 남성들은 술과 담배를 끊어 성금을 냈고, 여성들은 비녀와 가락지를 내놓았다. 훗날 1998년에 IMF 사태가 터졌을 때 우리 국민들이 나라의 빚을 갚기 위해 뜻을 모았던 것과 유사한 일이 90년 전인 1907~1908년에도 있었던 것이다.

5. 제2차 세계 대전과 한국의 광복

① 일본은 왜 전쟁을 일으켰는가?

1929년 미국에서 시작된 경제 공황은 오래지 않아 유럽에도 영향을 미쳤다. 수많은 사람들이 일자리를 잃고 힘겨운 시절을 보냈다. 이 무렵에 국민들의 불만을 등에 업고 독일과 이탈리아에서는 각각 히틀러와 무솔리니가 정권을 잡았다. 두 사람은 국가의 운명이 개인의 삶에 우선한다는 전체주의와 군사력을 바탕으로 국가의 발전을 꾀하는 군국주의를 표방했다. 두 나라의 국민은 히틀러와 무솔리니에게 자신들의 삶을 보다 윤택하게 만들어 주리라는 희망을 걸었다.

세계 대공황의 여파는 일본에도 영향을 미쳤다. 경제 상황이 악화되자 일본 국민 사이에는 일본 정부에 책임을 물어야 한다는 분위기가 고조되었다. 이러한 상황에서 일본 군부는 국민의 불평을 잠재우고 식민지를 확대하기 위해 전쟁을 일으켰다. 첫 번째 전쟁이 만주 사변이었다. 전쟁에서 승리한 일본은 1937년에 중국 전체를 상대로 싸움을 걸어 전쟁을 유리하게 이끌었다. 그리고 1939년에 유럽에서는 독일과 이탈리아가 전쟁을 일으켰고, 이 전쟁은 곧 세계 대전으로 확산되었다. 이것이 제2차 세계 대전이다.

큰 나라인 중국을 상대로 승리를 거두고 있었지만 일본은 사실상 얻은 것이 별로 없었다. 그래서 일본은 자기네의 세력권을 동남아시아와 태평양으로 확장하려 했다. 마침 동남아시아와 태평양 여러 지역을 식민지로 두고 있던 유럽의 열강들이 독일과 전쟁을 치르느라 여념이 없었다. 하지만 반드시 넘어야 할 산이 있었는데, 그 나라가 바로 미국이었다.

일본은 미군이 주둔하고 있던 하와이 진주만과 필리핀 미군 기지를 기습 공격함으로써 태평양전쟁을 일으켰다. 하지만 이 도발은 잠자는 사자의 코털을 건드린 꼴이 되고 말았다. 동남아시아와 태평양 섬 지역에서 일본과 지루한 전투를 치르던 미국은 일본의 히로시마와 나가사키에 원자폭탄을 투하하여 일본의 항복을 받아 냈다.

② 한국의 광복이 갖는 의미

사실 우리나라의 광복은 우리 손으로 얻은 것이 아니었다. 그러다 보니 제2차 세계 대전에서 연합국의 승리를 이끈 미국과 소련의 손에 우리의 운명을 맡겨야 했다. 그래서 한반도에 삼팔선이 그어지고 남과 북으로 나뉘었다. 하지만 국제 사회는 우리나라가 자주 독립 국가임을 인정했다. 당시에는 여전히 열강들이 식민지 정책을 펴던 시대였다. 만약 우리 민족이 일제에 대해 거세게 저항하지 않았다면 국제 사회가 우리의 독립을 인정했을까? 그건 장담할 수 없다. 그동안 우리 민족이 독립운동가들을 중심으로 끊임없이 항일 운동을 벌여 왔기에 국제 사회도 우리나라가 자주 독립 국가임을 인정한 것이다.

6. 광복 이후부터 대한민국 정부 수립까지의 주요 사건들

· 대한민국 광복 (1945년 8월 15일) 태평양 전쟁을 일으킨 일본이 미국에 항복하면서, 우리나라는 제2차 세계 대전 이후의 국제 질서를 논의한 카이로 회담과 포츠담 회담의 선언에 따라 독립 국가가 되었다.

· 모스크바 3국 외상 회의 (1945년 12월) 한반도 문제를 논의하기 위해 미국과 영국, 소련의 외무 장관이 모스크바에서 회의를 했다. 이 회의에서 한국에 민주주의 임시 정부를 수립할 것과 강대국에 의한 한반도의 신탁 통치가 결정되었다.

· 제주 4 · 3 사건 (1948년 4월) 남한에서 단독으로 총선거를 실시하는 것에 반발한 좌익 세력이 제주에서 반란을 일으켰다. 이때 이념에 상관없는 많은 제주도민이 희생을 당했다.

· 대한민국 총선거 (1948년 5월 10일) 남한과 북한에서 동시에 총선거를 치르자는 계획이 무산되어 남한에서만 단독으로 총선거를 실시해 200명의 국회 의원을 선출했고, 곧이어 제헌 국회가 열렸다.

· 대한민국 정부 수립 (1948년 8월 15일) 국회에서 대통령을 선출하는 선거가 실시되었고, 이승만이 대통령에, 이시영이 부통령에 선출되었다. 곧이어 이승만은 대한민국 초대 대통령에 취임하고 대한민국 정부의 수립을 선언했다.

21

자본주의와 사회 변화
: 경제 성장과 문화 발전이 공존하는 나라

- 일제의 경제 수탈과, 그에 맞선 우리의 투쟁에 대해 살펴보세요.
- 제1·2차와 제3·4차 경제 개발 5개년 계획의 특징에 대해 이야기해 보세요.
- 급속한 경제 발전에 따른 사회 변화에 대해 이야기하고 앞으로의 대책을 설명해 보세요.
- 1950년대 이후 시기별로 대중문화가 발전한 과정을 알아보세요.

1900년대 남자들이 술과 담배를 끊은 까닭은?
└개항 이후 외세의 경제 침탈 및 경제적 구국 운동

지금까지 조선이 개항했을 때부터 일제 강점기를 거쳐 대한민국 정부가 탄생하기까지의 역사를 정치 위주로 살펴봤어요. 이번에는 이 시기의 역사를 경제 위주로 다시 살펴볼 거예요. 앞에서 했던 이야기가 또 나올 수도 있어요. 정치와 경제를 복합적으로 이해하는 데 도움이 되겠죠? 그러면 시작할까요?

강화도 조약은 다른 이름으로 조일 수호 조규라고 불러요[1876년]. 조선은 3개의 항구를 개항했어요. 또한 일제는 한반도의 해안을 마음대로 측량할 수 있는 권리와 치외 법권^{영사 재판권}도 가져갔지요. 얼마 후에는 추가로 강화도 조약의 부속 조약에 해당하는 조일 수호 조규 부록과 조일 무역 규칙까지 체결했어요. 이때 조선의 쌀을 일본이 무제한으로 수입할 수 있도록 했고, 일본이 조선으로 수출하는 제품에는 관세[*]를 매기지 않도록 하는 규정까지 넣었어요.

이런 점만 봐도 강화도 조약이 대표적인 불평등 조약이란 점을 알 수 있겠죠? 실제로 이 조약과 후속 조약 등을 통해 일본이 조선을 경제적으로 침략하는 발판이 마련됐어요. 하지만 강화도 조약은 최초의 근대 조약이기도 해요. 이 조약을 체결한 이후 미국이 가장 먼저 조선과 수교했어요. 그 다음에는 영국, 독일, 러시아, 프랑스 등 다른 유럽 국가들과도 수교했죠. 그 결과 조선에서도 자본주의 체제가 자리 잡기 시작했답니다.

강화도 조약이 체결된 이후 조선은 실제로 어떻게 변화했을까요? 외국 상인들의 활동 범위가 넓어진 게 우선 눈에 띄어요. 개항 초기에만 해도 외국 상인은 개항장 주변 10리 이내에서만 장사하도록 했어요.

하지만 외국과의 조약 체결이 늘면서 이를 유지하기가 힘들었어요. 가령 임오군란 때 청의 상인들이 수도인 한성까지 진출했어요. 그러자 일본 상인들도 한성에 진출했어요. 이렇게 하다 보니 나중에는 한성뿐 아니라 조선 전역에서 외국 상인들이 상권을 장악하기 위해 서로 싸웠어요. 국내 상인들에게 미치는 타격은 이루 말할

• **관세** 외국에 상품을 수출할 때, 수입하는 나라에서 상품에 붙이는 세금이다. 이때의 세금은 상품을 수입한 나라가 갖는다. 관세를 매기지 않으면 물건 값이 비교적 싸기 때문에 상품을 수입한 나라에서는 잘 팔릴 수 있다. 따라서 상품을 수출하는 나라에 유리하다.

수 없을 정도로 컸죠. 이 때문에 한성 상인들이 외국 상인들에 맞서 상권 수호 운동을 벌이기도 했어요.

국내 수공업자들도 큰 타격을 입었어요. 개항 이후 일본 상인들이 면제품을 비롯해 값싼 공산품을 들여와 국내에서 팔았거든요. 이 때문에 파탄에 이른 국내 수공업자들이 많았어요. 농촌의 경제 상황은 더 안 좋았어요.

1900년경의 숭례문(남대문)과 주변 시장

엄청난 양의 쌀이 일본으로 빠져나갔기 때문이죠. 이 파장은 조선 경제 전체에도 큰 악영향을 미쳤어요. 엄청난 양의 쌀이 일본으로 빠져나가니까 조선에서 쌀값이 폭등한 거예요.

이미 말한 대로 이런 상황에서 외국 상인들이 상권까지 장악했어요. 게다가 열강들이 철도 부설권, 전화와 통신 부설권, 삼림 채벌권, 탄광 채굴권 같은 이권을 마구 가져갔어요. 정말로 설상가상인 상태이고 엎친 데 덮친 격이지요.

그대로 두면 우리 민족의 생존권 자체가 위협을 받을 수 있겠죠? 그러니 각계각층에서 경제적 자주권을 지키기 위한 투쟁이 본격화했어요. 그중 대표적인 게 방곡령이에요. 방곡령은 곡물의 일본 수출을 금지하는 명령이란 뜻이에요. 당시 함경도 관찰사 조병식이 처음으로 방곡령을 내렸죠[1889년]. 다음 해에는 황해도 여러 지역에서 방곡령이 선포되었어요. 하지만 방곡령은 성공하지 못했어요. 오히려 일본 상인이 피해를 입었다고 주장하는 바람에 배상금만 지불했지요.

독립 협회는 러시아의 침탈에 맞서 싸웠어요. 러시아는 부산 절영도_{지금의 영도}를 빌리겠다고 했고, 재정 고문을 두고 한로은행까지 만들려 했어요. 심지어 러시아 군대를 한양에 주둔시키려고 했지요. 이를 저지하기 위해 독립 협회는 만민 공동회를 열었어요^{1898년}. 이후로도 지속적으로 투쟁한 결과 정부는 러시아인 교관을 해고하고 한로은행을 폐지답니다.

러일 전쟁이 일어나고 몇 달 후에 일본은 황무지를 개간할 수 있는 권리를 달라며 대한 제국 정부를 압박했어요. 그러자 서울에서부터 이에 반대하는 투쟁이 일어났는데, 이를 주도한 단체가 보안회였어요^{1904년}. 보안회는 채 1년을 채우지 못하고 해체되었지만 일본의 황무지 개간권 요구만큼은 끝까지 싸워 무산시켰어요.

일본의 경제 침탈에 맞서 범 민족적인 운동도 일어났어요. 바로 국채 보상 운동이에요^{1907년}.

러일 전쟁 이후에 일본은 대한 제국 정부에 차관을 쓰라고 강요했어요. 대한 제국에 많은 빚을 지게 함으로써 경제적으로 일본에 의존하게 만들려는 거였지요. 당시 대한 제국은 일본에 1,300여만 원의 차관을 갚지 못하고 있었어요. 오늘날로 치면 수조 원에 이르는 거금이에요.

국채 보상 운동은 대구에서 시작됐어요. 〈대한매일신보〉, 〈황성

신문〉과 같은 언론사를 비롯해 많은 애국 계몽 단체가 이 국채 보상 운동에 동참하면서 전국적으로 확산했어요. 남자들은 술과 담배를 끊고 그 돈으로 성금을 냈어요. 여자들은 비녀와 가락지 같은 패물을 성금으로 냈지요. 약 4개월 만에 4만 명이 230만 원을 모았어요. 그러자 일본이 노골적으로 방해하고 탄압했어요. 결국 국채 보상 운동은 중단되고 말았어요.

이와 별도로 대한 제국 정부 차원에서 경제 근대화 정책을 펼치기도 했어요. 이를 '식산흥업' 정책이라고 하는데, 생산을 늘리고 산업을 일으킨다는 뜻이에요. 이 취지에 맞게 정부는 근대적 기업과 근대 교육 기관을 설치하려고 다양한 노력을 기울였답니다.

쌀 생산량이 늘어도 한국 농민이 몰락한 까닭은?
└ 일제 강점기 경제 수탈

일본은 대한 제국을 강제 병합한 후 여러 경제 정책을 시행했어요. 한국을 일본에서 생산한 제품을 내다 팔고, 식량과 공업 원료를 헐값에 구하기 위한 공급처로 만드는 게 핵심이었어요.

대표적인 것이 1910년대에 실시된 토지 조사 사업이었어요[1910~1918년]. 전국 토지를 모두 조사해 누구의 소유인지 밝히고, 농업에 적합한 토지인지 삼림인지를 정리하는 사업이었어요. 일제는 이를 통

동양 척식 주식회사
한국으로 이민하려는 일본인을 돕기 위해
일제가 1908년에 세운 회사. 토지 조사 사
업을 통해 조선 총독부 소유가 된 땅을 넘
겨받아 조선의 최대 지주가 되었다.

해 근대적 토지 제도를 확립하겠다고 했어요. 하지
만 일제의 진짜 의도는 다른 데 있었어요. 토지를 빼
앗고, 한국인에게 더 많은 세금을 부과해 식민지 지
배 자금을 확보하려는 것이었죠.

이 사업의 결과를 보면 일제의 이런 의도가 명확
히 드러나요. 일제는 토지 소유자가 직접 토지 현황
을 신고토록 했어요. 그 결과 소유자가 미처 신고를
하지 못한 땅이 많았어요. 이를테면 문중의 땅이나
뒷산, 마을 공터 같은 토지가 그랬지요. 조선 총독부는 이런 토지
를 '임자 없는 땅'이라며 모두 차지했어요. 대한 제국 황실이나 관
청의 소유로 되어 있던 땅도 조선 총독부의 땅으로 바꾸었지요. 그
결과 조선 총독부는 전체 토지의 40%를 확보했답니다. 조선 총독
부는 이 토지를 가장 먼저 동양 척식 주식회사에 헐값에 넘겼어요.
동양 척식 주식회사는 일본인이 한국에서 농업 이민을 잘하도록 돕
기 위해 일제가 만든 회사였어요.

이 사업으로 일본인 지주, 일부 친일파 한국인 지주들도 땅을 늘
렸어요. 반면 한국 농민들은 땅을 잃고, 땅을 빌려 농사를 짓는 소
작농으로 전락했어요. 한국의 농업이 풍비박산이 난 거예요. 그런
데도 일제는 "토지 조사 사업을 통해 농업 근대화의 길을 열었다."
라고 자화자찬을 했지요. 어처구니가 없는 일이에요.

경제 분야에서 일제가 시행한 또 하나의 정책이 있어요. 바로

회사령이에요[1910년]. 회사령은 회사를 세우려면 조선 총독부의 허가를 받으라는 건데, 한국에 진출하는 일본 기업들의 경영을 돕고 한국 민족 기업의 성장을 억제하려고 만들었어요. 10년 후 회사령은 폐지돼요. 회사 설립 허가제는 신고제로 바뀌었죠[1920년]. 일본 기업이 한국에 진출하는 것을 돕기 위해서였어요. 일제는 이어 일본 제품을 한국이 수입할 때 관세를 없애는 법도 만들었어요[1923년].

일본으로 보낼 곡물이 쌓여 있는 제물포항

이것만 봐도 일제가 한국을 일본 상품을 소비하고, 일본 기업에 값싼 노동력과 원료를 제공하는 시장으로만 여겼다는 사실을 알 수 있어요. 이를 알 수 있는 또 다른 일제의 경제 사업이 있어요. 바로 산미 증식 계획이에요[1920~1925년. 1926~1934년].

제1차 세계 대전 이후 일본은 빠른 속도로 공업 국가로 변신했어요. 농촌 인구는 감소했고, 쌀 생산량은 줄었어요. 일제는 이 문제를 해결하려고 한국의 쌀을 가져가는 산미 증식 계획을 벌인 거예요.

말로는 쌀 생산량을 늘린다면서도 일제는 이와 관계없이 점점 많은 쌀을 가져갔어요. 예를 들어 볼게요. 이 사업이 시작된 1920년에 쌀 생산량은 1만 2,708석이었어요. 일제는 10%가 조금 넘는 1,750석을 일본으로 보냈어요. 가장 쌀 생산량이 많았던 1928년에는 총 생산량 1만 7,298석의 43% 정도인 7,405석을 일본으로 보냈답니다. 이러니 국내 식량 사정이 나빠질 수밖에 없어요. 한국은 만성적인 식량 부족에 시달려야 했죠.

쌀 생산량을 늘리려면 밭을 논으로 바꿔야 하고 논에 물을 대기 위한 수리 시설도 늘려야 하며, 종자와 비료도 개량해야 해요. 이 비용은 한국 농민이 부담했어요. 결국 이 사업은 일제와 일본 지주, 친일파 지주의 배만 불렸어요. 먹고살기 힘든 많은 농민들이 이때 고향을 등지고 만주나 연해주로 떠났지요. 한국은 일본의 식량 기지로 전락하고, 한국의 농촌 경제는 완전히 파탄 나고 말았어요.

중일 전쟁이 터진 1930년대 후반 이후 일제는 한반도 병참 기지화 정책을 추진했어요. 군대의 물자를 보급하는 일을 병참이라고 해요. 이 정책의 핵심은 중국과의 전쟁을 원활하게 수행하기 위해 한반도를 병참 기지로 활용하겠다는 거였어요.

이 정책에 따라 일제는 한반도 북부에 공장을 많이 세웠어요. 주로 금속, 기계, 제철, 화학 등 군수 물자를 만드는 데 필요한 중화학 공장이었어요. 식료품이나 방직 공장처럼 생활에 필요한 제품을 만드는 공장은 한반도의 중남부에만 있었어요. 지역별로 골고루 공업이 발달해야 하는데, 그런 구조가 뒤틀려 버린 거예요. 게다가 일제는 중화학 공장을 가동하기 위해 철, 석탄, 금과 같은 지하자원을 마구 채굴했어요. 한국의 경제 성장에 써야 할 소중한 자원을 자신들의 침략 전쟁에 허비한 거예요.

일제는 국가 총동원법까지 만들어 한국의 인적·물적 자원을 더

'군함도'라고도 불리는 일본의 하시마섬. 이곳의 탄광에서 강제 노역을 한 수많은 우리나라 사람들이 열악한 환경 속에서 죽어 갔다.

강도 높게 수탈했어요.¹⁹³⁸ⁿ 이에 따라 침략 전쟁에 한국인을 강제로 동원했어요. 강제 징병을 통해 젊은이들을 모집해 전쟁터로 보냈어요. 심지어 어린 학생들도 학도병으로 차출했죠. 강제 징용을 통해서는 약 200만 명의 한국인을 중국, 사할린, 일본, 동남아시아의 공장이나 비행장, 군사 기지, 탄광으로 보내 강제 노동을 시켰지요. 그것도 모자라 한국 여성들을 일본군 위안부로 끌고 갔어요.

전쟁 막바지에는 한국의 보통 서민들에게도 모든 물자를 내놓으라고 닦달했어요. 학교에서 시간을 알리는 종도 모조리 떼어 갔어요. 농사에 쓰는 농기구는 물론 집에서 쓰는 가마솥, 놋그릇, 수저에 제사 도구들까지 모두 가져갔죠. 이렇게 강제로 가져가는 것을 공출이라고 해요. 일제는 군량미를 확보하기 위해 쌀도 공출했어요. 그 결과 한국인들은 식량을 배급받아야 했지요.

암태도 농민들이 추수를 거부한 까닭은?

└ 일제 강점기 경제 투쟁과 다양한 사회 운동

일제의 식민지 경제 정책에 대해 우리 민족은 어떻게 저항했을까요? 지금부터 우리 민족의 경제 투쟁에 대해 이야기해 볼게요.

일제는 이른바 문화 통치로 전환하면서 회사령을 폐지했어요. 그전에는 한국인이 회사를 설립하려면 조선 총독부의 허가를 얻어야 했는데, 이게 폐지되면서 신고제로 바뀌었지요. 덕분에 한국인의 회사 설립이 증가했어요. 그렇다고 해서 한국의 민족 기업이 성장한 것은 아니에요. 오히려 일본 기업의 한국 지사나 지점이 늘어나는 바람에 민족 기업이 타격을 받았지요.

바로 이 때문에 우리 민족 기업을 육성하자는 운동이 전개되었는데, 이것이 물산 장려 운동이랍니다[1923년].

물산 장려 운동은 조만식의 주도로 평양에서 시작되었어요. 우리 민족이 경제적으로 자립하려면 민족 산업이 성장해야 하고, 민족 산업이 성장하려면 민족 기업이 우선 성장해야 한다는 게 이 운동을 추진한 이유였어요.

민족 운동가들은 우리 민족 기업이 만든 국산품을 애용함으로써 민족 기업을 육성할 수 있다고 생각했어요. 이에 "조선 사람은 조선의 것을 쓰자.", "내 살림은 내 것으로 하자."는 구호가 등장했어요. 국산품과 토산품의 판매가 크게 늘었지요. 운동이 전국적으로

조만식은 국산 물산 장려 운동과 일본 제품 불매 운동을 벌였다. '조선의 간디'라고 불렸다.

경성방직 주식회사의 국산품 애용 선전 광고

확산하면서 국산 고무신과 광목은 품귀 현상*을 빚을 정도로 팔려 나갔어요. 하지만 이 운동은 얼마 지나지 않아 중단되었어요. 일제의 탄압과 방해가 심했거든요.

1920년대 초에 사회주의가 국내에 전파되면서 농민 운동과 노동 운동 같은 사회 운동도 활발해졌어요. 사회주의 사상은 특히 젊은 지식인을 중심으로 빠른 속도로 확산했는데, 그들은 우선 농민의 목소리에 귀를 기울였어요. 그 결과 소작인회나 농민 조합이 잇달아 결성되었어요.

산미 증식 계획으로 소작료가 크게 올랐어요. 그러니 농민들의 피해가 컸어요. 농민들은 소작료를 인하해 줄 것을 요구했지만 지주들은 들어주지 않았어요. 농민들은 소작료의 인하를 주장하면서 요구가 받아들여지지 않을 때는 경작을 거부하는 소작 쟁의*에 돌입했죠. 대표적인 것이 전라남도 신안군 암태도 소작 쟁의였어요.

1923년

당시 친일 지주는 농민들에게 7~8할의 소작료를 달라고 했어

• **품귀 현상** 물품이나 상품 등을 구하는 일이 어려워지는 현상
• **쟁의** 소작인과 노동자 등이 원하는 것을 얻기 위해 투쟁하는 일

요. 10석의 쌀을 생산하면 7~8석을 내놓으라는 거지요. 농민들은 소작료를 4할로 낮추어 달라고 요청했어요. 친일 지주가 이를 거부하자 농민 수백 명이 단식 농성을 하며 소작 쟁의에 돌입했어요. 일제가 친일 지주 편을 들었지만 농민들은 소작료 납부를 거부하고 추수를 하지 않겠다고 맞서면서 1년 동안 투쟁했어요. 결국 농민이 승리했지요. 이 소식이 알려지면서 여러 곳에서 농민 소작 쟁의가 일어났답니다.

사회주의 운동가들은 노동 현장에 들어가 노동 쟁의를 이끌기도 했어요. 당시 일본인 공장에 취직한 한국인 노동자는 저임금과 열악한 노동 환경에 시달려야 했어요. 1920년대 이후 노동자들은 노동 환경을 개선해 달라며 노동 쟁의를 벌였어요. 대표적인 것이 원산 총파업이죠[1929년].

원산 총파업은 영국 석유 회사에서 일본인 간부들이 한국 노동자를 차별하고 구타한 데 반발해 일어났어요. 노동자 2,200여 명이 참여한, 일제 강점기 최대 규모의 파업이었지요. 파업은 4개월 동안 계속되었어요. 처음에는 성공하는 듯했지만 일제의 탄압으로 안타깝게 실패로 끝나고 말았어요.

이 무렵 백정들도 사회 운동에 참여했는데, 바로 형평 운동이에요[1923년]. 갑오개혁[1894년] 때 공식적으로 신분제가 폐지되지 않았던가요? 맞아요. 하지만 여전히 백정을 바라보는 사회의 시선은 차가웠어요. 편견과 차별도 여전했지요. 이에 백정들이 차별 철폐를 요구하며 나선 거예요. 형평 운동 또한 나중에는 항일 운동으로 발전한답니다.

여성 운동도 활발하게 이루어졌어요. 여러 여성 단체들이 조직되어 여성 해방을 외쳤어요. 여성을 위한 《신여성》이란 잡지도 간행되었어요[1923년]. 이 잡지는 자유연애와 자유 결혼을 비롯하여 여성의 인권 신장을 주장했답니다.

장차 우리 민족을 이끌 주인공이 아이들이며, 이 아이들을 배려하고 하나의 인격체로 대하면서 소중히 대하는 것이야말로 민족의 힘을 키우는 것이라는 소년 운동도 전개되었어요. 방정환이 이끈 일본 유학생 모임인 색동회가 이 소년 운동을 주도했는데, 어린이날도 이들이 만들었답니다[1923년].

어린이의 인권 신장을 위해 애쓴 방정환. 그는 한때 여성 잡지 《신여성》의 편집인 겸 발행인을 역임하기도 했다.

'한강의 기적'이란 말은 무슨 뜻일까?
└ 경제 개발 계획과 대한민국 경제의 성장

일제 강점기의 식민지 경제 정책과 우리 민족의 투쟁에 대해 지금까지 살펴봤어요. 이번에는 광복 이후부터 21세기가 된 현재까지의 경제 성장 역사에 대해 살펴볼게요.

이승만 정부 시절에는 경제 사정이 그다지 좋지 않았어요. 그나마 산업이라고 해 봐야 남한은 경공업이 중심이었어요. 그러니 산

6·25 전쟁 당시 인천 상륙 작전을 지휘하는 맥아더 장군(위)과 인천에 상륙하는 유엔군(아래)

4·19 혁명의 도화선이 된 김주열 학생의 시신. 직전에 있었던 부정 선거를 규탄하는 시위 도중 실종된 김주열 학생이 바다에서 시신으로 떠오르자 시민들의 분노가 거세지면서 4·19 혁명으로 이어졌다.

업 기반이 취약할 수밖에 없죠. 6·25 전쟁까지 치르고 난 후에는 그나마 있던 생산 시설의 절반 가까이 파괴되어 버렸어요. 당장 식량을 비롯해 생활필수품을 구하기조차 힘들 정도였지요.

이승만 정부는 이 문제를 해결하기 위해 미국으로부터 무상 원조를 받았어요. 이때는 주로 밀가루, 면화, 설탕 제조업이 성장했어요. 아무래도 당장 국민이 써야 할 식량이나 생활필수품이 필요했으니까요. 모두 흰색이라서 이 세 가지를 삼백^{三白} 산업이라고도 해요.

삼백 산업 덕분에 경공업이 발달했지만 부작용도 생겼어요. 삼백 산업의 원료를 모두 수입하는 바람에 국내 농업 경제가 악화했고, 경공업 위주이다 보니 철강, 기계와 같은 중공업은 발달하지 못한 거예요.

1950년대 후반부터 미국이 무상 원조를 중단하고 차관을 빌려주기 시작했어요. 이제 우리도 경제 자립을 해야 하는 순간이 온 거예요. 이승만 정부는 경제 개발 계획을 세웠지만 4·19 혁명으로 이승만 대통령이 물러나면서 실행에 옮기지는 못했어요. 4·19 혁명 이후에 집권한 장면 정부 또한 경제 개발 계획을 세웠지만 5·16 군사 정변으로 정부가 해체되면서 역시 추진하지 못했죠. 경제 개발 5개년 계획은 5·16 군사 정변을 통해 집권한 박정희 정부 때 본격적으로 추진되었어요.[1962년]

군인들이 무력으로 정권을 찬탈한 5·16 군사 정변 직후의 박정희(오른쪽)

1차와 2차 경제 개발 5개년 계획[1962~1971년] 때는 주로 의류와 신발, 합판과 같은 경공업을 육성했어요. 아직 기술력이나 자본이 풍부하지 않은 반면 노동력이 풍부했기 때문이지요. 이와 함께 항만과 도로, 공항을 세우고 생산 설비를 늘려 나갔지요. 경부 고속 국도가 바로 이 기간에 건설되었어요.[1970년] 이 도로가 완공되면서 전국이 일일 생활권이 되었지요.

사업 추진에 필요한 자금은 외국의 자본을 끌어들여 채웠어요. 또한 자유 무역 단지를 만들어 외국 기업을 유치하기도 했어요. 그리고 제2차 5개년 계획 후반부부터 "우리나라는 자원이 부족하기 때문에 수출만이 살 길이다."라며 수출을 적극 늘리는 쪽으로 경제 정책을 추진하기도 했어요. 베트남 전쟁 덕분에 실제로 꽤 수출이 증대되었지요. 이 수출 위주의 경제 정책은 제3·4차 5개년 계획 기간에도 그대로 이어진답니다.

제2차 경제 개발 5개년 계획이 끝나갈 무렵에는 농촌에서 새마을 운동이 시작되었어요.[1970년] 경제 성장을 추진하면서 벌어진 도시와 농촌의 격차를 줄이기 위해 이 운동을 추진한 거예요. 새마을 운동에 대해서는 조금 있다가 다시 다룰게요.

전 세계에 닥친 석유 파동(Oil Crisis)으로 인해 주유를 하지 못한 차들이 주유소에 길게 늘어서 있는 모습. 1979년 미국 메릴랜드주의 모습이다.

이제 1970년대의 경제를 살펴볼까요? 박정희 정부는 제3차와 제4차 경제 개발 5개년 계획[1972~1981년]을 추진하면서 철강, 조선, 화학과 같은 중화학 공업을 적극 육성했어요. 경공업에서 중화학 공업으로 산업 구조를 바꾼 거예요. 또 2차 계획 후반부터 추진한 수출 정책을 더욱 강화해 모든 산업을 수출 주도형으로 개편했어요. 이에 따라 수출이 크게 늘었고, 경제도 빠른 속도로 성장했죠.

물론 경제 위기가 없었던 것은 아니에요. 1970년대에 중동 지역에서 아랍과 이스라엘이 벌인 중동 전쟁의 여파로 두 차례 석유 파동이 일어났어요[1973년, 1979년]. 잠자고 일어나면 석유 가격이 뛰었어요. 석유 가격이 오르면 공장을 가동하는 경비가 더 들어요. 생산된 제품 가격도 비싸질 수밖에 없죠. 그러니 수출을 위주로 하는 우리 경제에도 타격이 컸어요.

그래도 전반적으로 대한민국 경제는 쑥쑥 성장했어요. 1970년대 말 외국에서는 대한민국의 급속한 성장에 놀라며 '한강의 기적'이라고 극찬했어요.

1980년대에도 경제는 지속적으로 성장했어요. 전두환 정부는 박정희 정부의 경제 개발 5개년 계획을 추진하지는 않았지만 중화학 공업을 계속 육성했어요. 마침 국제적으로 저유가, 저금리, 저달러 등 3저 현상이 나타났어요[1985~1989년]. 석유 가격이 떨어지고 금리와 달러 환율까지 낮아졌어요. 자원이 부족하고 수출 주도형 산업을 육성하는 우리에게는 아주 좋은 조건이었지요. 덕분에 수출이 크게 늘어났어요.

1980년대부터 우리 산업 구조가 첨단화했어요. 경공업에서 중화학 공업으로 바뀐 데 이어, 이번에는 반도체, 전자, 자동차 등과 같은 기술 집약적 산업이 발전한 거예요.

1990년대에 들어서 우리나라는 1인당 국민 소득이 처음으로 1만 달러를 넘어섰어요[1995년]. 이 무렵에는 선진국을 중심으로 자유 무역*을 확대해야 한다는 신자유주의*와 세계화*에 대한 목소리가 커지고 있었어요. 이에 따라 우리나라의 시장을 개방하라는 외국의 압력도 거세졌죠. 그러자 김영삼 정부는 이런 국제적 흐름에 발맞추어 경제 협력 개발 기구[OECD]에 가입했어요[1996년].

2000년대 이후로도 한국 경제는 지속적으로 발전했어요. 반도체와 같은 첨단 산업에서 한국은 세계적인 경쟁력을 갖추었어요. 자동차 수출도 꾸준히 늘고 있지요. 그 결과 세계 10위권의 경제 대국이 되었답니다.

● 자유 무역 개인과 기업이 외국과 무역을 하는 데 있어 국가가 크게 간섭을 하지 않고 관세도 매기지 않는 무역 형태
● 신자유주의 20세기 이후에 나타난 것으로, 정부의 시장 개입을 최소화하고 자유로운 경쟁 체제를 강화하려는 사상
● 세계화 세계 경제에 있어 국경의 개념이 약화되고 국가 간의 의존성이 높아지면서 지구촌 전체가 단일한 체계로 통합되어 가는 현상

전태일은 왜 법전을 들고 분신했을까?
└경제 성장에 따른 사회 문제

2000년대 이후 대한민국은 경제 선진국의 문턱에 진입했어요. 하지만 밝은 곳이 있으면 어두운 곳도 있기 마련이에요. 경제 성장에 따라 나타난 문제점도 짚어 볼 필요가 있죠.

우리나라는 정부가 주도한 경제 개발 계획을 통해 발전했어요. 정부는 경제를 성장시키기 위해 수출에 집중했고, 재벌과 대기업을 적극 지원했어요. 하지만 그러다 보니 중소기업은 성장하지 못했어요. 이외에도 여러 부작용들이 나타났어요. 중요한 것 몇 가지만 추려 볼까요?

첫째, 경제가 급속히 성장하는 과정에서 많은 노동자들이 희생을 강요당했어요. 대한민국의 경제를 살린다는 명분으로 노동자들은 낮은 임금을 받고 열악한 환경에서 일해야 했어요. 오늘날 일반 기업의 하루 노동 시간은 8시간이에요. 하지만 당시에는 하루에 16시간을 일하는 노동자가 적지 않았어요. 물론 노동자를 핍박하지 못하도록 하는 근로 기준법이 있었지만 제대로 지켜지지 않았어요. 박정희 정부가 노동자의 인권보다는 수출 증대에만 관심을 가졌기 때문이에요.

청계천의 의류 공장에서 재단사로 일하던 전태일은 근로 기준법을 지켜 달라고 호소했어요. 하지만 정부도, 서울시도 그의 말에 귀를 기울이지 않았어요. 결국 전태일은 "근로 기준법을 준수하라."라고 외치며 분신했어요[1970년 11월].

전태일의 죽음은 큰 파장을 불러왔어요. 대한민국의 급속한 경제 성장이 노동자의 피와 땀 그리고 희생을 통해 얻어진 것이란 사실을 깨달았어요. 비로소 노동자의 현실에 관심을 가지기 시작했습니다. 노동자들의 노동 운동도 더 활발해졌지요. 오늘날 청계천 6가 버들다리에 가면 전태일의 반신상을 볼 수 있답니다.

둘째, 경제가 성장하면서 생긴 또 다른 문제점은 도시와 농촌의 격차가 더욱 벌어졌다는 거예요. 산업화와 도시화가 진행되면서 많은 인구가 서울, 부산과 같은 대도시로 몰렸어요. 반면 농촌에서는 인구가 빠른 속도로 줄어들었지요. 이런 상황이 계속되면서 전 분야에서 도시와 농촌의 격차가 커지기 시작했어요. 물론 도시에서도 문제가 나타났어요. 인구가 집중하다 보니 주택이 부족해지고, 환경 오염과 같은 문제가 나타난 거예요.

박정희 정부가 이 격차를 줄이고 농촌을 근대화하겠다며 시작한 것이 새마을 운동이었어요[1970년]. 근면, 자조, 협동의 3대 정신을 강조한 이 새마을 운동

1970년대 청계천 일대의 모습(ⓒ서울특별시)과 오늘날 청계천 버들다리에 있는 전태일 반신상(ⓒ ARTYOORAN / Shutterstock.com)

1970년대에 주택 개량 사업을 하는 모습

은 어느 정도 효과를 보았어요. 농촌에 도로가 깔리고 주택을 개선하는 등 생활 환경이 많이 나아졌지요. 하지만 농촌 경제까지 살아나지는 못했어요. 특히 1980년대부터 외국 농산물 수입이 개방되면서 농촌 경제가 큰 타격을 받았어요. 게다가 최근에는 젊은이들이 모두 도시로 빠져나가는 바람에 농촌의 고령화가 아주 심각한 상황이에요. 이 문제 또한 해결해야 할 과제이지요.

셋째, 앞만 보고 달려오던 우리 경제가 휘청거리기도 했어요. 외환 위기가 대표적인 사례예요. 외환 위기를 맞게 된 가장 큰 원인은 재벌과 대기업들에게 있었어요. 그들이 문어발처럼 사업을 확장하면서 금융 기관으로부터 많은 돈을 빌리는 등 방만하게 경영을 했기 때문이지요. 여기에다가 무역 적자가 커지고 환율까지 크게 오르면서 우리 경제는 결국 외환을 결제하지 못하는 상황에 이르렀어요. 김대중 정부가 이 외환 위기를 극복했어요. 하지만 이 과정에서 기업들의 강도 높은 구조 조정이 필요했고, 결국에는 대량 해고 사태가 빚어졌지요. 그 결과 실업자가 크게 증가했어요.

지금 한국은 세계 10위권의 경제 대국이 될 정도로 성장했어요. 경제 대국이 된 지금은 부작용이 없을까요? 아니에요. 도시와 농촌의 격차는 여전히 큰 문제가 되고 있어요. 여러 나라와 자유 무역 협정^{FTA}을 체결하면서 국내 시장은 외국에 활짝 개방되었는데, 특히 농업 분야에서 타격이 크답니다. 계층 간의 소득 격차도 점점 심각한 문제가 되고 있어요. 가난한 사람은 더 가난해지고, 부자는 더 부자가 되는 빈익빈부익부 현상이 좀처럼 사라지지 않고 있어요. 이 때문에 저소득층에 대한 복지 문제를 걱정하는 목소리가 높아요. 아직 우리나라의 국민 모두가 제대로 복지 혜택을 받지 못하고 있다는 거지요.

청년 실업은 새롭게 떠오른 사회 문제예요. 일자리를 구하지 못한 청년 실업자들이 갈수록 늘어나고 있어 대책 마련이 시급해졌어요. 아울러 비정규직 노동자와 외국인 노동자 문제도 반드시 해결해야 해요. 모두 머리를 맞대야 할 시점이에요. 그래야 대한민국의 미래가 밝아질 테니까요.

〈아침이슬〉은 왜 금지곡이 되었을까?
└대중문화의 발달

대한민국의 정치와 경제 역사를 살펴보았으니 이번에는 대중문화를 중심으로 문화가 어떻게 발전했는지를 짚어 볼게요.

1950년대에는 6·25 전쟁을 전후로 미국의 대중문화가 유입되어 젊은이들에게 인기를 끌었어요. 이 시대를 대표하는 대중 매체는 라디오였어요. 국내 기업이 라디오를 처음 생산한 것은 1950년대 후반이었답니다^{1959년}.

1960년대에는 TV라는 새로운 대중 매체가 등장했어요. 국영 방

1950년대부터 영화 산업이 발전하고, 라디오와 TV 등이 보급되면서 대중문화도 점점 확산되었다.

1970년대 경찰의 장발 단속. 유신 체제 때는 남성의 머리칼 길이나 여성의 치마 길이를 단속하는 등 젊은 세대가 누려야 할 표현의 자유를 억압했다.

송국 KBS가 최초로 흑백 방송을 내보냈지요[1961년]. 하지만 1960년대까지만 해도 TV는 널리 보급되지 않았어요. 국내에서 TV를 생산한 것은 5년 정도 지난 후였어요[1966년].

사실 대중에게 사랑받은 또 하나의 대중문화가 있었어요. 바로 영화예요. 영화는 1950년대 이후 짧은 시간에 꽤 성장했어요. 1960년대 직전에는 한 해에 100편이 넘는 영화가 제작되기도 했지요. 1960년대에는 영화관을 찾는 것이 일반 대중이 일상생활에서 누릴 수 있는 가장 보편적인 문화 행사였어요.

1970년대의 대중문화는 침체돼 있었어요. 유신 독재 때문이었어요. 정부에 비판적인 내용을 검열해 삭제하거나 애초에 그런 식의 다양한 주장을 담은 영화를 만들지 못하게 했거든요. 그러니 젊은 사람들이 영화관을 덜 찾게 된 거예요. 가수들도 마음대로 노래할 수 없었어요. 노랫말이 정부에 비판적이라거나 퇴폐주의를 조장한다는 이유로 금지곡이 된 가요가 많았거든요. 오늘날 국민가요가 된 〈아침이슬〉, 〈상록수〉가 모두 정부를 비판한다는 이유로 금지곡이 되었지요.

1980년대의 대중문화는 어땠을까요? 경제 수준이 높아졌으니 대중문화가 크게 발전했답니다. 우선 TV에서 컬러 방송을 내보내

2002 한일 월드컵 당시 서울 광장에서 응원을 하는 붉은 악마들. 수많은 인파가 몰려 응원을 하는 동안에도 공중도덕과 질서가 잘 지켜져 세계의 찬사를 받았다.

기 시작했어요[1980년]. 본격적인 프로 스포츠 시대가 열린 것도 1980 년대예요. 아시안 게임[1986년]과 서울 올림픽 대회[1988년]도 유치했어요. 이후에도 국제 스포츠 행사를 꽤 유치했어요. 대표적인 게 한일 축구 월드컵 대회[2002년]와 평창 동계 올림픽 대회[2018년]이지요.

1980년대부터 대중문화에서 나타난 새로운 특징이 있어요. 바로 10대 청소년층이 대중문화의 소비자로 떠오른 거예요. 그전까지는 가족 단위 혹은 20~30대 청년들이 대중문화를 즐기는 경향이 많았거든요.

6 · 10 민주 항쟁 이후 민주화가 상당히 진전되면서 1990년대 이후 대중문화가 다시 달라졌어요. 이때부터 영화와 가요 산업이 크게 성장했어요. 우리 대중문화는 해외로 수출되기 시작했죠. 이 흐름은 2000년대로 이어졌어요. 우리 대중문화가 중국, 동남아시아

를 비롯해 전 세계로 확산했어요. 해외로 진출한 우리의 대중문화를 한류라고 불러요. 최근에는 미국과 유럽 등에서도 한류가 확산하고 있죠.

★ 단원 정리 노트 ★

1. 일제 강점기 근대의 풍경

① 신분 제도가 폐지되어 평등이 실현되었나?

일본 헌병 경찰의 모습. 이들은 우리나라 사람에 대해 즉결 처분권을 갖고 있었다.

오랫동안 대다수의 사람들을 옥죄어 왔던 신분 제도가 사라지면서 어느 정도 평등이 실현되었다. 그렇다고 당장 하층민에게 상당한 권리가 주어지거나 삶이 나아진 것은 아니었다. 양반과 천민의 구분은 희미해졌지만, 지배 계층과 피지배 계층은 엄연히 존재했기 때문이다. 게다가 일본의 한반도 지배가 본격화되면서 우리 민족은 '2등 국민'으로 전락했다. 일본인과 친일파 지배 계층들이 우리 민족을 핍박했다.

② 근대 문물이 이롭기만 했을까?

일본은 우리나라에 여러 가지 근대 문물을 도입했다. 대표적인 것이 철도였다. 그런데 일본이 우리나라의 교통수단을 발전시키기 위해 철도를 건설한 것은 아니었다. 우리나라에서 수탈한 각종 물자를 보다 빠르게 옮기기 위한 것이었다.

1905년 5월 25일의 경부선 개통식

그리고 일본은 영원히 우리나라를 지배할 것이라고 믿었기 때문에 일본과 같은 근대 시설을 우리나라에 설치했던 것이다.

성난 군중에 의해 불탄 전차

아무튼 일본과 서양 열강들에 의해 우리나라에는 전기, 전차, 철도, 근대식 건물 등의 근대 문물이 들어섰고, 우리 스스로 근대화를 추진한 부분도 많았다. 당시 우리나라 사람들은 캄캄한 밤을 대낮처럼 밝히는 전구와 말이나 소가 끌지 않는데도 스스로 움직이는 전차 등을 보면서 무척이나 신기해했다. 실제로 전차 타는 재미에 맛을 들여 가산을 탕진할 정도라는 말이 나오기도 했다. 하지만 부작용이 없었던 것은 아니다. 대표적인 사건이 우리나라의 어린 아이가 전차에 치여 숨진 일이었다. 당시 성난 군중들은 전차를 뒤엎고 불을 질렀다.

③ 우리나라 사람을 일본인으로 만들기 위한 근대 교육

일본은 우선 조선에 거주하는 일본인의 자녀들을 위한 학교를 설립했다. 이후 조선의 청소년들을 교육하기 위한 교육 시설을 도입했다. 하지만 일본인이 다니는 학교와 조선인이 다니는 학교는 분리되었고, 조선 학생들이 다니는 학교에서는 일본어를 사용해야 했으며, 일본 역사를

일제는 조선인 청소년을 대상으로 실업 학교와 농업 학교를 운영하면서 하급 근로자를 양성했다.

배워야 했다. 그리고 일본은 실업 학교와 농업 학교를 운영하기도 했는데, 이는 조선 청소년들을 생산 현장의 하급 관리자로 양성하기 위한 목적이었다.

우리 민족을 대상으로 한 진짜 근대 교육은 독립운동가와 민족 운동가에 의해 이루어졌다. 특히 함흥도와 평안도 등지에서 대성 학교와 오산 학교를 비롯한 여러 교육기관이 설립되어 민족 교육을 실시했다. 그러니까 일제가 우리 민족을 대상으로 실시한 근대 교육은 조선의 민족성을 말살하고 노동력을 확보하기 위한 수단에 불과했던 것이다.

2. 일제와 서양 열강의 경제 수탈에 맞선 우리 민족의 운동

① 함경도와 황해도의 방곡령 (1889년, 1890년)

우리나라에서 생산한 곡물이 일본으로 유출되는 것을 막기 위해 함경도 관찰사 조병식이 선포했다. 다음 해에는 황해도에서도 방곡령이 선포되었다.

② 만민 공동회의 한로은행 저지 (1898년)

러시아가 부산의 절영도(영도)를 차지하고 한로은행을 설치하려고 하는 계획을 저지하기 위해 독립 협회가 만민 공동회를 열었다. 만민 공동회에서 우리나라 민중들은 러시아의 계획을 지속적으로 비판함으로써 한로은행을 폐지하는 성과를 거두었다.

③ 보안회의 투쟁 (1904년)

일본이 우리나라의 황무지를 개간할 수 있는 권리를 가지려 하자, 이를 반대하는 투쟁이 시작되었다. 이를 주도한 단체가 보안회였다. 친일 단체인 유신회에 의해 해체되었으나 일본의 황무지 개간권을 무산시켰다.

④ 국채 보상 운동 (1907년)

대한 제국이 일본에서 울며 겨자 먹기로 도입한 차관 1,300여만 원을 갚기 위한 국민운동이다. 대구에서 시작된 뒤 전국으로 확산했다. 술과 담배를 끊고 모은 돈, 비녀와 가락지 등의 패물을 성금으로 모았다. 약 4개월 동안 230만 원을 모았으나, 일본의 방해로 중단되고 말았다.

⑤ 물산 장려 운동 (1923년)

일제가 한반도 지배 정책을 문화 통치로 바꾼 시기에 한국인이 설립한 회사가 늘어났다. 이때 조만식이 주도하여 우리 민족 기업을 육성하기 위한 물산 장려 운동을 전개했다. 쉽게 말해서 국산품 애용 운동이라고 할 수 있다. 운동이 전국적으로 확산되면서 국산품과 토산품의 판매가 크게 늘었고, 국산 고무신과 광목 등은 품귀 현상을 빚기도 했다. 하지만 이 운동은 일제의 탄압과 방해로 중단되었다.

⑥ 암태도 소작 쟁의 (1923년)

소작 농민들의 생존권을 뒤흔드는 친일 지주들에 대항해 전라남도 신안군 암태도에서 일어난 저항 운동이다. 당시 7~8할이었던 소작료를 4할로 낮추어 달라는 소작농들의 요구를 묵살하자, 농민들은 소작료 납부와 추수를 거부하는 등 1년 동안 투쟁했다. 결국 우리 농민이 이겼고, 이 일을 계기로 전국 여러 지역에서 소작 쟁의가 일어났다.

⑦ 원산 총파업 (1929년)

우리 노동자들이 낮은 임금과 열악한 노동 환경을 개선해 줄 것을 요구하며 벌인 노

동 쟁의 가운데 가장 규모가 컸던 노동 쟁의다. 영국 국적의 석유 회사에서 일본인 간

부들이 우리 노동자들을 차별하고 구타한 데 반발하여 일어났다. 일제 강점기 최대

규모의 파업이었다.

3. 우리나라의 경제 발전 과정

조선 말까지 우리나라는 농업 국가였다. 일제 강점기 때 일본을 비롯한 열강들에 의해

근대 문물이 들어오기는 했지만, 여전히 우리나라는 농업이 국가 경제의 큰 비중을 차지

하고 있었다. 그런데 일제에 의해 수탈을 당하면서 우리나라의 농촌 경제는 완전히 망

가지고 말았다. 광복이 되고 미국의 원조를 받아 조금씩 경제를 복구하던 중에 전쟁이 터

지는 바람에 우리는 원점에서 다시 일어서야 했다. 하지만 지금 우리나라는 세계 10위

권의 경제 규모를 자랑하는 나라로 성장했다. 우리나라가 어떤 과정을 거쳐 오늘에 이르

렀는지 간략하게 살펴보자.

① 미국의 무상 원조

6·25 전쟁 이후 미국은 공산주의 진영과 바로 맞닿아 있는 우리나라의 발전을 돕기

위해 무상으로 원조를 했고, 우리는 이 자본을 바탕으로 생활필수품을 생산하는 경공

업 위주의 산업을 발전시킬 수 있었다.

② 경제 개발 5개년 계획

　장면 내각이 수립한 경제 개발 5개년 계획을 박정희 정부가 계승해 본격적으로 추진했다. 1차 경제 개발 5개년 계획(1962~1966년) 때는 기술력보다는 노동력이 중요한 의류와 신발, 합판과 같은 경공업 위주로 발전을 추진했다. 2차(1967~1971년) 때는 산업 기반을 확충하는 데 노력을 기울였다. 공항과 항구를 만들고 고속도로를 만들었으며, 또 이때부터 수출에 역점을 두었다. 3차(1972~1976년)와 4차(1977~1981년) 때는 2차 때 만든 산업 기반을 바탕으로 철강과 조선, 화학과 같은 중화학공업을 육성했다.

③ 수출 주도형 산업 구조로 급속 성장

　2차 경제 개발 5개년 계획 때부터 수출은 우리나라의 주요한 경제 정책이 되었다. 이러한 경제 정책은 1980년대 들어 빛을 발했다. 세계적으로 석유 값과 달러 환율이 떨어지고 금리가 내려가면서 수출에 유리한 환경이 갖추어졌기 때문이다.

④ 외환 위기 극복과 IT 강국

　하지만 우리나라의 경제가 상승가도만 달린 것은 아니다. 1998년 외환 위기를 겪으면서 국가 경제가 크게 흔들리기도 했다. 하지만 금 모으기 운동을 비롯한 국민의 노력으로 우리나라는 외환 위기 상황에서 일찍 벗어났다. 이와 더불어 우리나라는 2000년대 들어 IT 강국의 면모를 보이면서 기술 집약적인 산업 분야에서 선두권을 달리기 시작했다. 경제 규모가 커지면서 '한류'라 불리는 우리의 문화 콘텐츠를 수출하는 일도 크게 늘었다.

22

민주주의의 발전

: 성숙한 민주주의 국가로!

- 4·19 혁명이 일어난 이유와 그 결과에 대해 알아봅시다.
- 유신 체제가 독재 체제인 이유와, 실제 사회에 미친 영향을 생각해 봅시다.
- 5·18 민주화 운동과 6월 항쟁에 담긴 의의와 그 결과에 대해 이야기해 보세요.
- 6월 항쟁 이후 등장한 정부별로 민주주의 발전 과정을 살펴봅시다.

왜 반민 특위는 제대로 활동하지 못했을까?
└이승만 정부의 독재 정치

1919년 만들어진 대한민국 임시 정부 헌법에서 제1조와 제2조를 볼까요?

'제1조 대한민국은 대한 인민으로 조직함. 제2조 대한민국의 주권은 대한 인민 전체에 재함.'

이번엔 1948년 만들어진 대한민국 최초의 헌법인 제헌 헌법을 볼게요.

'제1조 대한민국은 민주 공화국이다. 제2조 대한민국의 주권은

국민에게 있고, 모든 권력은 국민으로부터 나온다.'

두 헌법의 내용이 완전히 일치하죠? 대한민국 정부가 대한민국 임시 정부를 계승했다는 사실을 알 수 있는 대목이에요. 지금부터는 대한민국 정부 수립 이후 현재까지 민주주의가 어떻게 발전했는가를 살펴볼 거예요.

1948년 5·10 총선거에서 200명의 국회 의원을 선출했어요. 이 국회 의원들은 곧 제헌 국회를 구성했어요. 제헌 국회는 국호를 대한민국으로 확정했고, 제헌 헌법을 만들었어요. 이어 대통령을 뽑았고, 대한민국 정부가 공식 출범했죠.

반민 특위의 공판 모습

반민 특위가 설치한 투서함

제헌 국회는 친일파를 청산하기 위한 법 제정에 나섰어요. 그게 반민족 행위 처벌법이에요[1948년 9월]. 한일 병합에 적극적이었거나 일본의 귀족 작위를 받았으며, 제국 의회 의원으로 활동한 친일파를 처벌하는 법률이었죠. 이 법에 따라 다음 달에는 반민족 행위 특별 조사 위원회, 줄여서 반민 특위가 구성됐어요[1948년 10월]. 반민 특위는 친일 행적이 있는 사람들을 대상으로 본격적인 조사에 들어갔죠.

하지만 이승만 정부는 이 반민 특위 활동에 적극 협조하지 않았어요. 결국 반민 특위는 얼마 후 해체되고 말았어요. 결과를 정리해 보면, 반민 특위는 682건을 조사했고, 이 가운데 221건을 기소했어요. 기소는 재판에 회부한다는 뜻이에요. 이중 실제 판결까지 이어진 건수는 40건에 불과했어요. 14명이 사형과 징역형을 선고받았는데, 반민 특위가 해체되자 모두 풀려났답니다.

당시 우리 국민은 친일파 청산과 함께 토지 개혁을 강하게 바랐어요. 당시 농민의 대다수가 소작농이었으니 그럴 수밖에 없어요. 제헌 국회는 이 문제를 해결하기 위해 농지 개혁법을 제정했어요 1949년 6월.

농지 개혁법은 '유상 매수, 유상 분배' 방식으로 진행됐어요. 농가 1가구당 3정보약 3만 제곱미터 이상의 토지를 가지지 못하도록 했어요. 농가가 그 이상 토지를 가지고 있으면 정부가 돈을 주고 샀어요. 이어 이 토지를 토지가 없는 농민에게 팔았지요. 돈이 없는 가난한 농민에게는 5년 동안 수확물로 돌려받는 방식을 적용했어요.

이 법은 이듬해 시행되었어요. 그 결과 대부분의 농민이 자기 땅을 가지게 되었지요. 지주와 소작농 관계가 드디어 끝이 난 거예요. 물론 이 개혁으로 모든 농민의 불만이 사라진 것은 아니에요. 그래서 6·25 전쟁이 끝난 후에 농지 개혁법을 손질한답니다.

6·25 전쟁이 터지기 한 달 전, 제2대 국회 의원을 뽑는 총선거가 실시되었어요. 이 선거에서 집권당이 참패했어요. 이승만 대통령은 크게 당황했어요. 당시에는 대통령을 국회에서 선출했거든요. 집권당 의원 수가 적으니 다음 대통령 선거에서 떨어질 가능성이 커진 거예요.

6 · 25 전쟁이 터지자 혼란한 틈을 노려 집권당은 임시 수도 부산에서 헌법을 강제로 개정했어요. 대통령을 직선제로 뽑기로 했고, 이승만 현직 대통령에게 유리한 조항을 집어넣었죠. 그래서 이 제1차 개헌을 필요한 것만 고른다는 뜻의 발췌 개헌이라고 해요.^{1952년 7월}

덕분에 다음 선거에서 이승만은 무난하게 대통령에 당선됐어요. 얼마 후 6 · 25 전쟁이 끝나고 제3대 대통령과 부통령 선거가 다가왔어요. 이승만은 또 개헌을 하려고 했어요. '대통령은 중임^{2회}으로 제한한다.'라는 헌법 조항 때문이었어요. 이 헌법에 따르면 이미 두 차례 대통령이 된 이승만은 대통령 선거에 출마할 수 없지요. 이에 집권당이 "초대 대통령에 한해 중임 제한 규정을 적용하지 않는다."라는 내용으로 헌법을 개정하려 한 거예요.

사사오입 개헌이 통과되자 민주당의 이철승 의원이 단상에 뛰어올라 국회 부의장 최준수의 멱살을 잡으며 항의하는 장면

곧 이 개헌안에 대해 국회가 표결에 들어갔어요. 헌법을 개정하려면 재적 의원^{전체 의원}의 3분의 2가 찬성해야 해요. 당시 국회 재적 인원이 203명이었으니 136명이 찬성하면 개헌안이 통과되는 거지요. 표결 결과 딱 한 명이 모자란 135명이 찬성했어요. 개헌이 불가능해진 거죠.

바로 이때 집권당이 황당한 논리를 폈어요. 203의 3분의 2는 135.3333…이니 수학의 사사오입^{반올림}을 적용하면 135명이 찬성한 것이고, 그 결과 개헌 요건을 갖쳤다는 거예요. 야당의 반발을 무시하고 제2차 개헌을 강행했어요. 그래서 이 제2차 개헌을 사사오입 개헌이라고 한답니다^{1954년 5월}.

이후 치러진 3대 대통령 선거에서 이승만이 다시 당선되었어요^{1956년}. 그리고 4년 후 4대 선거가 실시되었어요^{1960년 3월 15일}. 이승만은 4선 대통령에 다시 도전했어요. 야당의 도전이 거셌어요. 이승만 정부는 온갖 부정 선거를 자행했어요. 사전에 40%의 투표를 미리 해 놓거나 투표 당일 투표함을 바꿔치기했어요. 3인조 혹은 9인조로 공개 투표를 하기도 했죠. 심지어 유권자의 수를 조작하다 보니 어떤 선거구에서는 실제 유권자의 수보다 더 많은 표가 나오기도 했어요.

사실 1950년대 후반으로 들어서면서 미국의 무상 원조가 단계적으로 줄었어요. 그 때문에 국내 경제 상황이 좋지 않았지요. 그런 마당에 독재 정치까지 심해지니 마침내 국민의 분노가 폭발했어요. 이승만 독재를 끝내기 위한 혁명이 시작되었지요.

4·19 혁명 이후 내각 책임제로 개헌한 까닭은?
└ 4·19 혁명과 5·16 군사 정변

3·15 부정 선거를 규탄하는 시위가 전국 각지에서 벌어졌어요. 경찰은 시위를 강제로 진압했어요. 이 시위 도중에 실종된 김주열

4 · 19 혁명 당시 시위에 참여한 시민들

하와이로 떠날 당시의 이승만. 가운데 모자 쓴 이다.

학생이 시신이 되어 마산 앞바다에 떠올랐어요^{1960년 4월 11일}. 경찰의 강제 진압으로 사망했다는 게 알려지면서 국민은 더욱 분노했어요. 시위는 더욱 거세졌고, 또다시 전국적으로 확산했어요.

그러던 중 국민을 분노하게 한 또 하나의 사건이 발생했어요. 고려대학교 학생들이 시위를 벌이고 귀가하던 중 폭력배들의 습격을 받은 거예요. 물론 이승만 정부의 사주를 받은 정치 폭력배들이었지요^{1960년 4월 18일}. 다음 날 대학생들은 이에 항의하며 이승만이 있는 경무대^{오늘날의 청와대}로 행진하려 했어요. 이로써 4 · 19 혁명이 시작되었어요^{1960년 4월 19일}.

이승만 정부는 계엄을 선포하고 군대를 동원해 시위를 진압했어요. 평화적 시위를 벌이는 학생들을 향해 총을 쏘았어요. 그러니 사태는 더욱 악화할 수밖에 없어요. 실제로 다음 날에는 더 많은 대학생들이 전국에서 일제히 시위를 벌였어요. 며칠 후에는 대학 교수들까지 시위에 참여했어요. 교수들은 "학생의 피에 보답하라."라며 대통령의 하야를 요구했어요. 하야는 대통령 직위에서 물러난다는 뜻이에요^{1960년 4월 25일}.

온 나라가 분노로 들끓었어요. 이승만은 더 이상 버티기 힘들다는 사실을 깨달았어요. 결국 이승만은 대통령 직위에서 물러난다며 하야 성명*을 발표했어요^{1960년 4월 26일}. 이승만은 얼마 후 하와이로

• 성명 어떤 사안에 대해 갖고 있는 입장이나 견해 또는 방침 따위를 공개적으로 발표하는 것

도피했어요^{1960년 5월 29일}. 이로써 혁명은 성공으로 끝이 났어요. 국민이 마침내 이승만 독재를 끝장낸 거지요.

4·19 혁명의 의의는 상당히 커요. 우선 학생과 시민, 교수 등 다양한 계층이 참여한 시민 혁명이었어요. 둘째로 독재 정권을 시민의 힘으로 무너뜨린 민주주의 혁명이었지요. 셋째, 이 4·19 혁명의 정신은 이후 대한민국의 민주화 운동에 그대로 이어졌어요. 훗날 대한민국이 완전히 민주화된 것도 어쩌면 4·19 혁명 덕분이라고 할 수 있는 거예요.

이제 혁명 이후의 상황을 들여다볼까요? 일단 다음 정부를 구성하기 위한 임시 정부, 즉 과도 정부가 꾸려졌어요. 과도 정부는 제3차 개헌을 단행했어요^{1960년 6월 15일}. 이 개헌의 가장 큰 특징은 대통령제를 내각 책임제로 바꾸었다는 점이에요. 이승만의 사례에서 볼 수 있듯이 대통령제는 자칫 장기 집권으로 이어질 수 있어요. 이러한 부작용을 막기 위해서 내각 책임제를 도입한 거였어요. 내각 책임제는 의회에서 총리^{수상}를 뽑으면 그 총리가 내각을 구성하는 정치 체제예요. 의회의 신임을 얻지 못하면 총리가 바뀔 수 있기 때문에 장기 집권이 불가능하지요.

바뀐 헌법에 따라 총선거가 실시되었고, 그 결과 장면 내각^{정부}이 들어섰어요^{1960년 8월 19일}. 장면 정부는 이승만 독재의 잔재를 청산하기 위해 제4차 개헌을 단행했어요. 예전의 헌법으로는 과거의 범죄자를 처벌할 수 없었거든요^{1960년 11월}.

제2공화국의 윤보선 대통령(왼쪽)과 장
면 총리

　　장면 정부는 경제 발전을 위해 본격적으로 경제
개발 계획을 추진하려 했어요. 이 밖에도 여러 개혁
을 준비했는데, 큰 성과를 거두지 못했어요. 게다가
장면 정부는 4 · 19 혁명의 성공 이후 크게 높아진 국
민의 다양한 민주화 요구를 충족시키지 못했어요.
이를테면 농민은 농산물 가격을 제대로 책정해 주길
원했고, 노동자는 임금을 올려 달라고 했어요. 학생
들은 학비를 낮추어 주고 학교 민주화를 실현시켜 달라고 했지요.
게다가 남북한 통일을 촉구하는 목소리까지 높았어요. 하지만 장
면 정부는 이 모든 요구에 제대로 대처하지 못했어요. 오히려 툭하
면 장관이 바뀌면서 정치가 혼란스럽기까지 했어요.

　　군부*는 이런 혼란을 상당히 우려했어요. 그 어떤 경우에도 군부
가 정치에 개입하는 것은 옳지 않아요. 하지만 권력 욕심이 강한 군
장교들은 끝내 넘어서는 안 될 선을 넘고 말았어요. 박정희를 중심
으로 한 군부가 장면 정부를 반대하며 군사 정변을 일으킨 거예요.
이것이 바로 5 · 16 군사 정변이죠^{1961년 5월 16일}.

　　군부는 정부의 주요 기관을 모두 장악한 뒤 '혁명 공약'이란 것을
발표했어요. 군부는 이 공약을 통해 반공*을 국가의 가장 중요한 이
념으로 내걸었어요. 공약에는 대한민국의 자주 경제를 이루겠다는
내용, 미국과의 유대 관계를 강화하고 통일에 필요한 실력을 키우
며 부정과 부패를 바로잡겠다는 내용도 포함되어 있었어요.

● **군부** 국방과 군사를 담당하는 군대의
고위 간부들이 이룬 세력
● **반공** 공산주의를 반대한다는 뜻이다.
공산주의 국가를 주적으로 간주하고,
그와 관련된 이념과 행동을 철저히 배
격한다. 하지만 반공주의가 극단으로
흐를 경우, 사상의 다양성을 억압하고
획일적인 사회 질서를 만들려고 한다.
이럴 때 독재자는 자신의 권력을 위협
하는 세력을 제거하는 명분으로 반공
을 내세우기도 한다. 이승만 정부와 군
부 독재 정권이 자행한 간첩 조작 사건
이 대표적이다. 극단적 반공주의는 공
산주의뿐만 아니라 자본주의에도 해
를 끼친다.

군부는 헌법을 중지시키고 국가 재건 회의라는 기구를 출범시켰어요. 당연히 의장은 박정희였지요. 국가 재건 회의는 입법, 행정, 사법의 모든 권력을 장악했기 때문에 헌법을 뛰어넘는 초헌법적 기구였어요. 쉽게 말하자면 군부가 국가 재건 회의라는 기구를 통해 대한민국에서 군정을 실시한 거예요. 민주주의 역사가 거꾸로 흘러가고 있는 것이지요.

국가 재건 최고 회의는 제5차 개헌을 통해 내각 책임제를 대통령 중심제로 다시 바꾸었어요.1962년 12월. 군부는 왜 개헌을 했을까요? 박정희를 대통령으로 만들기 위해서였어요. 실제로 이듬해 치러진 제5대 대통령 선거에서 박정희가 당선되었어요. 이로써 박정희 정부가 탄생했지요.1963년 10월.

베트남 전쟁에 왜 한국군이 파병된 걸까?
└박정희 정부의 독재와 국민의 저항

박정희 정부는 조국 근대화를 가장 중요하게 여겼어요. 이 때문에 경제 성장에 특히 신경을 많이 썼어요. 앞에서 살핀 대로 경제 개발 5개년 계획을 추진한 것도 이 때문이었죠. 이런 사업을 하려면 많은 자금이 필요해요. 이 자금을 마련하기 위해 여러 정책을 추진했어요. 하지만 그중 두 가지를 국민이 강력하게 반대했어요.

베트남 전쟁 당시의 모습

첫째가 한일 협정^{한일 기본 조약}을 체결해 일본과 국교를 회복한 거예요^{1965년 6월}. 우리가 광복을 맞은 지 20여 년이 되어 가니 일본과 국교를 회복하는 게 크게 문제될 것은 없어요. 그러나 일본으로부터 자금을 지원받는 대가로 너무 많은 것을 양보했다는 점이 문제였죠. 일본은 우리나라를 식민지로 삼고 수탈한 데 대해 공식 인정하지도, 사과하지도 않았어요. 당연히 그에 대한 배상도 전혀 없었지요. 그런데도 박정희 정부는 막대한 경제적 지원을 받는 조건으로 협정을 체결하기로 했어요. 당시 일본으로부터 3억 달러의 무상 원조와 2억 달러의 정부 차관 그리고 3억 달러의 민간 차관을 받기로 했죠. 한일 협정 체결이 가까워지자 이를 반대하는 대규모 시위가 일어났어요. 박정희 정부는 전국에 비상 계엄령을 선포하면서까지 이 시위를 진압했고, 끝내 협정문에 도장을 찍었지요.

한일 협정에 반대하는 시위가 한창일 때 박정희 정부는 국민이 반대하는 또 하나의 결정을 내렸어요. 바로 베트남 전쟁에 국군을 파병하기로 한 거예요^{1964년 9월}.

박정희 정부는 베트남에 국군을 파병하는 대신 미국으로부터 차관을 얻고 베트남의 건설 사업에 참여할 수 있는 권리를 얻었어요. 또 이 전쟁에 쓸 물자의 일부를 한국에서 조달하기로 했어요. 쉽게 말해서 베트남에 국군을 파병함으로써 막대한 외화를 벌어들이

려 했던 거예요. 참고로 베트남에 파병된 31만 명의 국군 중에서 5,100여 명이 사망했답니다.

한일 협정 체결과 베트남 국군 파병 문제는 1960년대 대한민국을 가장 뜨겁게 달군 이슈였어요. 야당도 이 문제를 끝까지 물고 늘어졌지요. 하지만 다음의 제6대 대통령 선거에서 박정희가 다시 대통령에 당선되었어요. 재선에 성공한 거지요.1967년.

시간이 흘러 1960년대가 저물어 가고 있었어요. 박정희가 다시 개헌을 추진했어요. 과거에 이승만이 사사오입 개헌을 했을 때와 이유가 같아요. 우리 헌법에서는 대통령을 중임까지만 허용하고 있었거든요. 박정희가 3선에 도전하려면 헌법을 바꿔야 가능해요. 박정희는 야당의 반대를 물리치고 대통령 3선을 허용하는 제6차 개헌을 단행했어요.1969년 9월.

개정된 헌법에 따라 2년 후 제7대 대통령 선거가 실시되었어요. 야당에서 40대의 젊은 정치인 김대중이 후보로 나서 팽팽한 대결을 벌였어요. 하지만 이번에도 박정희가 대통령에 당선되었어요.1971년.

3선 대통령이 되었지만 박정희는 불안해졌어요. 왜 그랬을까요? 우선 대통령 선거에서 야당 후보가 크게 약진했어요. 이어 치러진 총선거에서도 야당 의석수가 많이 늘었지요. 국제적으로는 냉전 체제가 흔들리고 있었고, 전 세계가 경제 불황에 허덕이고 있었어요. 당연히 우리나라 경제 상황도 좋지 않았지요. 이러니 국민은 박정희 정부를 지지하지 않았어요. 이대로라면 4선, 5선 대통령이 되는

유신 헌법을 발표하고 있는 청와대 대변인

것은 불가능하지요. 박정희는 영구 집권의 꿈을 위해 독재 체제를 구축하기로 했어요.

물론 명분이 있어야겠지요? 박정희는 냉전 체제가 흔들리고 있으니 국가 안보가 더욱 중요해졌다고 했어요. 경제를 계속 성장시키고 사회 질서를 유지하려면 지금보다 더 강력한 정부가 필요하다고 했지요.

이어 비상계엄을 선포하고 국회를 해산했어요. 헌법을 중지시키고 모든 정치 활동을 금지했지요. 박정희는 "남북 분단을 극복하고, 빠르게 변화하는 국제 사회에 적극 대처하기 위해 유신을 단행한다."라며 10월 유신을 선포했어요[1972년 10월]. 유신은 낡은 제도를 새롭게 고친다는 뜻이에요. 독재 체제를 그럴듯하게 포장하기 위해 갖다 쓴 용어이지요.

박정희는 이어 제7차 개헌을 단행했어요. 이후 만들어진 헌법이 바로 유신 헌법이죠[1972년 11월]. 이 유신 헌법이 시행됨으로써 만들어진 것이 유신 체제예요.

유신 헌법에서는 대통령을 통일 주체 국민 회의란 기구가 뽑도록 했어요. 통일 주체 국민 회의의 의장이 바로 박정희였죠. 박정희가 원하면 언제든지 대통령이 될 수 있는 거예요. 그해 12월, 실제로 박정희는 너무나 쉽게 4선 대통령이 되었어요[1972년 12월].

대통령의 권한이 더 막강해졌어요. 국회가 맘에 들지 않으면 없애 버릴 수 있는 국회 해산권은 물론이고, 국회 의원의 3분의 1을 임명할 수 있는 권한까지 가졌어요. 재판을 담당하는 법관도 대통령이 임명할 수 있어요. 대통령이 입법, 행정, 사법의 모든 권력을 가지게 된 거예요. 또한 대통령은 사회가 혼란스럽다고 판단되면 헌법에 보장된 국민의 기본권을 제한하는 긴급 조치도 내릴 수 있게 됐어요.

정말 숨이 막힐 지경이죠? 유신 체제 때에는 머리카락을 기르거나 짧은 치마를 입을 수도 없었어요. 이런 패션이 퇴폐를 조장한다고 여긴 정부가 단속을 했거든요. 실제로 경찰이 가위를 들고 다니면서 머리카락이 긴 장발 남성의 머리카락을 잘랐고, 자를 가지고 다니면서 여성의 치마 길이를 쟀답니다.

야당, 시민, 노동자, 학생, 언론을 막론하고 모두가 유신 체제를 비판했어요. 전국에서 민주주의를 요구하는 시위가 잇달았지요. 그때마다 박정희는 긴급 조치를 발표해 민주화 운동을 탄압했어요. 그러면 그럴수록 저항은 더 커졌어요. 재야인사들은 긴급 조치를 철폐하고 민주주의로 복귀할 것을 촉구했어요. 또 언론과 출판, 집회의 자유를 보장하고 민주 인사들을 석방하라고 요구했어요. 이것이 3·1 민주 구국 선언이에요.^{1976년 3월}

하지만 박정희는 모두 무시했어요. 또다시 통일 주체 국민 회의를 통해 5선 대통령에 선출되었지요.^{1978년}. 민주주의는 도대체 어디로 간 걸까요?

1980년을 왜 서울의 봄이라고 할까?
└신군부와 5·18 민주화 운동

신민당 총재에 당선되었을 때의 김영삼

얼마 후 'YH 무역'이란 회사가 직원들을 해고하고 폐업한 사건이 발생했어요. 여성 노동자 200여 명은 야당인 신민당의 당사에서 이에 항의하는 농성을 벌였어요. 얼마 후 경찰이 강제로 노동자들을 해산했는데, 이게 YH 무역 사건이에요1979년 8월.

당시 신민당 총재는 김영삼이었어요. 박정희 정부는 이 사건을 구실로 김영삼을 국회에서 제명해 버렸어요. 당장 김영삼의 근거지인 부산과 마산에서 반발이 일어났어요. 반발은 이윽고 거대한 항쟁으로 변했어요. 이 민주화 시위가 바로 부마 민주 항쟁이에요 1979년 10월. 박정희는 비상계엄을 선포하고 부마 민주 항쟁을 무력으로 진압했어요.

이 투쟁은 이렇게 끝났지만 며칠 후 대한민국을 뒤흔든 큰 사건이 터졌어요. 박정희가 측근들과 은밀한 곳에서 만찬을 즐기던 중 중앙정보부장 김재규에게 피살된 거예요. 이게 10·26 사태예요. 이 사건으로 인해 유신 체제도 막을 내리게 되었죠1979년 10월 26일.

김재규는 현장에서 붙잡혔어요. 이어 군부가 김재규에 대한 조사를 시작했어요. 이들을 신군부라 불러요. 5·16 군사 정변을 일으킨 군부 세력과 구분하기 위해서이지요. 이 신군부의 우두머리는 전두환이었어요.

10 · 26 사태에 대한 조사가 어느 정도 마무리된 후 다시 통일 주체 국민 회의가 열렸어요. 아직까진 유신 헌법이 개정되지 않았기 때문에 통일 주체 국민 회의를 통해 대통령을 선출해야 했거든요. 이때 최규하가 대통령에 선출되었어요.

외교관으로 재직하던 시절의 최규하

최규하는 긴급 조치를 해제하고 유신 헌법도 폐지하겠다고 선언 했어요. 하지만 이 약속을 지키기도 전에 최규하는 대통령직에서 물러나야 했어요. 신군부가 병력을 동원해 반대파를 모두 제거한 후 권력을 장악했거든요. 이것이 12 · 12 사태예요^{1979년 12월 12일}.

이 무렵 전국에서는 일제히 민주화 시위가 일어나고 있었어요. 유신 체제가 무너지면서 민주화에 대한 국민의 열망이 터져 나온 것이지요. 1980년으로 접어든 후에는 이 민주화 시위가 더욱 거세 졌어요. 5월에는 서울역에서만 10만여 명의 대학생이 시위를 가졌 어요. 대학생들은 유신 세력을 모두 처벌하고 신군부를 퇴진시킨 후 민주 정부를 수립하자고 외쳤어요. 이처럼 민주화 열망이 드높 았던 1980년 5월의 서울을 가리켜 '서울의 봄'이라고 해요^{1980년 5월}.

신군부는 강경 진압에 나섰어요. 비상계엄 조치를 전국으로 확 대하고 모든 민주화 시위를 무력으로 탄압했지요. 특히 민주화 시 위가 거셌던 광주에는 공수 부대를 계엄군으로 파견했어요. 이에 맞서 광주 지역의 대학생들은 전남대학교 앞에서 계엄 해제를 요 구하는 시위를 벌였어요. 5 · 18 민주화 운동이 시작된 거예요^{1980년 5월 18일}.

계엄군은 학생, 시민 가리지 않고 폭력을 휘둘렀어요. 며칠 후부터는 시민들을 향해 총까지 쏘았어요. 많은 시민들이 죽거나 다쳤지요. 그러자 더 이상 시민들도 참지 않았어요. 시민들은 경찰서를 습격해 무기를 빼앗은 뒤 시민군을 결성했어요.

시민군은 계엄군과 전투에 돌입했어요. 한때 시민군은 전남 도청을 점령하고 계엄군을 광주 외곽으로 몰아내는 데 성공하기도 했어요. 하지만 며칠 후 계엄군의 반격이 시작되었어요. 계엄군은 탱크를 타고 광주 시내로 진입했어요. 시민군은 목숨을 걸고 도청을 사수했어요. 그러나 시민군의 총으로 공수 부대의 탱크를 이길 수는 없었어요. 결국 계엄군은 시민군을 제압하고 도청을 장악했어요. 이로써 5·18 민주화 운동은 열흘 만에 끝이 나고 말았지요[1980년 5월 27일].

5·18 민주화 운동 때 191명의 시민과 학생이 사망했어요. 부상자는 852명이었지요. 하지만 이 비극적인 사건은 다른 지역에 알려지지 않았어요. 신군부가 언론을 강력히 통제했기 때문이에요. 5·18 민주화 운동이 국가 기념일로 지정된 것은 17년이 지난 1997년의 일이었어요.

5·18 민주화 운동은 대한민국을 넘어 아시아 여러 나라의 민주화 운동에 큰 영향을 주기도 했어요. 그 결과 2011년에는 유네스코 세계 기록 유산으로 등재되었답니다.

당시 광주 이외의 지역에 사는 대한민국 국민은 광주의 상황에 대해 전혀 알 수가 없었어요. 한국의 방송과 신문이 모두 침묵했거든요. 하지만 독일 방송에서는 광주 현장이 그대로 방송되었어요 ^{1980년 5월 22일}. 당시 독일의 공영 방송인 ARD의 도쿄 특파원 유르겐 힌츠페터가 몰래 광주에 들어가 5월 20~21일의 상황을 촬영해 독일로 보냈던 거예요. 힌츠페터는 혹시 필름이 발각될까 봐 과자 상자에 넣어 두고 결혼 선물이라고 말했다고 해요.

국민은 왜 직선제 개헌을 원했을까?
└전두환 정부의 수립과 6월 민주 항쟁

5·18 민주화 운동을 무자비하게 진압한 전두환은 대통령이 되기 위한 작업에 착수했어요. 최규하가 대통령에서 물러난 후로 아직 새 대통령이 선출되지 않았거든요. 다시 통일 주체 국민 회의가 열렸어요. 전두환은 지지율 100%로 대통령에 선출되었어요^{1980년 8월}.

대통령이 된 전두환은 곧바로 개헌 작업에 들어갔어요. 유신 헌법을 폐지하고, 대통령은 선거인단이 뽑는 간접 선거를 도입하며, 대통령의 임기는 7년 단임으로 정했어요. 대통령을 한 번 하면 다시는 대통령 선거에 출마할 수 없는 거지요. 이것이 제8차 개헌이에요^{1980년 10월}. 개정된 헌법에 따라 이듬해에 다시 대통령 선거가 실시되었어요. 이 대선에서 전두환이 다시 당선되었어요. 그러니까 전두환은 기록상으로는 11대 대통령과 12대 대통령을 지낸 셈이에요.

전두환 정부는 민주화 운동을 혹독하게 탄압했어요. 정부 정책에 비판적인 언론사를 다른 언론사에 통합시키거나 없애 버렸어요. 이를 언론 통폐합이라고 해요.1980년 11월 이 조치로 44개의 신문사와 방송·통신사가 통폐합되었고, 172종의 정기 간행물이 폐지되었어요. 또 1,000여 명의 언론인을 강제로 해직시켰어요. 그것도 모자라 뉴스가 보도되기 전에 사전 검열까지 했어요.

전두환 정부는 어수선한 사회 기강을 확립하겠다며 삼청 교육대라는 교육 기관을 만들었어요. 여기에는 폭력이나 마약 전과자, 밀수 사범들을 가두었어요. 이들을 교육시켜 사회로 내보낸다며 온갖 폭력을 휘둘렀어요. 전과자가 아닌데도 억울하게 삼청 교육대로 보내진 사람들도 많았어요. 이들은 삼청 교육대에서 지옥보다 더한 생활을 해야 했어요.

국민의 생활과 관련된 정책이 전혀 없었던 건 아니에요. 자정이 넘으면 통행이 금지되던 야간 통행금지를 해제한 것이나 해외여행을 자율적으로 갈 수 있도록 규제를 완화한 것이 대표적이에요. 그전에는 해외여행을 가려면 정부에 일일이 신고를 하고 허락을 받아야 했거든요. 중·고교생이 획일적인 검정색 교복을 입고 짧게 혹은 단발로 머리를 깎아야 했던 것도 전두환 정부 때 자율화로 바뀌었어요. 프로야구와 같은 프로 스포츠도 이때 시작되었지요. 사실 이런 정책들은 전두환 정부가 국민의 반발을 조금은 누그러뜨리려고 시행한 측면이 꽤 있답니다.

전두환 정부의 독재 정치 와중에도 대형 국제 스포츠 행사를 유치한 점은 기억할 만해요. 바로 아시안 게임과 서울 올림픽이죠. 아시안 게임은 전두환 정부 때 열렸고 1986년, 서울 올림픽은 그 다음 정부인 노태우 정부 때 열렸답니다 1988년.

서울 올림픽 폐막식 장면

전두환 정부 때도 박정희 정부 때와 마찬가지로 민주화 운동은 줄기차게 계속되었어요. 그러던 중 서울대학교 학생 박종철 군이 고문을 받다 사망하는 사건이 발생했어요. 이 사건이 박종철 고문치사 사건이에요 1987년 1월. 고문치사는 고문을 하다 죽음에 이르게 했다는 뜻입니다.

국민들은 큰 충격을 받았어요. 곧바로 전두환 정권을 퇴진시키기 위한 운동이 시작되었어요. 국민들은 대통령을 선거인단이 뽑는 간접 선거 방식이 바뀌지 않으면 신군부 세력이 다음 대통령이 될 거라고 생각했어요. 이 때문에 대통령을 국민이 직접 선출하는 직선제로 개헌할 것을 촉구했어요.

정권 퇴진과 대통령 직선제 개헌을 촉구하는 시위가 전국으로 확산되었어요. 하지만 전두환 정부는 이 모든 것을 거부했어요. 오히려 민주화 시위를 강력하게 탄압했지요. 그럴수록 국민의 저항은 거세졌어요. 6월로 접어든 후로는 거의 매일 전국에서 시위가 벌어졌지요. 이것이 바로 6월 민주 항쟁이에요.^{1987년 6월}

시위 도중에 연세대학교 학생 이한열 군이 경찰이 쏜 최루탄에 맞아 사망하는 사건이 발생했어요. 국민들의 분노는 더욱 커졌지요. 결국 전두환 정부는 무릎을 꿇었어요. 대통령 직선제 개헌을 약속하는 6·29 민주화 선언을 발표한 거예요.

4·19 혁명에 이어 또다시 국민의 민주화 투쟁이 승리를 거두었어요. 국회는 개헌 작업에 착수했고, 5년 단임의 대통령 직선제를 핵심으로 한 제9차 개헌을 했어요.^{1987년 10월}

같은 해 12월, 개정된 헌법에 따라 제13대 대통령 선거가 실시되었어요. 그 결과 신군부 세력 가운데 한 명이었던 노태우 후보가 대통령에 당선되었어요. 많은 국민이 정권 교체를 원했는데, 왜 실패한 걸까요? 여러 이유가 있겠지만 민주화를 요구했던 야당의 두 후보가 단일화에 실패했기 때문이라고 보는 이들이 적잖아요. 안타까운 대목이죠.

금융 실명제는 왜 실시했을까?
└1990년대 이후의 민주주의 발전

노태우 정부가 시작할 즈음 전 세계에 큰 변화가 일어나고 있었어요. 냉전이 무너지기 시작한 거예요. 그런 국제 정세에 발맞추어 노태우 정부도 공산주의 진영 국가들과 외교 관계를 수립했어요. 이런 외교 정책을 북방 외교라고 해요. 덕분에 북한과도 관계가 좋아졌고, 그 결과 남북한 동시 유엔 가입이 이루어졌지요[1991년 9월].

노태우가 신군부 출신이지만 그래도 꽤 많은 업적이 있는 것 같죠? 하지만 대통령으로 있는 동안 비자금*을 조성하는 등 많은 부정부패를 저질렀어요. 이어 김영삼 정부가 들어섰어요[1993년]. 김영삼 정부가 내건 구호는 '문민정부'였어요. 김영삼 정부는 5·16 군사정변 이후 30여 년 만에 수립된 민간 정부였거든요.

김영삼 정부는 신군부의 군사 반란인 12·12 사태와 신군부의 집권을 저지하기 위한 5·18 민주화 운동을 다시 조명했어요. 전두환과 노태우 정부는 5·18 민주화 운동을 광주 폭동이라 불렀는데, 이를 바로잡는 작업을 벌인 거예요. 당시 김영삼 정부는 이를 역사 바로 세우기 작업이라 불렀어요. 이 작업의 결과 전두환과 노태우 전 대통령은 반란 및 내란죄로 법정에 섰답니다.

김영삼 정부의 또 다른 업적을 꼽으라면 금융 실명제와 지방 자치제의 전면 실시를 들 수 있어요.

요즘에는 자기 이름으로만 은행에 계좌를 만들 수 있어요. 하지만 그전에는 가짜 이름[가명]이나 다른 사람의 이름[차명]으로도 계좌를 만들 수 있었어요. 그렇게 되면 불법 금융 거래가 활개를 칠 수 있어요. 김영삼 정부는 이런 부작용들을 막기 위해 자기 이름으로만

* **비자금** 불법적이고 부정한 방법으로 모은 돈

금융 거래를 하도록 한 금융 실명제를 전격 시행했어요.^{1993년 8월}

각 지방별로 중앙 정부와 별도로 살림을 하는 것을 지방 자치제라고 해요. 지방 자치제는 중앙 정부에 너무 많은 권한이 집중되는 것을 막고, 각 지방이 골고루 발전하는 데 도움을 주죠. 김영삼 정부는 지방 자치제를 전면 시행했어요.^{1995년 6월} 김영삼 정부 시절에 국제 경제 기구인 경제 협력 개발 기구^{OECD}에 가입했다는 사실도 기억해 두세요.^{1996년 12월}

김영삼 정부 막바지에 광복 이후 최대의 경제 위기가 터졌어요. 국제 거래에서 결제해야 할 외환이 없어 국가가 파산 위기를 맞은 거예요. 결국 국제 통화 기금^{IMF}으로부터 구제 금융^{차입금}을 지원받을 수밖에 없었어요. 이 사건을 외환 위기라고 하지요.^{1997년 12월}

해가 바뀌어 김대중 정부가 들어섰어요.^{1998년} 이 또한 상당히 역사적인 의미를 가진 사건이었어요. 대한민국 건국 후 처음으로 여당과 야당 사이에 평화적 정권 교체가 이루어진 것이거든요.

김대중 정부는 당장 외환 위기부터 극복해야 했어요. 정부가 경제에 개입해 기업들의 적극적인 구조 조정을 유도했어요. 국민들도 금 모으기 운동을 벌이면서 이 위기를 넘기는 데 힘을 보탰어요. 그 결과 김대중 정부는 IMF로부터 빌린 차입금 195억 달러 전액을 3년 8개월 만에 다 갚았어요.^{2001년 8월} IMF와의 계약서에는 차입금을 2004년 5월까지 갚게 되어 있었어요. 무려 3년 정도나 일찍 빚을 다 갚은 셈이지요. 우리 민족의 저력에 세계가 깜짝 놀랐어요.

김대중 정부가 만든 또 하나의 중요한 업적이 있어요. 바로 광복 이후 처음으로 남북 정상 회담을 성사시킨 거예요^{2000년} ^{6월}. 김대중 대통령과 북한의 김정일 주석은 "남한과 북한 사이에 교류와 협력을 증진시켜 한반도에 평화를 정착시키자." 라고 약속했어요. 바로 이 해에 김대중은 노벨 평화상을 받았어요. 수십 년 동안 한반도에서 민주화 운동을 했고, 남북 정상 회담 등을 통해 한반도의 평화를 정착시키기 위해 노력했다는 것이 노벨 평화상을 받은 이유랍니다.

대한민국 15대 대통령 김대중

김대중 정부 때 한일 FIFA 월드컵을 일본과 공동으로 개최했어요^{2002년}. 우리나라는 유럽과 남미 강호들을 잇달아 꺾고 세계 4위를 차지해 세계 축구계를 놀라게 했지요.

김대중 정부의 뒤를 이어 노무현 정부가 들어섰어요^{2003년}. 노무현 정부는 권위주의를 청산하고 시민 사회와 소통하는 데 많은 노력을 기울였어요. 또 친일파 문제 등 과거사를 정리하는 사업도 벌였지요. 김대중에 이어 또다시 평양을 방문해 제2차 남북 정상 회담도 성사시켰어요.

노무현 정부의 뒤를 이어 기업가 출신인 이명박 정부가 출범했어요^{2008년}. 이명박 정부는 기업가 출신답게 경제를 되살리는 데 많은 노력을 기울였어요. 선진국들의 경제 모임인 선진 20개국^{G20} 정상회의도 개최했지요. 이명박 정부 다음에는 박근혜 정부가 수립되었지만, 박근혜는 임기를 마치지 못하고 탄핵되었어요. 이어 치러진 선거에서는 문재인 후보가 과거의 부패한 세력을 청산하겠다는 '적폐 청산'과 국민 복지, 지역 발전, 남북 평화 등을 내걸고 대통령에 당선되었어요[2017년].

★ 단원 정리 노트 ★

대한민국의 역대 대통령

이승만   1대, 2대, 3대   1948년 7월~1960년 4월

– 대한민국의 초대 대통령이다. 1대 때는 국회 의원이 대통령을 선출하는 간접 선거로 당선되었고, 6 · 25 전쟁의 혼란을 틈타 헌법을 개정해 대통령 선거를 직접 선거제로 바꾸고는 대통령에 재선되었다. 그리고 대통령은 중임까지만 가능하다는 헌법을 또 다시 개정하여 3선에 성공했다. 하지만 4선에 도전하면서 선거를 조작한 것이 탄로나 국민의 분노를 샀고, 4 · 19 혁명으로 인해 대통령에서 물러나 하와이로 망명했다.

윤보선(장면 총리)   4대   1960년 8월~1963년 12월

– 이승만이 하야한 뒤 꾸려진 과도 정부는 대통령 중심제를 내각제로 바꾸는 개헌을 단행했다. 선거를 통해 윤보선과 장면이 각각 대통령과 국무총리에 당선되었다. 내각제에서는 국무총리의 권한이 강하기 때문에 이때의 정부를 '장면 내각'이라고 부른다. 하지만 장면 내각은 국민의 뜻을 제대로 수용하지 못했다. 혼란한 상황이 이어지던 중 1961년 5월 16일에 군인들이 쿠데타를 일으켰다. 쿠데타를 통해 권력을 잡은 박정희는 국가 재건 회의를 구성하여 헌법을 개정했다. 내각책임제를 대통령 중심제로 다시 바꾸었다.

박정희   5대, 6대, 7대, 8대, 9대   1963년 12월~1979년 10월

– 1963년 치러진 선거에서 박정희가 대통령에 당선되었다. 대통령 재임 동안 박정희는
  장기 집권을 위한 계획을 하나하나 수립해 나갔다. 자신의 뜻을 거스르는 세력은 반공
  이라는 명분 아래 간첩 혐의를 씌워 제거하기도 했다. 박정희 대통령 재임 기간 동안
  우리나라는 경제적으로 발전을 이루었지만, 민주주의는 후퇴했다. 권력을 놓지 않기 위
  해 자신을 비판하는 이들을 탄압했기 때문이다. 박정희는 평생 대한민국의 대통령을
  하고 싶어 했다. 유신 헌법을 만들어 대통령의 권한을 더욱 강화했다. 하지만 그는 그
  뜻을 이루지 못했다. 1979년 10월 26일에 김재규에 의해 피살되었다.

최규하   10대   1979년 12월~1980년 10월

– 박정희가 피살된 뒤 갑자기 대통령직에 올랐다. 최규하는 박정희 재임 기간 동안 만
  들어진 반민주주의적인 여러 가지 제도를 개선하거나 폐지하겠다고 국민에게 약속했
  다. 하지만 이 약속은 지켜지지 않았다. 새로운 군부가 등장해 정권을 장악했기 때문
  이다. 이후 최규하는 유명무실한 대통령직을 수행하다가 물러나야 했다.

전두환   11대, 12대   1980년 8월~1988년 2월

– 신군부의 우두머리인 전두환이 대통령에 올랐다. 하지만 역사가 또다시 후퇴하는 것
  을 두고 볼 수 없었던 수많은 시민이 신군부의 집권을 반대하며 시위를 벌였다. 이 과
  정에서 1980년 5월 광주에서는 군인들에 의해 수많은 시민이 목숨을 잃은 유혈 사태
  가 벌어졌다. 5·18 광주 민주화 항쟁이다. 하지만 결국 전두환은 대통령이 되었고,
  우리나라에서는 다시 한 번 군부 독재 정권이 시작되었다.

노태우   13대   1988년 2월~1993년 2월

- 전두환은 2번의 대통령을 지낸 뒤 자신의 후임자로 노태우를 지목했다. 당시에는 대
  통령 선거인단이 대통령을 선출하는 간접 선거제로 대통령을 뽑았다. 이대로 간다면
  군부 독재를 막을 수 없었다. 분노한 국민들 사이에는 직접 선거로 대통령을 선출해
  야 한다는 의견이 거세졌다. 그러던 중에 서울대학교 학생 박종철이 공안 경찰들에
  게 고문을 당하다가 사망하는 사건이 일어났다. 국민의 분노가 하늘을 찔렀다. 전국
  에서 시위가 벌어졌다. 시위 도중에 연세대학교 학생 이한열이 최루탄에 맞아 사망
  하면서 시위의 불길은 더욱 거세졌다. 결국 노태우는 국민 앞에 무릎을 꿇고 대통령 직
  선제를 시행하겠다고 선언했다. 하지만 아이러니하게도 대통령 직선제를 통해 노태
  우가 대통령에 당선되었다.

김영삼   14대   1993년 2월~1998년 2월

- 아주 오랜만에 군부 출신이 아닌 이가 대통령에 당선되었다. 그래서 김영삼 정부를 '문
  민정부'라고 부른다. 김영삼은 금융 실명제를 도입하고 지방 자치제를 시행하는 등 역
  사에 남을 만한 업적을 남겼다. 하지만 민주화를 향한 국민의 열망을 충족시키지 못했
  고, 임기 말년에는 외환 위기라는 경제 위기 상황을 초래했다는 부정적인 평가를 받기
  도 한다.

김대중   15대   1998년 2월~2003년 2월

- 군부 독재 시절 김영삼과 함께 야권의 지도자로서 우리나라의 민주화를 위해 싸웠던
  김대중이 대통령에 올랐다. 김대중 정부는 '햇볕 정책'이라고 불리는 대북 정책을 통해

남과 북의 긴장 완화에 공헌했다는 평가를 받고 있다.

노무현   16대   2003년 2월~2008년 2월

- 재야에서 민주화 운동을 주도했던 노무현이 대통령에 당선되었다. 노무현은 권위주의

  를 무너뜨리기 위해 많은 노력을 기울였다. 권위주의란 공직이나 재벌 등 일정한 위

  치에 있는 이들이 대다수의 국민을 얕잡아보고 군림하려는 태도를 가리킨다. 노무현

  은 공직자와 기업가들이 권위주의를 버리고, 국민들이 권위에 굴복하지 않아야 진정

  한 민주화가 이루어진다고 보았다. 하지만 이 과정에서 정치 세력과 갈등을 빚다가

  탄핵에 소추되기도 했다.

이명박   17대   2008년 2월~2013년 2월

박근혜   18대   2013년 2월~2017년 3월

문재인   19대   2017년 5월~

23 평화 통일을 위한 노력

: 통일은 우리의 사명이다

- 6·25 전쟁이 터지게 된 요인을 다양하게 설명해 보세요.
- 6·25 전쟁 이후 분단이 고착화하면서 나타난 현상에 대해 이야기해 보세요.
- 7·4 남북 공동 성명의 3대 통일 원칙에 대해 이야기해 보세요.
- 남북 통일이 꼭 필요한 이유를 다양한 관점에서 설명해 보세요.

정전 협정문에 이승만 정부가 서명하지 않은 까닭은?

└ 남북 분단과 6·25 전쟁의 발발

우리 역사 공부의 대장정이 끝나 가고 있어요. 그러니 우리 민족이 반드시 완수해야 할 과제를 알아 둬야 할 것 같아요. 바로 남북평화 통일이죠. 남북이 어떻게 해서 분단됐는지, 어떤 역사를 거쳐현재에 이르렀는지 알고 있나요? 통일을 준비하려면 바로 이런 역사적 사실부터 알아 두는 게 좋을 것 같아요.

분단의 조짐은 광복 이후에 나타났어요. 북위 38도 선을 기준으로 남과 북에 각각 미국과 소련의 군정이 실시됐죠. 통일 정부 수

피난길에 오른 주민

립을 주장하는 좌우 합작 운동이 추진됐어요. 김구는 북한으로 건너가 김일성을 만나 회담까지 가졌지요. 하지만 분단은 얼마 후 기정사실이 돼 버렸어요.

먼저 남한에 대한민국 정부가 수립됐어요[1948년 8월 15일]. 그러자 북한도 정부 수립 작업에 속도를 올렸어요. 그전부터 정부 수립을 준비하던 인민 위원회를 확대해 최고 인민 회의를 조직했어요. 최고 인민 회의는 의회 역할을 했어요. 헌법을 만들었고, 통치자인 수상을 뽑았죠. 이때 선출된 수상이 김일성이었어요. 모든 준비를 끝낸 북한은 조선 민주주의 인민 공화국의 수립을 선포했죠[1948년 9월 9일].

이제 한반도가 두 동강이 나 버렸어요. 남북의 체제가 다르니 대립과 갈등도 더 심해졌죠. 그러다가 결국 전쟁이 터졌어요. 모두가 알고 있는 6·25 전쟁이죠. 이 전쟁이 끝난 후에는 확실한 분단 국가가 돼 버렸어요. 우리 민족끼리 총부리를 겨눈 이 전쟁을 조금 더 살펴볼까요?

1950년 6월 25일, 북한군이 38도 선을 넘어 남침했어요. 기습 공격에 우리 국군은 제대로 방어하지 못해 3일 만에 수도 서울을 내주고 말았어요. 이어 약 3년 동안 우리 민족은 전쟁의 소용돌이에 휩싸였죠. 도대체 이 전쟁은 왜 터진 것일까요? 6·25 전쟁이 터지기 이전의 상황부터 알아야 해요.

남한과 북한에 각각 정부가 들어선 후 38도선에서는 총격전이 자주 벌어졌어요. 이런 상황에서 미국의 국무 장관 애치슨이 "공산주의 진영으로부터 미국이 방어하는 태평양 방위선을 알래스카-일본-오키나와-필리핀까지로 한다."라고 발표했어요. 이것이 애치슨 선언이에요.^{1950년 1월} 이 말대로라면 미국의 방위선에 한반도가 포함되지 않아요. 북한으로서는 한국을 침공하기에 좋은 기회가 온 거죠. 실제로 북한은 소련과 중국의 지원을 받으며 군사력을 증강시켰어요. 그리고 마침내 6월

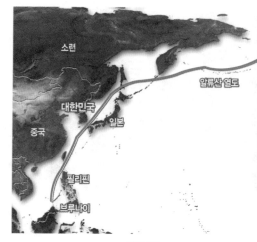

애치슨 라인
미국 국무 장관 애치슨이 발표한 미국의 태평양 방어선이다. 여기에 한반도가 포함되지 않은 탓에 북한이 남한을 무력 침공하는 빌미를 제공했다.

25일 새벽 4시를 기해 전면 남침을 감행한 거예요.

6·25 전쟁 초기에는 우리 국군이 일방적으로 밀렸어요. 3일 만에 서울을 빼앗겼고, 한 달 만에 한반도 남단 낙동강 유역까지 후퇴했지요. 이승만 정부는 부산을 임시 수도로 정한 뒤 그곳에서 정치를 했답니다.

전쟁이 터지고 한 달 만에 유엔 안전 보장 이사회는 북한의 침략을 비난하며 남한을 돕기 위해 유엔군 파견을 결의했어요.^{1950년 7월 27일} 이에 따라 16개 나라에서 병력을 한반도에 보냈지요. 그 외에도 의료 지원이나 전쟁 물자 지원을 한 나라까지 포함하면 63개국이 한국을 도왔어요.

6·25 전쟁 당시 부산의 미국 대사관 앞
에서 휴전에 반대하는 학생들의 시위

우리가 전세를 역전시킨 계기는 인천 상륙 작전이 었어요.^{1950년 9월 15일}. 이 작전에 성공하면서 국군과 연합군은 서울을 되찾았고, 곧바로 38도 선을 넘어 북쪽으로 진격했어요. 10월에는 평양을 점령했고, 나아가 압록강 유역까지 진격했어요. 통일을 눈앞에 둔 그 순간, 중국군이 대거 참전했어요. 전세가 역전되어 국군과 연합군은 다시 후퇴할 수밖에 없었지요. 또다시 서울을 빼앗겼어요.^{1951년 1월 14일}. 이후 70여 일 만에 국군과 연합군은 서울을 되찾았어요.

이때부터 전쟁은 지루한 소모전 양상으로 흘렀어요. 결국 전쟁이 터지고 1년여 만에 전쟁을 끝내기 위한 정전 협상이 시작되었어요. 협상은 무려 2년을 끌었어요. 그러다가 유엔군 대표와 북한군, 중국군이 협정문에 서명하면서 전쟁은 사실상 끝났어요. 이 협정문에 이승만 정부는 서명하지 않았답니다. 전쟁을 끝까지 해서 통일해야 한다고 생각했거든요. 어쨌든 이로써 3년여에 걸친 6·25 전쟁은 끝이 났어요.^{1953년 7월 27일}.

6·25 전쟁의 피해는 참으로 컸어요. 특히 인명 피해가 컸어요. 인구의 6분의 1이 죽거나 다쳤어요. 남한에서만 군인 62만 명, 민간인 99만 명이 희생되었어요. 북한 희생자는 군인 60만 명, 민간인 150만 명으로, 민간인 피해가 훨씬 컸어요. 한국을 돕기 위해 파견되었던 유엔군도 15만 명이나 희생되었어요.

전쟁 와중에 고아가 된 아이들이 10만 명이 넘어요. 혈육을 잃어버린 이산가족도 1,000만 명이 넘었고요. 게다가 전쟁을 거치면서 남한과 북한 사이에 적대감이 더 커졌어요. 서로가 서로를 증오하게 된 거지요.

남한과 북한 모두 공장, 발전소, 도로와 같은 산업 시설이 많이 파괴되었어요. 전체 공업 시설의 절반에 가까운 45% 정도가 파괴된 것으로 짐작됩니다. 이러니 전쟁 피해를 복구하는 데 상당히 애를 먹었어요. 이제 남과 북 모두 새 출발을 해야 하는 어려움에 직면한 거예요.

7 · 4 남북 공동 성명의 3대 통일 원칙은?
└ 남북 교류와 통일 노력

6 · 25 전쟁이 끝난 후 한반도는 확실한 분단국이 돼 버렸어요. "우리는 한민족이다."라는 생각은 점점 옅어지고, 대립과 긴장감만 커졌지요. 사고방식이나 생활 방식까지 달라지면서 "우리는 다르다."라는 이질감이 심해졌어요. 통일을 해야 한다는 공감대는 있었지만 통일을 위한 대화조차 시도하지 못했지요.

1970년대로 접어들면서 냉전 체제가 완화하기 시작했어요. 남북한 사이에도 교류가 시작되었어요. 가장 먼저 이산가족을 서로 만

나게 해 주자는 논의가 오갔고, 이를 실현하기 위해 남북 적십자 회담이 열렸어요[1971년].

바로 다음 해, 남한과 북한이 동시에 통일을 위한 공동 성명을 발표했어요. 이것이 그 유명한 7·4 남북 공동 성명이에요[1972년 7월 4일]. 분단 이후 최초로 남북한 정부가 통일에 필요한 원칙에 합의하고 이를 공동 성명 형태로 발표한 거예요. 이 7·4 남북 공동 성명에서는 자주, 평화, 민족 대단결의 3대 통일 원칙을 제시했어요. 이 원칙은 이후 대한민국의 통일 기본 원칙이 되었답니다.

그런데 이 공동 성명을 발표하고 난 후 남북 정치가 이상하게 돌아갔어요. 남한에서는 박정희에 의해 유신 헌법이 채택되었고, 북한에서는 사회주의 헌법을 채택했지요. 북한 정치 상황을 살펴볼까요?

북한의 김일성은 6·25 전쟁이 끝난 후 승리하지 못한 책임을 물어 반대파를 제거했어요. 1960년대 소련과 중국의 사이가 나빠지자 어느 쪽의 편도 들지 않겠다며 독자 노선인 주체사상을 내세웠어요. 주체사상을 요약하자면, 외국의 간섭을 받지 않고 북한이 자주적으로 국가를 운영한다는 이념이에요.

이후 김일성을 신처럼 숭배하는 우상화 작업을 본격화했고, 사회주의 헌법을 제정하면서 주체사상을 공식 채택했어요[1972년]. 이때 국가 주석이란 직위를 만들어 김일성이 그 자리에 올랐죠. 이로써 법적으로 김일성의 1인 독재 체제가 구축되었지요.

북한의 지폐에 새겨져 있는 김일성

남북한 단일팀의 한반도기

남과 북의 통치자가 각각 영구 집권과 독재 체제 구축에 몰두하고 있으니 7·4 남북 공동 성명을 달성하기 위한 후속 작업이 제대로 이루어지지 않았어요. 그 후 한동안 남북 교류는 이루어지지 않았고, 통일 논의도 진행되지 않았어요.

그로부터 10년도 더 지났어요. 1980년대 중반에 마침내 전두환 정부 때 처음으로 남북한 이산가족이 상봉하는 역사적인 자리가 마련되었어요. 더불어 예술 공연단도 처음으로 서로 오갔지요[1985년]. 이 또한 냉전 체제가 완화되면서 가능했던 일이에요. 이어 냉전 체제가 붕괴되기 직전인 노태우 정부 때는 국제 대회에서 탁구와 축구, 두 종목의 남북 단일팀이 출전하기도 했어요.

이어 남북한은 동시에 국제 연합에 가입했어요. 상대방의 체제를 인정하고, 서로 침략하지 않으며, 교류와 협력을 통해 민족의 동질성을 회복해 나간다는 내용의 남북한 기본 합의서도 채택했죠[1991년]. 남북한은 한반도 비핵화 공동 선언에도 합의했어요. 핵무기를 폐기하는 것을 비핵화라고 해요. 이 선언은 한반도를 비핵화해서 핵전쟁의 위험을 막고 한반도와 세계의 평화에 기여하자는 내용을 담았어요.

김영삼 정부도 북한이 식량난을 겪자 쌀과 비료를 지원하며 통일 노력을 이어 갔어요. 또 '적대와 불신 청산 및 상호 신뢰 구축 → 남북 연합 → 통일 정부와 통일 국가 건설' 3단계로 구성된 통일 방안을 제시했지요[1993년].

DMZ(비무장 지대) 내에 있는 판문점에
서 대치하고 있는 국군과 북한군 ⓒMattis
Kaminer / Shutterstock.com

김대중 정부는 북한과 화해하고 협력하는 햇볕 정책을 추진했어요. 남북 교류가 다시 활발해지면서 금강산 관광이 이루어졌고 개성 공단을 만들기 위한 논의가 시작되었죠.

김대중은 평양을 방문해 김정일과 남북 정상 회담도 열었어요[2000년]. 남북의 정상이 만난 것은 분단 이후 처음 있는 일이었어요. 회담을 끝내고 두 정상은 6·15 남북 공동 선언을 발표했어요. 이 선언문을 통해 두 정상은 우리 민족이 자주적으로 통일을 추진하며 모든 분야에서 교류를 강화하기로 했어요. 이 선언에도 7·4 남북 공동 성명의 정신이 이어진 거예요.

노무현 정부는 김대중 정부의 햇볕 정책을 계승했어요. 다시 평양을 방문해 제2차 남북 정상 회담을 가졌지요[2007년]. 회담을 마친 후 두 정상은 6·15 공동 선언을 발전시키기로 합의하면서 10·4 남북 공동 선언을 발표했어요.

통일을 위한 노력이 꾸준히 계속되고 있지요? 하지만 항상 평화로운 분위기가 지속된 것은 아니었어요. 북한이 군사적으로 도발할 때가 많았어요. 연평도 포격 사건, 천안함 피격 사건이 대표적이죠. 북한의 핵실험 강행과 미사일 개발도 긴장을 고조시키는 원인이 되고 있어요.

남북통일이 왜 필요할까요? 한반도에 평화가 정착되기 때문이에요. 불필요한 군사 경쟁을 하지 않아도 되기 때문에 국방비 예산을 줄일 수 있어요. 그 돈으로는 경제와 문화를 성장시킬 수 있지요. 또 오랫동안 분열되어 있던 민족을 다시 하나로 합쳐 동질성을 회복할 수 있어요. 한민족이 됨으로써 우리의 국제적 지위를 더 높일 수 있겠지요. 또한 수십 년 동안 남과 북으로 갈라져 살아온 이산가족의 고통도 해소할 수 있어요. 그러니 통일은 반드시 이루어야 하는 우리의 과제예요. 우리의 모든 역량을 집중시켜야 할 필요가 있겠지요?

★ 단원 정리 노트 ★

통일을 위한 노력

남북 적십자 회담 (1971~1972년)

남한과 북한의 적십자사가 참여한 회담. 남북의 이산가족 실태를 확인하고 이들을 상봉시키기 위한 구체적인 협의를 했다. 1971년 대한 적십자사가 북한 적십자사에 제의하여 회담이 이루어졌고, 1차 회담은 1972년 8월 평양에서, 2차 회담은 같은 해 9월 서울에서 열렸다.

7 · 4 남북 공동 성명 발표 (1972년 7월 4일)

1972년 7월 4일 일곱 개 조항의 성명서를 서울과 평양에서 동시에 발표했다. 남북 적십자 회담을 성사시키고, 서울과 평양 간의 직통 전화를 설치하며, 자주 통일 · 평화 통일 · 민족 대단결의 3개 원칙에 합의했다.

6 · 23 평화 통일 선언 (1973년 6월)

남북의 평화적 통일을 위한 지속적인 노력 의지를 담은 내용의 선언서를 채택했다.

남북 이산가족 상봉 (1985년 9월)

남한과 북한의 이산가족 대표들이 고향 방문단을 구성하여 각각 서울과 평양에서 이산가족을 만났다. 아울러 예술 공연단을 상호 교환하는 문화 행사도 열었다.

남북 단일팀 구성 (1991년)

세계 탁구 선수권 대회와 U-20 월드컵에 남북한이 단일팀을 구성하여 출전했다. 이때 선수단 깃발은 한반도기를 사용했고, 국가는 <아리랑>으로 대신했다.

남북한 동시 유엔 가입 (1991년 9월)

1991년 9월, 제46차 유엔 총회에서 남한과 북한이 동시에 유엔 가입국이 되었다. 국명을 표기하는 알파벳 순서에 따라 북한이 160번째, 남한이 161번째 유엔 회원국이 되었다.

남북 기본 합의서 채택 (1991년 12월)

남한과 북한이 서로의 체제를 인정하고 존중하기로 합의했다. 이 외에 남북 관계에 필요한 기본 조항과 통일을 위한 공동의 노력이 기술된 합의서를 채택했다.

한반도 비핵화 공동 선언 (1991년 12월)

한반도를 비핵화하여 남북통일의 환경을 조성하고 세계 평화에 기여하자는 내용을 담았다.

남북 정상 회담 (2000년)

김대중 대통령이 북한의 평양을 방문하여 당시 북한의 지도자인 김정일을 만났다. 분단 이후 최초로 이루어진 남북 정상 회담이다. 회담을 마친 두 정상은 6·15 남북 공동 선언을 발표했다. 남북 정상 회담은 노무현 정부 때(2007년)와 문재인 정부 때(2018년)에도 열렸다.

서울 YMCA 역사 동아리
[역사친구들]이 보내온 짧은 편지

마치 옆에서 이야기해 주는 듯한 설명 덕분에
한국사뿐만 아니라 세계사에 대한 흐름까지
잘 잡을 수 있었어요.
여러분도 한국사와 세계사 속으로 들어가
역사의 매력을 느껴 보기를 바랍니다.

_1기 김현수

초등학생을 위한 만화 역사책과
고등학생을 위한 수능 역사 사이의 텅 빈 공간을
시원하게 채워 주는 책!
학생 때 공부하면서 읽었더라면
역사 점수가 훨씬 더 좋아지지 않았을까 하는
아쉬움과 부러움이….

_1기 김연서

파편화된 역사 지식들이 하나의 흐름으로
연결되는 것을 느꼈고,
세부 지식들도 익힐 수 있었어요.
한국사를 단순한 암기 과목으로 접근하려는
친구들은 몇 번 반복해서 읽는 것만으로도
한국사 대부분을 꿰뚫는
마법 같은 경험을 할 거예요. 강추!

_2기 이주현

교과서를 옮겨 놓은 것처럼 자세하면서도
배경 지식을 충분히 설명해 주고
스스로 생각하며 이해할 수 있는
여유까지 주어서 재미있게 읽었습니다.

_3기 윤이나

역사책 중에서 제일 눈에 띄는 책인 것 같아요.
내용이 잘 정리되어 있어서
묘호했던 개념을 확 잡을 수 있었어요.
중학생들이 이 책을 여러 번 읽는다면
역사를 완전 정복할 수 있을 것 같아요.

— 3기 전혜서

쉽고 간결한 문체로 쓰인 원고를 통해 얻은
배경 지식이 앞으로의 역사 해설 활동에도
큰 도움이 될 것이라고 생각합니다.

— 3기 이채현

많은 사람이 볼 역사책을 만드는 데 도움을
드릴 수 있어서 영광이라고 생각합니다.
역사는 한국인으로서 갖추어야 할 기본적인
소양이라고 생각해요.
훌륭한 책을 통해서 시험에서 좋은 점수도
받고 상식도 풍부하게 키웁시다. 파이팅!

— 3기 홍종영

역사가 딱딱하고 지루한 과목이 아니라
우리 조상들의 혼과 정신을 담은 이야기이자
앞으로도 영원히 지속될 흥미롭고 재미있는
이야기라는 사실을 깊이 느낄 수 있었으며,
저의 지식을 확장시키는 좋은 기회였습니다.

— 3기 홍현준

"교양 함양과 시험 성적이라는 두 마리 토끼를 잡게 해 줍니다."

마치 동화책을 읽듯 글이 참 부드럽게 다가오는 역사책이네요. 단원을 시작할 때 배워야 할 내용이나 목표 등을 미리 제시해 주니 무엇을 알아야 할지 짐작이 됩니다. 페이지 양쪽으로 사진이나 지도 등이 있고, 아이들이 어려워하는 용어 풀이도 있더라고요. 다른 책과는 다른 느낌이에요.

중학생 아이들의 눈높이에서 이해를 도와주는 역사책이라 아이도 마음에 들어 하네요. 단원 끝에는 앞의 내용을 간단하게 정리해 주는 코너도 있어요. 시험 전에 무작정 외우지 말고, 필요한 부분만 골라서 반복 학습을 하면 더욱 좋을 것 같아요.

방학 기간을 이용해서 한국사 능력 검정 시험에 도전해 볼 생각인데, 많은 도움이 될 것 같아요.

_ toto720님

"역사에 관심이 많은 초등 고학년에게 추천합니다."

지금껏 읽어 왔던 한국사 책과는 차이가 있어요. 그만큼 깊이 있는 내용까지 다루고 있어서 한국사 능력 검정 시험을 준비 중이라면, 그리고 역사에 관심이 많은 초등 고학년이라면 꼭 읽어 보길 추천하고 싶어요. 중학생들의 눈높이에 맞추어 쉽게 이해할 수 있도록 풀어 놓아서 지루하지 않게 읽을 수 있었어요.

지금껏 역사책을 재미 위주로 읽었다면, 이 책은 역사에 대해서 통찰하는 시간을 갖게 해 주는 것 같아요.

_ bhh76님

"한국사 중급을 준비하는 5학년 아이와 읽고 있습니다."

지금 5학년 아들과 함께 한국사 능력 검정 중급을 공부 중입니다. 초등 2학년 때 초급 취득 후 바로 중급 시험을 준비했지만, 책들이 아이에게 너무 어려워 5학년 겨울 방학 때 하자고 미루었는데, 그때 이 책이 나왔으면 하는 생각을 해 봅니다. 아이의 의견을 물었더니, 검정 문제집은 짧게 정리만 되어 있고 이 책은 스토리가 있어서 재미있게 읽었다고 합니다. 지금도 계속해서 읽고 있습니다. 여러 번 읽어도 지루하지 않게 잘 만들었다고 생각합니다.

_ 용장군맘님

"챕터마다 읽고 나서 아이가 설명을 해 줍니다."

6학년 아들이 중학교에 가기 전에 꼭 읽어야 할 것 같아 구매했습니다. 만화로 된 역사책을 많이 읽다 보니 글로 된 책을 피하는 경향이 있어서 안 읽을까 싶어 걱정했는데, 괜한 걱정이었어요. 한 챕터 읽고 나더니 아주 재미있다고 챕터별로 설명을 해 주더라고요. 이 책을 다 읽고 중학교에 가면 세계사, 한국사는 문제없을 듯합니다.

_ ohm7922님